Amadú Dafé
Jasmim

portugiesische bibliothek
band 31
neue prosa

(Foto: privat)

Amadú Dafé: geb. in Ingoré, Guinea-Bissau, Jurastudium in Lissabon, Mitglied des Schriftstellerverbands von Guinea-Bissau (AEGUI) und des PEN-Zentrums von Guinea-Bissau, lebt in Portugal, leitender Techniker bei der Zentralverwaltung des Gesundheitssystems (ACSS), erhielt 2017 und 2015 den José-Carlos-Schwarz-Literaturpreis und 2012 den Internationalen Matilde-Rosa-Araújo-Literaturpreis.

Rosa Rodrigues: geb. 1968. Lebt und arbeitet in Heidelberg. Studium der Romanistik und Volkswirtschaft in Heidelberg und Coimbra, Dozentin für Literatur- und Fachübersetzen sowie Repräsentantin des Camões-Instituts an der Universität Heidelberg. Neben ihrer Tätigkeit an der Universität arbeitet sie als freie Übersetzerin. In der Reihe der *portugiesischen bibliothek* des Leipziger Literaturverlags erschien 2021 ihre Übersetzung *Die Letzte Tragödie* von Abdulai Sila.

Amadú Dafé

Jasmim

Aus dem Portugiesischen
von Rosa Rodrigues

Für Filipa Casal (Pipa),
für ihre Freundschaft und Inspiration

«Um wahrhaft außergewöhnliche Eigenschaften im Charakter eines Menschen zu entdecken, muss man das Glück haben, sein Tun über Jahre beobachten zu können. Wenn dieses Tun frei ist von jedem Egoismus, wenn die Idee, die sein Handeln leitet, von beispielloser Großzügigkeit ist, wenn ganz sicher ist, dass es nicht auf irgendeine Belohnung aus war, und wenn es obendrein in der Welt sichtbare Spuren hinterlassen hat, dann hat man ohne jeden Zweifel einen unvergesslichen Charakter vor sich.»[*]
Jean Giorno, Der Mann, der Bäume pflanzte

[*] Aus dem Französischen von Uli Aumüller (in: Jean Giorno & Quint Buchholz: *Der Mann, der Bäume pflanzte*, München: Sanssouci, 2006)

VORWORT

Jasmin ist nicht nur eine gut erzählte, mitreißende und berührende Geschichte. Sie ist viel mehr. Der Autor schickt uns auf eine lange Reise, die zum Nachdenken anregt und uns tief in die Kultur des Volkes von Ingoré mit all ihren Facetten eintauchen lässt. Mit wachsender Neugier und Erstaunen dringen wir in die Tabanca von Ingoré ein und lernen bis ins Mark die Bräuche ihrer Vorfahren, ihre sonderbare Weltanschauung und ihren geheimnisvollen Aberglauben kennen. Die Menschen von Ingoré sind geradezu typisch für eine geschlossene Gesellschaft, ein einzigartiges Volk mit einem ganz eigenen kulturellen Reichtum, in dem sich ein religiöser Geist mit heidnischen Bräuchen vermischt und einen entscheidenden Einfluss auf sein Verhalten und seine Lebensweise hat. Seine Kultur zu erfahren, seine Gegenwart zu spüren, das prägt uns, überrascht uns und bereichert uns.

Der eigentliche Glanz dieses Werkes besteht nicht nur in der Reichhaltigkeit und Originalität der Geschichte, die in einer jugendlichen, kraftvollen Sprache erzählt wird, was allein schon ausreichen würde, um unsere Aufmerksamkeit und Wertschätzung zu verdienen. Das Werk besticht auch durch seine Fülle an philosophischen Gedanken, die klar formuliert sind und auf eingängige Weise komplexe Gegebenheiten und Vorgänge skizzieren und uns zum Nachdenken über so wichtige und universelle Fragen wie unsere Rolle in der Welt, unsere Identität, unsere Beziehung zum Übernatürlichen und vieles mehr anregen. Eine weitere Besonderheit ist, dass jede einzelne Figur uns Lesern Aufschluss über das gesellschaftliche Leben der Bewohner von Ingoré gibt, einer ganz besonderen Dorfgemeinschaft, die am Rio Jasmim lebt. In der Tiefe, mit der uns der Autor mit dieser Dorfgemeinschaft bekannt macht, gewinnen wir nicht nur Einblick in eine dieser Gemeinschaften, die aus den verschiedensten Gründen zu lange isoliert waren, sondern wir lernen auch ein Stück Afrika der Vergangenheit und der Gegenwart kennen.

Wer den Wunsch verspürt, in der Welt der Fiktion zu reisen und auf verborgenen Pfaden in das tiefste Innere der guineischen Gesellschaft vorzudringen, sollte die Gelegenheit nutzen und sich vom Autor nach Ingoré entführen lassen, der den Pulsschlag seines Volkes, seine Bräuche, seine Nöte, kurzum, das Wesen seiner Seele kennt. Es ist eine Reise, die viel Freude und Erkenntnis bringt.

Die Sprache ist lebendig und ausdrucksstark, mit originellen Vergleichen von erstaunlicher Wirkung (wie zum Beispiel „den überwältigenden Sonnenuntergängen, welche die Seele der Tabanca vergoldeten wie ein Leuchtturm einen Hasen", „liefen *Homens* und *Mulheres Grandes* in ihren klatschenden Schlappen an uns vorbei, als wollten sie die Toten verscheuchen" und „fühlte mich in die Ecke gedrängt, wie eine eingemauerte Seele"). Diese und andere stilistische Mittel sind im ganzen Roman reichlich vorhanden und verleihen ihm einen besonderen Reiz. Und so erleben wir eine überraschende und fesselnde Geschichte (in der ein Sohn sich auf die Suche nach der Mutter macht, die er nie kennengelernt hat). Sie ist voller philosophischer und gesellschaftskritischer Reflexionen, manchmal auch voller Poesie. Die Lektüre von *Jasmin* lässt uns an eine lebendige und blühende Zukunft unserer Literatur glauben und gibt Anlass zu der Annahme, dass mit diesem Buch vielleicht ein großer Autor der portugiesischen Sprache vollends bestätigt wird. Er ist zwar noch jung, hat aber bereits drei Werke veröffentlicht, und das Buch *Jasmin* wird sicher ein großer Erfolg.

Eduardo Pereira

PROLOG

Ingoré Mané ist eine Siedlung mit eigenem Nachnamen. Alles, was hier erzählt wird, mündet in den *Rio Jasmim*, der an der Dorfkante entlangläuft, in lockeren Armen wie zitternde Sonnenstrahlen, in denen alles im gleichen Moment entsteht und vergeht. So entstand und verging auch diese Erzählung über einen Mann, der die Menschen aufrüttelte und zu neuem Leben erweckte. Wir gehen nicht davon aus, dass irgendein *Geist* im Spiel war, und dennoch gilt es mit aller Nüchternheit zu betonen, dass diese Geschichte gewiss ihre Besonderheiten hat, was daran liegen könnte, dass darin in einer Art Hassliebe auch Zauberer und *Seher* vorkommen.

Als Pipa ihrem jungen *Gast* zum ersten Mal begegnete und ihre Seelenverwandtschaft bemerkte, ein Wunder der menschlichen Existenz, war sie nur eine *Erdnuss* ohne Schale, eine Cashew ohne Kern. Oder ein Fluss ohne Tide. Da war nichts, bis auf das Gefühl der Zugehörigkeit, das in ihr aufstieg, und die Gewissheit, dass zwischen ihnen beiden etwas war. Ja, Pipa fehlte scheinbar alles. Ihr fehlte der Boden, der Himmel, das Leben, der Tod... Aber der Junge erweckte eine magische Kraft, er war ein Glücksfall vor dem Suizid.

Ihr Mann hatte Selbstmord begangen. Das war tragisch, keine Frage! Sein Tod hatte jede Menge Spekulationen ausgelöst. Die ganze Tabanca glaubte, dass der Mann einen Vertrag mit diesem *Geist* am Fluss hatte. Weil er den Vertrag nicht erfüllt hatte, nahm der Flussgeist seine Seele als Vergeltung. Das war nicht so sehr der Grund, warum Pipa ihr eigenes Leben verwarf; sie war eher wütend und verärgert über die Aufdeckung von Geheimnissen, die ihr eheliches Leben betrafen. Ihr Mann hatte vor seinem Selbstmord einen Brief hinterlassen, der alles übertraf, was jemals vermutet worden war. Er war nämlich krank, was seine Frau und seine Tochter nicht wussten, seine einzige Familie, die ihm in dieser

Welt nicht vergönnt war. Er war sterbenskrank und müde, und sie dachten, es wäre ein vorübergehendes Leiden. Pipa konnte sich selbst nicht verzeihen. Sie fühlte, dass sie irgendwie mitschuldig war, dass sie machtlos war und allen Liebesschwüren zum Trotz versagt hatte. In ihrer Enttäuschung sah sie keinen anderen Weg, als sich von der Welt zu isolieren und sich sogar von ihrer eigenen Tochter zu trennen, um mit ihrer persönlichen Schuld fertigzuwerden und ihr eigenes Leben zu stemmen. Sie betete täglich für die Seele ihrer Tochter. Sie betete um Vergebung für das Leid, das sie den Ihren zugefügt hatte. Ihr Leben war eine einzige Litanei der Reue und Bitte um Erlösung. Ihre Gebete waren vergebens, aber sie hat nie davon abgelassen.
Das Universum ist gerecht, aber ... wie der Kreole so schön sagt, es ist nie verkehrt, Gott um Hilfe zu bitten, wo Er doch auf krummen Linien gerade schreibt. Mit der Ankunft des jungen *Mannes* namens Fé, der nach seiner Identität, nach seiner Mutter und nach dem Sinn des Lebens suchte, legte Gott den Grundstein für die fieberhafte Suche nach der Familie, deren Identität irgendwo in der Zeit verloren gegangen war. So erwachte Pipa aus einem schlimmen Traum und fand sich als gesegnete Frau wieder. Von ebendiesem Erwachen ist hier die Rede, von diesem Erwachen erzählt diese Geschichte, nicht um die Menschen von ihrer Dummheit zu befreien, sondern um all die Vorbehalte zu entlarven, die so viele edle Taten überdecken. Wenn es möglich wäre, diese Erzählung in einem einzigen Wort zusammenzufassen, dann wäre es ein vieldeutiger Begriff, denn das Faszinierende an einer Geschichte ist nicht, wie sie anfängt oder wie sie endet, sondern die Lebendigkeit ihres Anfangs und die Eindringlichkeit ihres Endes. Es spielt keine Rolle, ob sie mit einem *Unheil* anfängt oder wie üblich ein glückliches Ende hat. Der Anfang und das Ende einer jeden Geschichte ist wie das Kamasutra, das die Positionen erklärt. Die Geschichte selbst hat auf ihrem ewigen Pfad etwas Heiliges, wonach wir uns verzehren... In Ingoré begegnen uns Weisheiten und Mächte, nicht die Positionen oder die Pflichten.

EINS

Es ist der Fluss, der das Meer füllt

Über einen arabischen Teppich gebeugt betete ich für meine Mutter. Der Morgen tauchte mein Zimmer in ein schemenhaftes Licht und brachte meine schillernde Seele zur Ruhe.

Herr, ich liebe meine Mutter. Ich liebe sie bedingungslos, bewundere ihren Mut und ihre Geschichte. Ich wünsche mir, dass es ihr gut geht, wo auch immer sie ist. Wenn sie noch lebt, erfülle meinen Wunsch ihr zu begegnen, Herr, nur um ihr zu sagen, dass ich sie liebe und dass ich ihr alles verzeihe.

Ich weiß nicht, warum ich noch für sie betete. Es war seltsam, wie sehr ich an die wunderbare Wirkung dieser Litaneien glaubte, die aus der Seele kamen. Es war bereits so verinnerlicht, dass es mir nicht mehr möglich war, länger als bis zum Sonnenaufgang im Bett zu bleiben.

Gewohnheiten, die ich von Cabo Verde, den *gastfreundlichen* Inseln, mitgebracht hatte, Lehren meines alten Vaters, die zu einem Teil von mir, die zu einem plausiblen Abbild meiner Selbst geworden waren. Ich befand mich in einer Welt, die mit meiner eigenen Welt zwar die gleiche koloniale und politische Vergangenheit teilte, deren kulturelle Eigenheiten jedoch völlig anders waren. Ich stammte aus Cabo Verde und glaubte an einen christlichen Gott, an einen Schöpfer des Himmels und der Erde. Eingebettet in die Kultur und den Glauben der Bevölkerung von Ingoré fand dieser Gott jedoch nur geringe Akzeptanz.

Ich erhob mich ohne jede Eile – die hektischen Zeiten waren vorbei – und verließ das Haus, um die Morgendämmerung zu erleben. Der anbrechende Tag in Ingoré glich einem Wunder, weit mehr als die unfundierten Fantasien über irgendwelche *Geister*, irgendwelche *Irãs* in diesem Land. Ingoré hatte ein eigentümliches Leben, ganz abgesehen von seinem bezeichnenden Namen, der jeden mit Stolz erfüllte. Sein Lied klang aus dem stummen Blick der Menschen von Sedengal bis nach

São-Vicente, glich einer vagen Hoffnung, die in den Menschen von Tandé bis nach Ngoressinho Träume weckte und die Sehnsucht nährte. Und doch erwachte das Dorf mit einem ziemlichen Lärm und holte den Großteil seiner Bewohner aus dem Schlaf. Die Lautsprecher in den Moscheen ertönten in voller Lautstärke, in den Höfen krähten die Hähne im Chor und die Buschtauben vollendeten die Geräuschkulisse mit ihrem Radau.

Ich wusch mein Gesicht, putzte meine Zähne und überließ mich, im Stehen, der Magie der Morgendämmerung, mit einer leichten Mattigkeit und einem Lächeln vergangener Zeiten. Es war immer noch früher Morgen, das Licht war spärlich, doch hell genug, um einen *Kuckuck* zu bemerken, der sich scheinbar ebenso verzückt an diesem magischen, sich am Horizont abzeichnenden Morgen erfreute. Auf dem schattenspendenden Mangobaum sprang dieser Vogel unruhig von Ast zu Ast und sang in Vogelsprache das Lied vom Glück. Es gehörte zum Morgengrauen dazu. Im Anblick der sanft aufgehenden Sonne gab sich der Vogel, ebenso wie ich, der Schönheit hin.

„Und dann behaupten sie noch, dass sie nicht intelligent sind“, dachte ich bei mir, wodurch sich meine Bewunderung für die Tierwelt nur noch vergrößerte, als ich plötzlich in einiger Entfernung den Ruf einer *Eule* vernahm. Erst jetzt verstand ich die Botschaft, die der *Kuckuck* zu überbringen versucht hatte. Wie verhext wichen meine Überlegungen zum Verstand der Tiere urplötzlich der Frage, was es mit dieser *Eule* auf sich hatte, mit diesem Eulenjemand, diesem Menschen, der sich in einen Vogel verwandelt, sich dessen Flügel und extravaganten Beschaffenheit bemächtigt hatte, vielleicht böswillig oder was auch immer seine Absicht war, auf der Spitze eines *Polom* – dem mächtigen Baum aller Rituale, der den Hexenmeistern so oft als Kulisse diente. Die Eule zeterte eitel drauflos, ohne sich auch nur einen Deut um den anbrechenden Tag zu scheren.

„Ernsthaft?“, fragte ich mich leise. „Eine *Eule* am Morgen? Was kann das bedeuten?“

Es war nicht ungewöhnlich, sie während der Nacht schreien zu hören. Als Menschen im Vogelgewand waren sie im schlimmsten Fall imstande sich der Nachtruhe und Stille des Dorfs zu bemächtigen. Indessen aus den Ästen des traditionsreichen *Kapokbaums* den Ruf einer *Eule* zu hören, als gäbe es kein Morgengrauen, schien mir gar kein gutes Zeichen zu sein. Brach der Tag womöglich nicht für alle gleichermaßen an? Meine Frage verlangte nach keiner plausiblen Antwort, das war mir klar. Es war eine dumme Frage, zumal ich wusste, dass der Wille zu überleben in der Natur jeder Existenz liegt, weswegen jedes Wesen sich vorzugsweise zu den Zahmen als zu den Wilden gesellt. Eine allgemeine Gültigkeit konnte man daraus nicht ableiten, so dass man sich fragen könnte, was eine Flasche beim Steinwerfen zu suchen hat, wenn sie nicht zu Bruch gehen will. Nun, eine wachende *Eule* am Morgen ließ jeden aufhorchen, der um die Angst dieses Volks wusste.
Ich ging die Straße hinab zu meinem Arbeitsplatz, während das Dorf allmählich erwachte. Die Musik nahm an Lebhaftigkeit zu, Vogelgezwitscher, Grillenzirpen und sonstiges Tiergesumme sowie die Geräusche der täglichen Hausarbeit, wie das Scharren der Besen oder das Stampfen von Reis... all das verlieh diesem Land seinen ganz eigenen Klang. Wer die Straßen kehrte, verdeckte das Gesicht mit einem alten Tuch, um seine Lunge vor dem Staub zu schützen, wer den Reis oder den Mais stampfte, hatte den Kopf fest verbunden, um das Hirn nicht zu belasten. Ein dissonanter Zusammenklang, der auch länger schlafende Seelen aufweckte. Wäre es mit hypersensiblen Sinnen möglich, allen Geräuschen die gleiche Aufmerksamkeit zu schenken, würde man die magische Melodie des dahinfließenden Rio Jasmim hören. Der Fluss wand sich ganz in der Nähe vom Marktplatz in seinem mäandernden Bett, die Umrisse der Siedlung fest umschließend. Der Marktplatz indessen war alt und von einem einfachen, niedrigen Gebäude im Zentrum einer heruntergekommenen Straßengabelung geprägt. Von diesem Platz aus, der sich in drei Winkeln zu einem Ypsilon formte, führten alle Wege und Verbindungen. Von dort gingen die Trans-

portmittel nach Begene, nach Bula oder nach São Domingos. Ringsum war der *Markt* aufgebaut, allerlei Stände und auf dem rötlichen Boden ausgebreitete Decken mit Waren und Produkten aller Art, Handeltreibende und Besucher aller Art. Es wimmelte von Menschen, dazwischen Fahrzeuge, Tiere und Geschrei, lebendig und bunt drängte sich alles auf dem kleinen Platz. Das einzige europäisch aussehende Gebäude, aus kolonialer Vergangenheit, beige gestrichen, solide gebaut und mit einem Dach aus Ziegeln, wo das Staatskomitee untergebracht war, lag auf der einen Seite der Gabelung, neben dem Verkaufsstand, wo ich arbeitete.

Ich fand Lua, meine Chefin, im schmalen Vorraum am Eingang der *Hütte* mit starrem Blick auf den Horizont, wo der Fluss mit den Wolken zusammentraf.

„Es ist zauberhaft, nicht wahr? Was für ein Sonnenaufgang!“, sagte ich zu ihr nach einem nicht ganz so überzeugenden Guten Morgen.

„Schon wieder diese Leier!“, antwortete sie, ohne zu blinzeln.

„Wir müssen dankbar sein für die guten Dinge im Leben, Chefin. Es ist ein Geschenk und Privileg, am Leben zu sein und an diesem zauberhaften Spektakel des Universums teilhaben zu können. Hast du jemals darüber nachgedacht, dass es Menschen gibt, denen dieses Recht nicht vergönnt ist? Hast du jemals darüber nachgedacht, dass es Menschen gibt, die ohne das Licht und die Wärme der Sonne auskommen müssen?“

Lua zeigte keine Reaktion; also ging ich gleich hinein und nahm die Tischdecken und Wachstücher, um sie über die langen, dünnen Holzplanken zu legen, die an vier Stöcken mit dem Boden verankert waren. Sie dienten den Gästen als Tisch. Die Bänke waren ebenfalls aus dünnen langen Holzplanken gefertigt und wurden von den gleichen Stöcken gestützt, die etwas kürzer waren. Man konnte nicht behaupten, dass diese Räumlichkeit nicht zu den besten zählte; das Lokal war berühmt und wurde von seinen Stammgästen hoch gelobt, gleichwohl es jeglichen Luxus vermissen ließ.

Ich breitete die Decken und Wachstücher über die Tische, nahm die Schalen aus den riesigen Plastikwannen und stellte sie auf den Tisch, neben dem Lua die Löffel und Gläschen vorbereitete, die mit *Malagueta-Pfeffer*, *Johannisbrotkernmehl* und getrockneten Garnelen in Pulverform gefüllt waren.

„Ich kann einfach nicht begreifen, wie man so viel Zeit damit verschwenden kann, über solche Dinge nachzudenken!", sagte sie zu mir, während sie den Tisch für die Schalen freiräumte.

„Gibt es etwas Wichtigeres als einen schönen, warmen Tag wie diesen, den wir ganz umsonst geschenkt bekommen?"

„Bist du jetzt auch Dichter, ja? Nicht nur ein Spinner?"

„Ich bin einfach ein Mann, der die Natur liebt."

Lua hatte diese Sprüche satt. Was nützte ihr schon die Philosophie, wenn sie tagtäglich mit Reklamationen und Differenzen mit den Kunden..., im Grunde sogar mit der eigenen Verleugnung zu tun hatte? In Ingoré lebte niemand für die Philosophie oder die Poesie. Man lebte, um dem Hunger und der Einsamkeit oder der Angst und den Weisungen der *Irãs* zu entgehen. Man lebte gleichgültig gegenüber den prachtvollen Morgengrauen oder den überwältigenden Sonnenuntergängen, welche die Seele der Tabanca vergoldeten wie ein Leuchtturm einen Hasen. Man lebte, um gegen belanglose Auseinandersetzungen und wohlfeile Beschwerden gerüstet zu sein, nicht für geistreiche Betrachtungen oder wundersame Erleuchtungen.

„Was für ein Schwärmer du doch bist!", kommentierte sie abschätzig.

Ihr Kommentar traf mich, aber ich schwieg. Manchmal zeugt Schweigen von gutem Menschenverstand, manchmal auch von vorgeschobener Gelassenheit. Nichts ist besser als Geduld. Kluge Menschen behaupten, die Geduld sei ein bitterer Baum, der süße Früchte trägt.

„Heute Morgen habe ich eine *Eule* gehört, auf dem *Polom* neben meinem Haus...", brachte ich vor, um die Situation ein wenig zu entspannen.

„Alle haben sie gehört", unterbrach sie mich schroff.

„Aber das ist doch nicht normal, oder? *Eulen* hört man nur in der Nacht."
„Eben weil es nicht normal ist, wird heute sicher ein Unglück passieren."
„Ein Unglück? Was heißt das?"
„Wart nur ab!"
Die Begriffe waren nicht immer leicht abzugrenzen in dieser Tabanca. Es war schwer zu entscheiden, wann man es mit einem Aberglauben, einer Tradition oder einem Brauch zu tun hatte. Manchmal waren die Grenzen verschwommen und nicht selten gab es Überschneidungen, so dass allein das Betreten eines Raumes, ohne zu grüßen, sowohl mit einem Aberglauben als auch mit schlechter Erziehung zu tun haben konnte.
„Guten Morgen!", grüßte unterdessen eine neue Besucherin. Sie betrat mit einer eigentümlichen Seelenruhe den Raum, unterbrach meine Verwunderung über Luas Worte. Es war jedoch so, dass ich als einziger zurückgrüßte, was seltsam war. In Ingoré legte man viel Wert auf das Grüßen, vor allem Älteren gegenüber. Das Alter hatte in dieser Tabanca niemals mit irgendeiner Form von Senilität, mit dem Nachlassen von geistigen Fähigkeiten oder mit der Abhängigkeit von fremder Hilfe zu tun. Weit davon entfernt und ganz im Gegenteil war Alter ein Zeichen von Weisheit und ein Vorsprung an Wissen. Man glaubte daran, dass Ältere weise waren, weil sie schon viel gesehen und gehört hatten. Von daher war dieses Schweigen höchst ungewöhnlich, vor allem bei Lua, die ja Gastgeberin war.
„Kennst du..."
Während ich noch versuchte zu begreifen, was da eigentlich vor sich ging, musste ich plötzlich niesen. Ich musste so stark niesen, dass die Frage unvollendet blieb. Eigentlich wollte ich von Lua wissen, ob sie diese Frau kannte, die hereingekommen war und sich einfach an den hintersten Tisch gesetzt hatte.

„Also, ich habe dir keinen Tabak gegeben!“, sagte sie, offensichtlich erleichtert, dass meine Frage ohne ihr Zutun beantwortet worden war.
Nieste man während eines Gesprächs, galt das in Ingoré als Wahrheitsbeweis für das Gesagte oder für Fakten, und man nutzte die Gelegenheit, mit unverhohlener Genugtuung zu betonen, dass das Universum die Dinge bestätigt hatte.
Die Vorbereitungen für einen weiteren Tag waren fast fertig.
„Kümmere dich um die Schüsseln, Fé“, sagte sie zu mir, ohne sich weiter um die Anwesenheit der Frau zu kümmern. „Sind die Blumen gerichtet?“, fragte sie schließlich.
Niemand in Ingoré legte besonderen Wert auf Blumen oder sonstige Aufmerksamkeiten, aber wir mochten es, uns diesbezüglich von den anderen abzuheben.
„Vergiss bitte nicht den *Malagueta-Pfeffer*“, sagte sie noch, als sie sah, wie ich die Gläser mit dem *Johannisbrotkernmehl* und den getrockneten Garnelen auf den Tischen verteilte. „Du weißt, dass manche Gäste es lieber scharf mögen...“
„Weiß ich!“
In unserer *Hütte* herrschte eine gute Atmosphäre. Sie war im Zentrum neben dem *Markt* gelegen, und es war merkwürdigerweise ein Vorteil, dass sie von Fremden betrieben wurde. Für die Menschen in Ingoré war alles Fremde automatisch besser, es war neu und originell. Alles, was von außen kam, wurde besonders geschätzt. Lebensmittel, Kleidung, bis hin zu den Menschen, ungeachtet ihrer Sprache oder Unsitten. Alles Fremde war gut, mit Ausnahme der Kapverdier, Guineer, Mauretanier und Senegalesen. Das war erstaunlich, denn diese Völker waren von allen Fremden am zahlreichsten vertreten, und sie waren diejenigen, die mit dem Land insgesamt die meisten Gemeinsamkeiten hatten. Während die Beziehung zu den Kapverdiern kolonialer und politischer Art waren, zwei Länder, die einmal eins waren, war die Beziehung zu Senegal und Guinea verwandtschaftlich, nachbarschaftlich und vor allem vom Handel geprägt. Besonders zu Guinea, das den Freiheits-

kämpfern als Basis für den Kampf gegen den Kolonialismus gedient hatte, herrschte eine enge und untrennbare Verbindung. Es gab keinen einzigen Volksstamm, keinen Fula oder Mandinga, der im Gebiet eines der Länder wohnte und nicht gleichzeitig auch Familienangehörige im anderen Land hatte. Dasselbe ließ sich auch von den Felupe, Mandjako oder Balanta Mane sagen, die sich Gebiete im Senegal und im Norden von Guinea-Bissau teilten. Warum gab es also so viel Ablehnung gegenüber diesen Völkern? Handelte es sich um Fremdenfeindlichkeit?

Nicht dass Lua eine Fremde wäre, aber von mir konnte man nichts anderes behaupten, denn ich war vor weniger als einem Jahr aus Cabo Verde gekommen. Ich hatte mich noch eine Weile in Mauretanien und Senegal aufgehalten, bevor ich mich in Ingoré niederließ mit der Absicht zu bleiben. Vielleicht auch um aufzugeben.

Ich stellte die Blumen an die Tischenden, verschönerte das Ambiente mit den typischen Gewürzen, damit die Gäste sich wohlfühlten. Altehrwürdige Pflanzen, wohlgefällig, wohlschmeckend und wohlriechend, die um die *Hütte* herum in einem kleinen, verwilderten Garten wuchsen. Wir machten das nicht aus Liebhaberei; es war vielmehr eine Tradition, die Lua von ihrem verstorbenen Vater, Senhor Jacinto, geerbt hatte. Von einem Fremden aus dem Süden hatte Senhor Jacinto den Rat bekommen, rund um die *Hütte Malagueta*-Pflanzen anzubauen und deren Zweige an die Gäste zu verteilen. Das würde ihm stets ein volles Haus garantieren.

„Wie fühlt sich die *Malagueta* in deinem Mund an?“, hatte dieser Mann Senhor Jacinto gefragt.

„Sie brennt“, hatte Luas Vater geantwortet.

„Aber sie füllt ihn auch aus, richtig?“

„Ja. Je nachdem, wie scharf sie ist, gelingt es einem manchmal nicht einmal mehr, den Mund wieder zu schließen.“

„Ganz genau. Weil sie den ganzen Mund ausfüllt.“

„Das bestreite ich nicht. Worauf willst du hinaus?“, hatte Senhor Jacinto schließlich gefragt.

„Liegt es dann nicht nahe, dass die Pflanze, wenn sie um die *Hütte* herum wächst, sie genauso ausfüllt?"
„Wen meinst du?"
„Die *Hütte* natürlich. Wäre ihr Innenraum dann nicht voll?"
Zuerst hatte Senhor Jacinto sich über den Mann lustig gemacht, als er aber merkte, dass das Geschäft nicht so gut lief, kam ihm der Rat des Fremden wieder in den Sinn. Verstohlen fing er damit an, die Zweige an die Gäste zu verteilen. So ist diese Praxis entstanden und als Lua das Geschäft übernahm, gab es für sie keinen Grund, es anders zu machen. Sooft wir unseren hungrigen Gästen das Essen servierten, den typischen *Futi* oder *Tori*, Milch und Kräutertees, *Café-Tuba* oder einen *Cabacera*-Saft, überreichten wir lächelnd – gleich einer religiösen Zeremonie – auch einen kleinen Zweig. Wir gaben unser Bestes, ohne viel Tamtam. Was wir mit einer erstaunlichen Geschicklichkeit machten, war nichts weiter als eine Liebeserklärung an das Leben.
Aufmerksam blickte ich mich um und bemerkte, dass etwas nicht stimmte. Alle hatten etwas zu essen, außer der Frau, die hereingekommen war, ohne begrüßt zu werden.
Also sprach ich sie an.
„Was darf es sein? *Futi* oder *Tori*?"
„Ist schon gut, danke, mein Herz!", antwortete sie wie jemand, der mit der Situation vertraut war.
Wer war diese Person, die diesen Ort aufsuchte und dann auf den köstlichen *Futi* des Hauses verzichtete? Diese Mischung aus Reis mit Aubergine und Okra, die mit einer bestimmten Portion Palmöl, *Johannisbrotkernmehl* und getrockneten Garnelen gewürzt war und einer aus Zwiebeln, Zitrone, *Malagueta* und Knorr-Brühe pürierten Sauce serviert wurde? Ich musterte sie verstohlen. Stutzte, denn ich hatte sie noch nie gesehen. Sie hatte langes, offenes Haar, trug eine violette, alte Bluse, die weit aufgeknöpft war.
Wie verführerisch! Dachte ich mit dem Blick eines Mannes.
„Senhora, meine Chefin macht den besten *Futi* der Welt."

„Ich weiß, aber ich will nichts, danke!“, sagte sie freundlich.
Wir lächelten uns an, einander auf angenehme Weise zugetan.
„Sie haben die Seele eines Glühwürmchens; so wie Sie strahlen“, bemerkte sie lächelnd.
„Meine ehemalige Chefin sagte immer, dass das Leben keine Qual mehr ist, wenn wir ihm jeden Tag zulächeln“, gab ich beherzt zurück.
„Das ist ein kluger Spruch, vergiss ihn nicht und behalte deinen Charme.“
„Danke!“
„Du bist nicht von hier, oder?“, hielt sie das Gespräch aufrecht, ohne den Blick von mir abzuwenden.
Beherzt sahen wir uns an, wechselten unsere Blicke und fühlten eine geheimnisvolle Seelenverwandtschaft. Etwas Mysteriöses lag in der Luft. Warum hatte ich plötzlich das Gefühl eines Déjà-Vu?
„Nein. Ich bin aus Cabo Verde gekommen, um nach jemand zu suchen, und bin dann geblieben. Wie auch immer...“
„Unser Platz ist, wo wir glücklich sind. Doch die Suche nach uns selbst endet nie. Sie ist dauerhaft und notwendig. Du bist geblieben, weil es dir hier gefällt; kann sein, dass das alles kein Zufall ist und dich so erfüllt, dass du dir dein Lächeln und deine Freude erhältst. Lass dich nur nicht von der Trägheit dieser Menschen anstecken. Bitte, lass nicht zu, dass sie dich ändern.“
„Kluge Worte!“, sagte ich.
Eigentlich wollte ich ihrem Aufruf noch etwas hinzufügen, etwa dass Veränderungen unvermeidlich sind, weil das Leben nun mal ein ständiger Kreislauf von Veränderungen ist. Schon allein die *Irãs* in diesem Land würden dafür sorgen. Aber ich zog es vor zu schweigen, denn meine Rührung wog schwerer als tausend Sonnen, schwerer als der Wunsch nach ewiger Erinnerung an diesen Moment.
„Wie heißt du eigentlich?“, fragte sie mich.
„Fé!“ sagte ich leise, doch glücklich. „Und die Senhora?“
„Pipa!“

Pipa war auf sich selbst gestellt, unbequem wie eine *Juckbohne*, man konnte sehen, dass sie anders war, sich von den anderen Dorfbewohnern abhob. Ich hatte nicht damit gerechnet, so schnell so jemanden zu treffen. Ich hörte ihr zu, während ich mich in meinen braunen Mokassins auf den Fersen drehte, kerzengerade und erstarrt wie ein Verstorbener, in meinen Händen ein Glas mit getrockneten Garnelen und ein versilbertes Tablett, auf dem ich die Schalen mit dem *Futi* servierte. Mein Kellnerdasein verschwamm, meine Seele hing wie gebannt an ihren Augen. Sie war mir vertraut, ich kannte sie, wusste nur nicht woher. Diese Augen sendeten irgendetwas aus. Tief drinnen, in meinem heimatlosen Wesen, berührte mich etwas, das ich mir nicht erklären konnte. Dieses Mysterium ließ mich nicht los. Ich kannte meine Gäste gut, einige mehr, andere weniger, aber Pipa war anders. Sie war wie ein auslaufender Arm des Rio Jasmim: Es gibt immer einen Arm, der sich den Fluss entlang bis zum Ende durchsetzt. Möglicherweise war sie ein glänzender Lichtschein seiner feurigen Urquelle.

„Ich bestehe darauf, Ihnen etwas zu bringen, es ist umsonst, bitte. Vielleicht einen Tee?“, drängte ich sie.

„Dann ein Wasser!“, gab Pipa nach.

„Nur?“

Sie zeigte keine Reaktion.

In diesem Augenblick bemerkte ich das seltsame Verhalten meiner Chefin. Wie sie versuchte, einen Besen mit dem Stiel nach unten aufzustellen und dabei vor sich hinmurmelte, als würde sie einen bösen Fluch gegen den Besen ausstoßen, das merkte man an ihren Lippenbewegungen. Mir kam das seltsam vor. Niemand in Ingoré stellte einen Besen mit dem Stiel nach unten auf, außer wenn er einen Gast, einen *Óspri*, loswerden wollte. Wollte Lua vielleicht Pipa oder einen der anderen Gäste aus der *Hütte* vertreiben?

Ich achtete nicht weiter darauf und wandte mich wieder Pipa zu, die durch nichts aus der Ruhe zu bringen war. Ich wartete einige Momente vergeblich auf eine Antwort, ließ sie schließlich in Ruhe, brachte ihr das

Wasser und nutzte die Gelegenheit, um sie zu fragen, ob sie, ihrer Hautfarbe nach zu urteilen, vielleicht aus Cabo Verde oder etwa aus Guinea Conakry war, worauf sie jedoch keine Antwort gab, weil ihre ganze Aufmerksamkeit in diesem Moment dem glanzvollen Panorama galt, das sich vor ihr erstreckte.

Ich wusste nur zu gut, dass der Glanz des Planeten bei Anbruch des Tages in Ingoré einer ewigen Sanduhr glich. Jedes Sandkorn bestehend aus unermesslichen Glitzerfunken.

„Der anbrechende Tag in Ingoré ist einfach wundervoll!“, merkte ich an.

„Jeder Strahl ein Luftstoß ins Unendliche“, fügte sie hinzu.

„Ich verstehe nicht.“

„Du hast Recht, es ist wundervoll... Wie der ganze Rest! Deswegen ist es klug, den Fokus nicht zu verlieren. Jeder Tag ist ein Wunder.“, sagte sie, vom Thema ablenkend, während sie ihren Becher mit dem Wasser austrank, um zu gehen.

„Faszinierend!“, kommentierte ich. „Ich beneide dich um deine Seelenruhe und deine Achtsamkeit gegenüber der göttlichen Schönheit.“

„Glaubst du, dass es dir daran mangelt?“

„Ich weiß nicht... diese Dinge fesseln mich.“

Ich war immer noch verwirrt von dem Gedanken, dass ich Pipa irgendwoher kannte. Aber was sollte ich tun? Ich sammelte die gebrauchten Schalen mit der gleichen Geschwindigkeit ein wie ich neue servierte. Die Gäste kamen und gingen, glichen umherwirbelnden Strudeln im Innern der *Hütte*. Draußen stieg die Sonne. Die Brise des Flusses zog sich zurück und überließ der drückenden und feuchten Aprilhitze das Feld.

„Diese Hitze bringt mich um. Ich würde meine Seele hergeben, wenn ich nur nicht so schwitzen würde“, kommentierte ich und starrte Pipa an, die im Begriff war zu gehen.

„Du kannst ja mit dem *Flussgeist* einen Vertrag abschließen, wenn du willst...“, sagte sie scherzend.

Noch glaube ich nicht an diese Theorie, nach der die Leute von hier Verträge mit diesen *Irãs* abschließen, damit sie ihnen Glück bringen

oder ihre Probleme lösen. Außerdem kann ich mir nicht vorstellen, dass irgendein *Irã* mein Problem mit dem Schwitzen lösen kann. Und überhaupt, wenn das wirklich möglich wäre..."
Wusstest du, dass Fremde in Wirklichkeit *Pauteros* sind und mit dem Übernatürlichen in Kontakt stehen?", fiel sie mir ins Wort, wie um eine Gefahr von mir abwenden.
„Was ist das?"
„Was ein *Pautero* ist? Du weißt nicht, was ein *Pautero* ist?
„Das Wort habe ich noch nie gehört."
„Ein Hybrid! Weißt du nicht, was das ist? Weder Fisch noch Fleisch, kein Yams und kein Maniok... Jemand, der kein Zauberer, aber auch kein Mensch ist. Es ist wie ein Kapverdier, der kein Schwarzer sein will und doch niemals ein Weißer sein wird."
Sie lachte hämisch.
„Davon habe ich noch nie gehört."
„Na, klar, du bist neu hier... Aber merk dir, dass man hier wirklich glaubt, dass die Ausländer mächtig sind und dass sie sogar imstande sind, unsere *Irãs* zu täuschen."
„Lustig. Das wusste ich nicht."
„Es heißt, dass es im Hafen jetzt weniger *Irãs* gibt, weil zu Kriegszeiten die Weißen hier waren. Diese Weißen haben sie mit Drogen und Alkohol fügsam gemacht, und wenn sie dann im Rauschzustand waren, in Bierflaschen gesteckt und in ihre Länder mitgenommen."
„Und wie haben sie sie dazu gebracht, dass sie sich in die Flaschen zwängen? Sind sie so dumm, diese *Irãs*?"
„Das weiß ich auch nicht. Bedenke, dass der Leithammel, nicht anders als der Rest der Herde, auch nur ein Tier ist. Jedenfalls wird behauptet, dass die *Irãs* dort in ihrem Land in der Wissenschaft eingesetzt werden, im Ingenieurwesen... und sogar im Krieg."
„Aber das macht überhaupt keinen Sinn, Pipa. Meine frühere Chefin würde jetzt sagen: Ist das Knie nicht viel näher am Rumpf als der Fuß? Wenn sie wirklich so fortschrittlich sind und sogar Ausländer in der

Wissenschaft oder im Krieg unterstützen, wie können sie dann nur so dumm sein, dass sie sich in Flaschen abfüllen und abtransportieren lassen? Und warum helfen sie nicht den Menschen von hier bei ihren Problemen?"

„Weiß Gott, warum das Wasser im Meer salzig ist, mein Junge, wenn dir schon nach Sprichwörtern zumute ist. Ein *Irã* ist wie ein Musikinstrument, bringt die Töne hervor, die auf ihm gespielt werden. Wenn er nichts weiter tut, als zu gewähren, worum er gebeten wird, dann vergiss nicht, dass jeder nur erntet, was er auch sät."

„Aber ist *Irã* denn nicht Gott?"

Pipa lachte, während sie mit ihren Erklärungen fortfuhr.

„Sieh dir die Kokospalme an. Sie ist schön und elegant, dabei aber nicht gerade dicht belaubt, so dass sie ihren Früchten nur wenig Schatten spendet. Und weißt du auch warum? Na also. Vielleicht wollen diese *Irãs* einfach nur nützlich sein, großzügiger, sie wollen ihre Gunst lieber anderen schenken, weil sie hier nicht gebraucht werden. Ein schlechter Baum spendet keinen guten Schatten, mein Sohn, das weißt du, oder? Wir selbst bestimmen unseren Weg, das Leben versucht dann einfach nur mit uns Schritt zu halten.

„Soll das heißen, sie fühlen sich nicht ausreichend wertgeschätzt?", fragte ich entgeistert.

„Ehrlich gesagt glaube ich, dass Perlen nur aufgefädelt einen Sinn ergeben. In Ingoré herrscht der Glaube, dass die *Irãs* nutzlos sind, weil sie nur Tod und Unglück über die Menschen bringen. Dass sie mit den Leuten noch nicht einmal mehr vernünftige Verträge schließen, so wie früher. Glaubst du also, es wäre richtig, darauf zu warten, dass sie ihre Probleme lösen? Wenn die Menschen nicht mehr an ihre Macht glauben, wie können sie dann erwarten, dass sie ihnen Gutes tun? Es ist wie, wenn jemand eine offene Wunde hat und den lästigen Gestank des Geschwürs ignoriert. Meinst du nicht auch?"

„Vielleicht hast du ja Recht..."

„Hier geht es weder um Recht noch um Unrecht. Die Verleugnung seiner selbst, mein Junge, verdeckt selbst die größten Schwächen des menschlichen Wesens. Es reicht nicht, sich einfach nur am Knie zu kratzen, wenn man etwas erreichen will, und wer sich nicht um einen Korb kümmert, wird auch keine Kleie anhäufen. Glaubst du nicht auch?"

„Ich glaube schon. Willst du mir also sagen, dass ein *Irã* auch Gott sein kann?"

„Junge, Gott existiert und ist im Himmel. Für uns alle gibt es einen Gott, der zu gegebener Zeit für Gerechtigkeit sorgen wird. Glaube ja nicht, dass hier irgendeiner gottlos ist. Genauso wie wir an ein jüngstes Gericht glauben, richten wir auch alle unsere Wünsche und Begehren nach dem Willen Gottes. Und du wirst uns zu Gott beten hören, wie wir um seine Hilfe bitten und uns hingebungsvoll an ihn wenden... Wir halten uns an Gott, was auch immer geschieht."

„Und was bedeutet dann *Irã*?"

„Nichts weiter als ein naheliegendes Mittel, um unsere Probleme zu lösen, trotz unseres Aberglaubens... die Ältesten sagen, dass wenn jemand Wasser über dich schüttet, du deinen Körper nur noch abzureiben brauchst, damit er sauber wird. Ist es nicht so? Und weil die aus dem Ausland wissen, was sie wollen..."

Die Ruhe, mit der sie sprach, zeugte von ihrem inneren Seelenfrieden. Sie wusste, wovon sie sprach, doch ich hatte noch meine Zweifel. Normalerweise sagte man in Ingoré, dass *Irã* Gott ist.

„Die Wahrheit ist, mein Junge, dass kein Gott den Platz der *Irãs* einnimmt", verkündete sie.

Sie drehte sich um und ging hinaus. Die *Hütte* hatte sich geleert. Es waren weniger Kunden als gebrauchte Schüsseln auf den langen Tischen zu sehen. Die Tischdecken waren vom Palmöl mit roten Flecken übersät. In einem absurden Gedränge tümmelten sich die Kunden wieder draußen auf dem Markt.

„Fé!", schrie Lua mich an, als sie bemerkte, wie ich dastand und Pipa hinterher sah, wie sie im grellen Tageslicht im Getümmel eintauchte.

„Ich komme, Lua!“, versicherte ich, blieb aber weiter an der Tür stehen, ohne meinen Blick von Pipa abzuwenden.
„Es war schön, Sie kennenzulernen, Pipa.“, rief ich, um mich zu verabschieden.
Sie blieb stehen, als wollte sie ebenfalls das Gespräch gerne fortsetzen.
„Du liebst wohl die Meditation?“, sagte sie laut.
„Ja, wenn ich nicht gerade arbeite.“
„Das ist ein Segen!“, sagte sie, während sie auf den ausladenden Fluss zeigte, der weiter unten an der Straße am Dorfrand zu sehen war.
„Was?“
„Dieser Fluss. Du musst öfter dort hingehen und sehen, wie schön die Welt ist.“
Ich war verzückt von dieser Einladung. Es war das erste Mal, dass jemand Interesse an der Magie des Dorfs zeigte, dass jemand im Hier und Jetzt aufging, wie die strahlende Sonne oder die morgendliche Brise in den Wogen des Rio Jasmim. Zum ersten Mal schenkte jemand dem Zauber des Dorfs mehr Beachtung als dem köstlichen *Futi*. Ich war also nicht der einzige Verrückte, nicht der einzige gestörte Philosoph und leichtgläubige Poet.
Woher kam Pipa? Warum erregte sie so sehr meine Aufmerksamkeit? Ich konnte nicht aufhören, an sie zu denken, mir diese sanfte Stimme in Erinnerung zu rufen. „Es ist ein Segen!“, hatte sie gesagt. Und dieser Blick? Diese Augen? Vertrauten mir etwas an, das ich mir noch nicht erklären konnte. Wie sehr ich das alles verstehen wollte! Notfalls würde ich einen Pakt mit einem dieser *Irãs* eingehen. Würde einen Pakt eingehen, bei dem weder Köpfe noch Seelen eine Rolle spielten. Nur Resultate und Erkenntnisse.
„Fé, es geht nicht, dass du deine Zeit mit Plaudern vergeudest.“, unterbrach Lua meine Gedanken.
„Ich weiß. Entschuldige“, gab ich zurück. „Soll ich schon mal anfangen, die Schalen zu spülen, bevor die Fahrer kommen?“, versuchte ich zu beschwichtigen.

„Es wird höchste Zeit!"

„Aber sag mir vorher noch eins", sagte ich.

Ich stellte die Wanne mit den schmutzigen Schalen ab und setzte mit den Händen in den Hüften eine strenge Miene auf.

„Es geht nicht wieder um komisches Zeug, das keiner versteht, oder?", entgegnete sie und sah mich dabei herausfordernd an.

„Ja und nein, aber es dauert nicht lange."

„Sag!"

„Warum warst du so erpicht, den Besen an die Tür zu stellen?"

„Das macht man, um jemand zu vertreiben. Ich wollte, dass Pipa von hier verschwindet. Ich will sie hier nicht sehen, und die Kunden übrigens auch nicht."

„Was ist mir ihr?"

„Das tut hier nichts zur Sache. Lass uns weiterarbeiten."

Ich verstand weder den Aberglauben mit dem Besen, noch die Abneigung gegen Pipa. Ich nahm die Schalen, um sie in einem Zementbecken im Hinterhof zu spülen und abzutrocknen. Lua blieb allein in der *Baracke* zurück.

Auf dem Markt herrschte ein Chaos, vor dem selbst die Geister zurückschreckten. Man hörte Geschrei in allen Variationen. Tiere klagten laut über ihr bevorstehendes Schicksal, vor allem Ziegen und Hühner. Autos hupten, drängten sich durch eine extrem enge Straße voller Löcher, die mit Händlern und Geschäftstreibenden übersät war. Sie feilschten um ihre Kunden, warben für ihre Produkte und garantierten jedem, der sie kaufte, absolute Zufriedenheit. Pipa hatte sich in dieses Chaos gemischt, war in einem ungewissen Ort verschwunden, lautlos wie ein Zombie.

Wir bedienten die Fahrer, bevor wir uns schließlich hinsetzten, um in Ruhe selbst etwas zu essen. Ich aß zuerst und fing danach mit dem Aufräumen an. Lua setzte sich nach mir hin, streckte ihre Beine aus und fing an, mit Banna zu plaudern, der Frau, die neben unserer Hütte ihre Sachen verkaufte. Lua aß ein Bohnen-Sandwich von Banna und trank dazu einen *Kräutertee*. Es war eine geschickte Taktik, um unseren eigenen Spezialitäten, dem *Futi*, *Tori* oder der *Erdnussbrühe*, nicht überdrüssig zu werden. Banna verkaufte Bohnen-Sandwiches, *Maissuppe* und *eine Reisspezialität mit Erdnüssen*, dazu Milch, Kräutertee oder *Café-Tubá*. Die Fruchtsäfte, die sie herstellte, waren aus anderen Früchten als unsere. Banna und Lua machten sich niemals Konkurrenz und erreichten dadurch eine größere Nachfrage und einen höheren Gewinn. Lua hatte es als Fremde geschafft, sich gut an dieses so schwarze, so durchdringende Afrika und an die Kultur Ingorés anzupassen, sogar besser als viele Eingesessene. Ihr *Futi* schmeckte besser als das vieler anderer Frauen, die auf dem Platz rund um das Staatskomitee herum ihre Ware verkauften. Im Übrigen war selbst ihr Kreolisch fließender und ungekünstelter als das von anderen Fula und Balanta Mané an der Grenzzone zu Senegal. Letztere konnten Zone noch nicht einmal richtig aussprechen. Lua aber fühlte sich in diesem Land zuhause, auch wenn sie den Ruf hatte, Schwärzer zu sein als viele Schwarze und weniger Weiß als sie eigentlich sein sollte. Tatsächlich war sie in Ingoré geboren, aber bevor sie mit der örtlichen Kultur und den Gepflogenheiten dieser Menschen eins wurde, gab es einen unsichtbaren Graben. Ihre Eltern hatten es ihr nie genau erklären können, wobei sie selbst auch nie so viel wissen wollte. Denn nur wer das Gefühl kannte, Teil einer kulturellen Gemeinschaft zu sein, auch wenn sie fremd war, konnte verstehen, warum Lua zufrieden war.

Ich aß in aller Ruhe mein Sandwich auf, wusch meine Hände und wollte eine Runde gehen, um Pipa aus meinen Gedanken zu vertreiben. Aber dann bat mich Lua, auf den neuen Markt zu gehen, den *Lumo*, der immer mittwochs stattfand, um geräucherten *Wels* und *Hibiskus* für das Mittagessen zu besorgen. Am Markttag servierten wir immer eine weiße Fischbrühe, die bei den Guineern und den Fahrern besonders beliebt war.

Das neue Marktgebäude war von einer nationalen NGO errichtet worden, die, wie so viele andere Nichtregierungsorganisationen im Land, internationale Investitionsmittel beschaffte, um die lokale Entwicklung zu fördern und die Lebensqualität der Gemeinden im Landesinneren zu verbessern. Der Markt stand da und erfüllte seinen Zweck, zumindest halbwegs, klar, aber es gab einen gewissen Unmut in der Bevölkerung, die sich betrogen fühlte. Es kursierte das Gerücht, dass die Gelder nicht ordnungsgemäß verwendet worden waren. Es wurde sogar behauptet, dass nicht einmal ein Viertel der Finanzierung in den Bau des Marktgebäudes geflossen war, als ob jemals jemand den genauen Finanzierungsbetrag erfahren hätte. Im Grunde war es eine Frage des gesunden Menschenverstands. Niemand würde jemals einen Bau auch nur zur Hälfte finanzieren, schon gar nicht, wenn er damit rechnete, dass die Materialien und die Arbeitskraft völlig umsonst waren. Die Bevölkerung hatte ihre Arbeitskraft unentgeltlich zur Verfügung gestellt – viele junge Menschen haben ohne jede Gegenleistung in der Hitze geschwitzt. Die Frauen sämtlicher Familien haben ihre Mahlzeiten mit den Arbeitern geteilt, transportierten auf ihren Köpfen das Wasser, um den Bau voranzubringen, und spornten die Arbeiter an, um ihre Versorgungsstätte, ihr *Busca-Vida*, so schnell wie möglich vollendet zu sehen. Neben den Frauen und Jugendlichen haben nochmal so viele Bewohner ihren Teil geleistet und Holz, *Palmenstämme*, Sand, Kies und Eisen gespendet. Ein Kamerad, der wohlhabendste der Gegend, stellte den Baugrund zur Verfügung, außerdem ein Fahrzeug, um die Materialien zu transportieren, und spendete zudem das gesamte Zinkblech für das Dach. Bei alldem war das Geld der *Marktfrauen* noch nicht eingerechnet, die so genannte *Abota*, die sie wöchentlich aus dem Erlös ihrer Verkäufe gemeinsam zurücklegten, um sich für lokale Notsituationen zu rüsten. Auch dieses Geld war komplett in das Bauprojekt geflossen.

Da stand also der Markt, leergefegt und praktisch unvollendet, ein auf der Basis von Korruption und Ausbeutung errichtetes Schandmal. Die Nutzungsgebühren waren immens, die sanitären Anlagen erbärmlich und die Verkaufsräume hatten keine Fenster und erst recht keine Türen.

„Der Markt war heute die Hölle.“, sagte ich zu Lua, kaum hatte ich die Einkäufe abgestellt.
„Wie meinst du das?“, hakte sie nach.
„Eine Frau ist gestürzt... ich bin entsetzt, wie die Menschen völlig grundlos ein Verbrechen begehen! Die Menschen hier sind manchmal schlimmer als sonst was...“
„Was ist passiert? Eine Epileptikerin?“
„Ich weiß nicht. Sie sprachen von einer Thrombose...“
„Und niemand hat geholfen?“
„Glaubst du das? Sie haben Stöcke geholt und auf sie eingeprügelt, bis sie tot war.“
„Sie haben sie getötet?“
„Das kannst du glauben! Es war so ein Gedränge, dass ich zu spät kam. Sie war schon tot, als ich dazwischenging, um sie aufzuhalten.“
„Und was haben sie dir gesagt?“
„Dass es eine Thrombose war und die einzige Möglichkeit, den Fluch aus dem Körper der Frau auszutreiben ...“
Na, ja“, unterbrach sie mich. „Ein Schlaganfall ist nicht natürlich, Fé. Da ist immer eine Hand im Spiel.“
„Wie bitte?“
„Hinter dem Unglück steckt eine böse Macht.“
„Was willst du damit sagen?“
Sie lachte nur. Es war lustig, dass wir miteinander auf eine Art sprachen, die nur in Ingoré einen Sinn ergab. Ich hatte keinen Grund überrascht zu sein, wirklich. Aber ich konnte meine Empörung nicht verbergen.
„Die meisten Todes- und Unglücksfälle haben wir den *Irãs* zu verdanken. Aber es gibt hier auch Zauberer, die zu ihrem eigenen Vorteil Krankheiten und üble Dinge vorhersagen. Hast du nicht gesagt, dass du heute morgen eine *Eule* gehört hast?“ Ich nickte und sie fuhr fort. „Das war ein Zeichen, Fé. Es war ein Zeichen und jeder wusste bereits, dass heute so etwas geschehen würde. Verstehst du? *Eulen* schreien nicht einfach so, wenn es hell ist. Wenn das passiert, geht es mit irgendeinem

Unglücklichen, der das Pech hatte in die Fänge der Zauberer zu geraten, zu Ende. Verstehst du?"

„Genau das verstehe ich nicht an diesen Leuten!"

„Was verstehst du nicht an uns?"

„Ist es nicht so, dass die *Irãs* eine Art Gott sind, um die Menschen zu beschützen?"

„Nein, Fé. Vergiss dein monotheistisches Glaubenskonzept. Wir hier stellen uns Gott nicht nur als jemanden vor, der in einer Kirche oder Moschee unsere Gebete erhört und uns im Jenseits für unsere Sünden richten wird. Dieser Gott wurde uns von den Europäern und Arabern auferlegt. Wir haben in Wirklichkeit einen anderen Blick auf die Welt, wir glauben nicht an ein übergeordnetes Wesen im Jenseits, das uns den richtigen Weg weist und eine glorreiche Zukunft verheißt. Wir haben Menschen, unter ihnen *Pauteros* und Zauberer, und wir haben die übernatürlichen Wesen, die *Irãs*, die keinen Körper und keine Form haben, die aber jeden beliebigen Körper und jede beliebige Form annehmen können, und die als Instrumente für alles dienen. Mit anderen Worten, wir sind es, die ihnen sagen, was sie für uns tun sollen und nicht umgekehrt. Gewissermaßen sind wir also ihr Gott. Verstehst du?"

„Aber sagt man nicht, dass sie Befehle geben und Zeremonien vorschreiben?"

„Das sagt man und das stimmt. Das setzt aber voraus, dass es einen Vertrag in diesem Sinne gibt. Nehmen wir an, der *Vorsteher* einer Tabanca oder seine Vorfahren haben einen Vertrag mit einem *Irã*, der besagt, dass nach einem bestimmten Ergebnis etwas zugunsten des *Irãs* getan werden muss... Das Wort des *Irãs* muss entgegnet, der Gefallen erwidert werden, verstehst du? Sonst hat das unvorstellbare Folgen."

„Ich verstehe es nicht, ernsthaft! Und was verlangen die *Irãs* im Allgemeinen als Gegenleistung?"

„Du bringst es auf den Punkt: im Allgemeinen! Nun, sie verlangen viel ..., aber im Allgemeinen verlangen sie ... was weiß ich! Köpfe!"

„Menschliche?"

„Zum Beispiel!"
„Ich bin schockiert! Dabei gilt Ingoré als fortschrittliche Tabanca."
„Das ist sie auch! Natürlich auf unsere Art! Oder willst du, dass sich der Fortschritt weiter nach dem Standard der westlichen Welt richtet?"
„Blödsinn, Lua. Bloööd ... sinn!"
„Sag, was du willst. Ihr Kapverdier habt den Hang, euch für Weiße zu halten und zu verleugnen, was ihr eigentlich seid. Aber, gut. Jeder röstet Maniok auf seine eigene Art."
„Ist das wieder so ein Zauberspruch?"
„Du bist lustig!"
„Sag. Ich weiß wirklich nicht, was das bedeutet."
„Jeder ist, wie er ist, Fé. Das ist alles."
„Blöööd ... sinn ... mir tut es vor allem um die arme Frau leid, die zu Tode geprügelt wurde. Die Arme! Ich hätte sie retten können, wenn ich nur rechtzeitig dagewesen wäre."
„Was hättest du getan, Kind?"
„Ich hätte dafür gesorgt, dass man die Frau ins Krankenhaus bringt, wo man sie bestimmt behandelt hätte. Immerhin ist das Krankenhaus dort gleich um die Ecke. Welch schwachsinniger *Irã* hat euch denn in den Kopf gesetzt, dass ein Schlaganfall mit Zauberei zu tun hat?"
„Vergiss es, Fé! Du hast ja keine Ahnung. Wenn es um Schlaganfälle geht, raten hier selbst die Ärzte zu unseren *Heilmitteln* und häuslicher Behandlung..."
„Ich weiß, aber es gibt Dinge, die wir nicht einfach so hinnehmen können. Und das hier gehört dazu... wie kann man nur so über die Maßen kaltblütig sein?"
„Vergiss es fürs Erste. Mit der Zeit wirst du es verstehen. Wir verurteilen niemanden, der tötet, um zu helfen. Bei uns gibt es keine Fahrlässigkeit, auch keine Teilschuld. Das ist eine dieser westlichen Auffassungen, die man uns auferlegen will. Für uns kommt es darauf an, ob die Absicht gut oder schlecht ist. Selbst die Zauberer beanspruchen für sich das Recht, sich eine beliebige Seele zu nehmen, genauso wie ein Löwe das

Recht hat, eine Gazelle zu jagen, um sie zu fressen. Ohne Folgen, verstehst du? Das ist das ureigenste Gesetz der Natur."

Ich ließ eine tiefe Stille zwischen uns treten, versuchte dieses Gespräch zum Guten zu wenden. Ich vergaß keineswegs, dass ich in Ingoré im Grunde genommen nur auf der Durchreise war, auch wenn ich eigentlich auf Dauer bleiben wollte. Wenigstens mein wichtigstes Ziel durfte ich nicht aus den Augen verlieren. Ich war auf der Suche nach meiner Mutter und betete jeden Tag darum, sie wiederzufinden.

Herr, ich liebe meine Mutter. Ich liebe sie bedingungslos, bewundere ihren Mut und ihre Geschichte. Ich wünsche mir, dass es ihr gut geht, wo auch immer sie ist. Wenn sie noch lebt, erfülle meinen Wunsch ihr zu begegnen, Herr, nur um ihr zu sagen, dass ich sie liebe und dass ich ihr alles verzeihe.

Ganz egal, was Ungewöhnliches in Ingoré geschah, es würde meine Pläne nicht ins Wanken bringen. Vielleicht würde ich ein Leben lang vergeblich nach dieser Frau suchen, die mich für eine Leidenschaft, für eine Jugendliebe, verlassen hatte, aber ich würde nicht aufhören, an die Kraft meiner Gebete zu glauben, mich auf die Macht des Glaubens zu verlassen. Die Welt mag uns eher fest als luftförmig vorkommen, obwohl sie in Wahrheit doch nur aus Energie besteht, die alles und jeden miteinander verbindet. Daran glaubte ich. Das war es, was den Dingen einen Sinn gab, und darauf aufbauend würde ich, früher oder später, auch meine Mutter finden.

Lua zog sich zurück, um den Grill für das Mittagessen vorzubereiten.

„Was machst du heute nach der Arbeit?", fragte sie mich.

„Du weißt genau, dass ich immer nach Hause gehe, wenn ich hier fertig bin, ich gehe nirgendwo hin. Warum fragst du?"

„Einfach so. Um unsere Gemüter ein wenig zu beruhigen."

„Das ist gut. Soll ich mich um die Soßen kümmern?"

„Mach das, bitte, wenn es dir nichts ausmacht!"

„Es macht mir nichts aus, Chefin", sagte ich in scherzhaftem Ton.

ZWEI

Der schlafende Alte weiß mehr als das wachende Kind

Ich weiß nicht, wo ich anfangen soll. Die Wahrheit ist, dass in allem, was wir erzählen, ein Stück von uns selbst ist und in die Erzählung einfließt. Erzählen ist gewissermaßen, sich mittels Wörter den anderen zu erkennen geben. Es ist kein Erfinden, sondern die Enthüllung winziger Einheiten der mutmaßlichen und verborgenen Wahrheit unserer Existenz. Batule wurde für ihre selbst ernannte Rolle als Denunziantin der Machenschaften unserer Zauberer geschätzt, für mich war sie jedoch ein persönlicher Feind, eine Fäulnis erregende Pest, und ihr ist es zu verdanken, dass ich meine Geschichte immer mit Bitterkeit erzählen werde. Ungeachtet dieser Tatsache, bewundere ich sie. Sie kennt sich gut mit den Glühwürmern aus, den *Djamburerés*. Sie sind gut darin, alles zu verbergen, sind gut getarnt, sogar besser als der Schwanz einer Fledermaus, die kopfüber hängend ihr Hinterteil zum Himmel gestreckt, daran glaubt, Gott in den Mund pinkeln zu können. Batule wusste alles, sagte alles voraus, was passieren würde, wer sterben würde, wie er sterben würde und welcher Zauberer unseren Mutmaßungen zufolge dafür verantwortlich sein würde. Bevor jemand glaubt, dass unsere Zauberer genauso irre sind wie unsere *Irãs*, weise ich vorsorglich darauf hin, dass nicht alles so ist, wie es scheint. Man erzählte sich, dass sie einen Vertrag mit dem *Irã* aus dem Süden hatte, derselbe, der schon den Freiheitskämpfern zum Sieg verholfen hatte. Dieser *Irã* lieferte ihr Informationen, ermöglichte ihr, Zauberer in Aktion zu sehen, obwohl sie selbst es nicht einmal bis zu einem *Pautero* gebracht hatte. Es ist allgemein bekannt, dass wer einen *Irã* auf seiner Seite hat, auch alles andere hat. Einen geschärften Blick, große Macht, profundes Wissen. Wer einen *Irã* hat, der hat die gesamte Tabanca in der Hand. Die große Frage ist: Wenn Batule es noch nicht einmal zum *Pautero* gebracht hatte,

wie war ihr dann dieser Vertrag mit diesem mächtigen *Irã* gelungen? Und da stellt sich die alte Frage nach meiner mutmaßlichen Schönheit: meine Mutter hätte mir ja auch Glück statt Schönheit mit auf den Weg geben können, als sie mich auf die Welt brachte. Was nützte es mir schön zu sein, wenn mein Dasein von Armut und Elend geprägt war? War Batule vielleicht mehr mit Glück als mit Schönheit gesegnet?
Einmal haben wir uns bei Banna wegen unserer *Rücklagen* getroffen, und Batule wollte einfach nicht die Klappe halten. Wir trafen uns jede Woche, um uns gegenseitig bei allem Notwendigen zu unterstützen. Unsere Männer waren Mandingas (ich lebte allein, war aber deswegen nicht weniger betroffen), sie hockten also entweder irgendwo zusammen, kratzten sich am Sack und tranken Warga, oder sie waren bei einer ihrer vielen Frauen oder Liebhaberinnen im Bett, inkompetent und nutzlos. Wir verkauften unsere Waren, arbeiteten hart, um unseren Lebensunterhalt zu sichern, und ertrugen dazu noch ihre ungeheuerliche Impotenz. Sie arbeiteten in der Saison und wir jeden Tag. Würde das allein nicht schon ausreichen, um das Sagen zu haben? Und dann spielten sie sich noch Wunder wie auf... Genau betrachtet waren sie einfach nur dumm. Wie mein verstorbener Vater schon sagte, ein impotenter Mann ist ein gewalttätiger Mann. Und meine Mutter setzte immer noch drauf, dass Männer noch schlimmer sind als Zauberer: wenn du sie mit einem Stück Fleisch im Mund erwischst, behaupten sie glatt, dass sie nicht die Absicht hatten, es zu essen.
„Diese Dinge müssen aufhören. Wir müssen ihnen ein Ende setzen“, sagte Batule.
„Was für Dinge denn?“, fragte ich sie.
„Diese Unverschämtheit der Ausländer. Elende Zauberer. Sie kümmern sich nicht um unsere Gesetze, machen was sie wollen, stürzen uns alle ins Unglück, je nach Belieben...“
„Ach, was! Wir sind im 21. Jahrhundert. Glaubst du wirklich, dass es unter Zauberern und Nichtzauberern oder unter Ausländern und Nichtausländern noch Sinn macht, über traditionelle Regeln zu sprechen?“

„Ach, nein? Und wofür brauchen wir dann noch unsere Amulette, *Irãs* und was alles?"
„Also, was mich angeht, ich brauch' das schon mal nicht..."
„Du bist ja auch nicht Schwarz und hast ja keine Ahnung, außerdem stehen sie sowieso nicht auf so jemand wie dich und..."
„Sie und nicht Schwarz? Mein Gott! Wer ist denn Schwärzer als sie?", merkte eine der Frauen an, die mir sehr am Herzen lag.
Ich musste grinsen.
„Einverstanden, aber wenn sie sich wirklich, wie du sagst, einen Sport daraus machen, weiß ich nicht, wie ich mich schützen soll."
„Wie du dich schützen sollst? Du machst dich lustig, oder?"
„Natürlich nicht! Manchmal habe auch ich Angst, ich bin nicht mehr so naiv wie früher..."
„Lua, bitte, halt uns bloß nicht für dumm. Glaubst du etwa, wir hätten nicht längst bemerkt, dass du und dein blasser Freund es auf unsere *Irãs* abgesehen habt..."
Banna, die Gastgeberin, die alles ruhig verfolgt hatte, fühlte sich mit dem Verlauf des Gesprächs nicht wohl und mischte sich ein, um die Gemüter zu beruhigen.
„Weißt du, Lua, diese Sache mit den Thrombosen und der Meningitis, die uns in letzter Zeit befallen, haben wir den Ausländern zu verdanken. Vorher gab es das alles nicht, und auch unsere Vorfahren haben nie von so tragischen Vorfällen erzählt. Sie tun das einfach zum Spaß, aus Vergnügen. Deswegen müssen wir einen Weg finden, dem Ganzen ein Ende zu setzen."
„Ganz genau, sie weiß es nicht und es interessiert sie auch nicht, Banna. Ich würde sogar sagen, dass an alldem überhaupt nur ihre Eltern schuld sind."
„Wer ist schuld? Jetzt reicht es aber, Batule! Das lass ich mir nicht bieten." Aufgebracht stand ich auf, um mich zu wehren.
„Weil sonst... ?"
„Beruhigt euch, bitte", sagte Banna.

„Für wen hält sie sich denn, dass sie sich so über meine Eltern auslässt? Man könnte glatt meinen, ihr seid nicht auf unsere Hilfe angewiesen..."
„Von wegen angewiesen! Wer hat es denn auf unsere Reichtümer abgesehen? Etwa nicht deine weißen Verwandten? Oder glaubst du vielleicht, dass wir eure Spielchen nicht durchschauen?"
„Wir haben euch entdeckt und holen uns deswegen eure Reichtümer, wenn es das ist, was du hören willst!"
„Da haben wir es! Die immer gleiche Überheblichkeit und Arroganz! Und was mich am meisten aufregt, ist, dass wir euch überhaupt aufgenommen haben. Wir haben euch gewähren lassen, ohne jede Einschränkung, ohne Wenn und Aber. Ihr habt euch als Heilige und Doktoren aufgespielt und uns gleichzeitig unserer *Irãs* und unserer Zukunft beraubt. Nehmt euch unsere Köpfe, nurzu, ihr könnt sie haben, nur damit ihr es wisst!"
Ich musste lachen. Ich hätte nie gedacht, dass unsere Unterhaltung diese Richtung nehmen würde. Sich einen *Irã* holen und wieder verschwinden, dafür hatte auch mein Vater eine Vorliebe. Natürlich sagte er das zum Spaß. Nun hatte sich der Streit wider Erwarten zugespitzt.
„Lach nur, blödes *Blassgesicht*. Nehmt euch unsere Köpfe, ihr habt uns in der Hand!"
„Das reicht, Batule. Bitte, ich will das nicht mehr hören."
„Es reicht eben nicht, Banna. Wenn diese Typen deine Schwester töten würden, möchte ich dich mal sehen, ob du dann immer noch die Ruhe weg hast. Diese Spezies, haben noch nicht mal eine Rasse und halten sich für etwas Besseres, dabei reichen sie nicht mal im Traum an einen Weißen heran. Menschengeschwür und..."
„Spinnst du? Wen sollen wir denn getötet haben?"
„Wenn dein Freund, dieser *bleichgesichtige Dreckskerl*, die Leute nicht daran gehindert hätte, meiner Schwester beizustehen, wäre sie noch am Leben."

„Was ist denn das wieder für ein Unsinn? Du hast sie doch nicht mehr alle! Hast du dir irgendwas reingezogen?"
„Sehe ich aus wie ein Verbrecher? Oder wie jemand, der mit den Zauberern unter einer Decke steckt?"
„Du bist nicht sehr weit davon entfernt..., aber kannst du mir bitte erklären, worauf du anspielst?"
„Na, klar! Raus mit der Wahrkeit! Gib doch zu, dass ihr alle nur hier gekommen seid, um unsere *Irãs* und unsere Zukunft zu stehlen, du farbloser Maulesel. Und jetzt, wo dein Vater tot ist, taucht diese Bettwanze von deinem Freund auf, um die Mission zu Ende zu bringen."
„Aber... helft mir, Kameradinnen, bitte! Diese Frau hat einen Schaden. Ich habe keine Ahnung, wovon sie redet!"
„Nun, Batule und noch ein paar Leute, die vor ein paar Tagen auf dem Markt waren, glauben, dass Fé sie gehindert hätte, ihre Schwester zu retten, Lua, weil...", begann eine der Frauen zu erklären, die ich sofort zur Verteidigung von Fé unterbrach.
„Aber Fé wollte sie nur retten... Er wusste nicht einmal, dass es diese Praxis gibt, die Menschen zu schlagen, wenn sie stürzen..."
„Er wusste es nicht? Und warum zum Teufel hat er über dem Kopf meiner Schwester mit dem *Irã* gesprochen, der in sie hineingefahren war?"
„Ich war nicht dabei, aber ich kann dir versichern, dass er deiner Schwester nur helfen wollte. Im Übrigen war sie schon tot, als er ankam. Und wenn er über ihrem Kopf gebeugt war, dann bestimmt nicht, um mit irgendeinem *Irã* zu reden; wahrscheinlich wollte er herausfinden, ob sie noch lebt oder..."
„Dafür werdet ihr zahlen, das könnt ihr glauben."
„Was willst du tun?... Deinen *Irã* beschwören, damit..."
„Das wird nicht nötig sein. Wer sich mit mir anlegt, legt sich mit dem Teufel an, das kannst du glauben. Weißt du noch, was mit Sadjo-Danna passiert ist?"

Dieses Stichwort hatte mehr Sprengstoff als eine Granate. Batule hatte sich verraten. Dabei gab sie sich immer als Denunziantin der dunklen Machenschaften der Zauberer aus, hatte angeblich einen Vertrag mit dem *Irã* des Südens... So kam ans Licht, dass sie am Ende die größte aller Zauberer in der Tabanca war und sich immer nur unter dem Vorwand dieses Vertrags und dieses törichten Humbugs verstellt hatte. Sadjo-Danna war der Ehemann einer Frau, die von Batule der Zauberei bezichtigt worden war. Um sich zu schützen, hatte Sadjo bei der Polizei Anzeige erstattet, und Batule war verhaftet worden. Am frühen Morgen des nächsten Tages wurde Sadjo tot aufgefunden, überall voll Blut, Fäkalien und Fliegen. Da Ingoré nun mustergültig von Geistern und Verdächtigungen beherrscht wird, wurden die Zauberkräfte der Ehefrau für den Vorfall verantwortlich gemacht und Batules Anschuldigung bestätigt. Seitdem galt sie als Denunziantin. Sie wurde zum Geschoss für unsere Kanonen, zersplittert wie eine Cola-Nuss zwischen den Zähnen einer alten Frau.

Meine *Baracke* liegt mitten im Dorf, umgeben von alten Palmen aus Übersee, die mein Vater einst pflanzte. Das Prachtvollste dort ist der sich um die Palmen schlingende Jasmin, der sich wie eine eherne Schlange am Mosesstab in atemberaubenden Farben an den schattenlosen Baumstämmen emporrankt. Es besteht eine gewisse Verbundenheit zwischen der rankenden Pflanze und den fremden Palmen, wie um meinen Vater zu huldigen. Einige behaupten aber, die Kletterpflanze sei ebenfalls importiert, samt ihrem Reiz und ihrem Duft. Jedenfalls ist unsere *Baracke* in der ganzen Gegend bekannt, unsere Geheimrezepte gelten als einzigartig, so einfach zubereitet meine Gerichte und Getränke auch sind. Die Einfachheit inmitten dieses täglichen Trubels macht mich aus, ungeachtet meiner ungewissen Herkunft. Meine *Baracke* wird von Menschen unterschiedlicher Kulturen aufgesucht und alle sind willkommen, die mit dieser Vielfalt im Einklang sind. Als wäre es in dieser Gegend überhaupt möglich, mit etwas im Einklang zu sein.

Unsere Klassen sind in *Pauteros, Irãs* und Zauberer eingeteilt. Vor letzteren haben alle Respekt und Achtung.
Deswegen habe ich meine *Baracke* auch mit all den Flaschen voll heiliger Erde und mit den ganzen Hörnern mit allen möglichen mystischen Stoffen ausgestattet und sie mit Krallen und Federn von Rebhühnern, mit Schlangenhäuten und Jaguar-Zähnen geschmückt. Niemals hätte ich es gewagt, das florierende Geschäft meiner Eltern zu übernehmen, ohne mich vor allem und jedem zu schützen, obwohl die Kapverdier auf die Mystik nicht viel geben. Was die Herren Zauberer angeht, sind in diesem Land alle gleich verwundbar, ganz egal ob du gläubig bist oder nicht, ob du alt oder ein Kind oder ein feiner Mann bist, ob du aus Cabo Verde, aus Guinea Conakry, aus Mauretanien kommst oder Senegalese bist. Wie schwierig die Beziehungen in diesem Konsortium auch sind, Vorsicht ist immer besser als Nachsicht. Ich jedenfalls bin zu meinem Schutz mit *Mittelchen* und Wurzeln gerüstet. An der Tür hängt noch immer dieselbe Figur vom *Irã do Sul*. Mein Vater hatte die Figur von einer Frau bekommen, der angeblichen Besitzerin dieses *Irãs*. Es ist derselbe *Irã*, dem wir den Sieg über die Kolonialherren verdanken. Der geholfen hat, die Portugiesen zu vertreiben und viele Kameraden vor den Kanonen und den zerstörerischen Fliegern zu schützen. Es ist ein ehrenvoller *Irã*. Jeden Morgen huldige ich ihm mit schutz- und glückbringenden Fürbitten und besprenkle ihn mit Wasser. Um meine *Baracke* herum sind Amulette und kleine Flaschen mit Salz vergraben, und drinnen schützen *Malagueta* und Holzkohle vor allen Übeln, vor dem bösen Blick und Hexerei. Man muss schon so dumm sein wie meine Mutter, um sich in einer Welt wie dieser nicht zu hüten, einer Welt, die von allmächtigen *Irãs* und Zauberern beherrscht wird. Die Hand Gottes ist hier so unsichtbar, dass sie keine Rolle mehr spielt. Aber wir sind dem weniger ausgeliefert, als man annehmen könnte.
Bevor Fé auftauchte, bestand mein Leben, wie bei allen anderen in der Tabanca, aus absoluter Langeweile, vielleicht weil niemand mehr das

Vermächtnis unserer Ahnen und *Irãs* respektierte. Jetzt schaute ich ihm zu, wie er alles vorbereitete.
„Hast du überhaupt eine Ahnung, was hier los ist? Hast du nicht, oder?"
„Worauf spielst du an?"
Sein fester, schlanker Körper war gebeugt. Seine Augen waren von Unschuld gezeichnet.
„Nun... du bist so besessen von der Frau, dass du, ohne dass du es merkst, kurz vor dem Abgrund stehst."
„Was redest du da, Lua? Pipa ist eine fantastische Person..."
„Hör mir auf mit dieser Hexe... ich rede von dir."
„Von mir?"
Er stand auf und schaute mich an.
„Nein, von meinem Schatten... Stell dich bitte nicht dumm!"
„Jetzt mal langsam. Ich verstehe ja, wenn du dir meinetwegen Sorgen machst, aber..."
„Aber...?"
Es herrschte sengende Hitze, und er merkte, wie sehr ich schwitzte und triefte. Mit langen Schritten holte Fé Wasser aus der Kanne. Er nahm den Aluminiumbecher, der oben auf dem Metalldeckel eines Tonbehälters stand – einem braun gebrannten Krug in der Form einer Guave –, streckte seinen rechten Arm in den Krug und füllte den Becher mit frischem Wasser.
„Trink das Wasser... und erklär mir bitte, was los ist..."
„Danke!"
„Gern geschehen! Weißt du, Lua..."
„Ich habe Lust auf Rauch!"
„Du rauchst?" Ich habe dich nie rauchen sehen..."
„Ich habe es vor einiger Zeit aufgegeben. Und weißt du, warum?"
„Weil du weißt, dass es nicht gut für deine Gesundheit ist... abgesehen vom Geld, das du verrauchst..."
„Da liegst du falsch, mein Lieber. Wenn es nur darum ginge, würde ich rauchen wie ein Schlot."

„Warum hast du dann aufgehört?“ Er tastete seinen Körper ab, als würde er vor einer Patrouille stehen. „Ich weiß nicht, wo meine Zigaretten sind...“

„Hast du keine Zigarette?“

„Doch... ich kann sie nur nicht finden.“

„Dann bist du kein echter Raucher. Als ich noch rauchte, konnte ich meine Zigaretten riechen, ganz egal, wo sie lagen. Dann habe ich mit dem Rauchen aufgehört und diese Fähigkeit verloren. Das Risiko war zu groß. Der Rauch zieht das Unglück an, ganz abgesehen davon, dass man als Raucher für Zauberer zu einer einfachen Beute wird. Und es gibt noch etwas, was lustig ist, aber die Raucher nicht mitbekommen. Mit jedem Zug schmeckst du das Geld, das du dafür ausgegeben hast, und mit jedem Ausblasen verfluchst du dich selbst. Du inhalierst also den Rauch und sagst: „Mein Geld...“, stößt ihn aus und sagst: „... kann ich entbehren.“

Fé lachte und ging, sich nicht weiter um meine Weisheiten kümmernd, seitlich gebeugt durch die Tür hinaus, um sich den Kopf nicht anzustoßen. Ich hatte keine Ahnung, wie oft er sich beim Rein- und Rausgehen schon den Kopf angestoßen hatte... wie ein schielender Zyklop. Die Tür war nicht für Menschen seiner Größe gemacht, und bis er sich daran gewöhnte, stieß er so manchen Schmerzensschrei aus...

Er zündete die Zigarette am Grillfeuer an und machte zwei Züge, um die Glut zu regulieren.

„Ich habe dich nicht um eine Zigarette gebeten, Fé“, sagte ich zu ihm, als er mir die glimmende Zigarette reichte. „Ich habe dir bereits gesagt, dass ich vor Jahren mit dem Rauchen aufgehört habe. Noch bevor mein Vater starb.“

„Also was?“

„Ich will nur den Rauch...“

„Da hast du den Rauch, Lua!“

„Ich will nicht ziehen, kapier doch...“

„Aber das ist...“

„Soll ich es dir aufmalen?"
„Willst du den Rauch aus meinem Mund? Willst du, dass ich den Rauch in deinen Mund blase?"
„Jetzt nimm halt einen Zug, mach schon... sei nicht so."
Ich machte eine Bewegung und er hielt die Luft an. Wenn ich erregt bin, lasse ich Gott kaum eine Chance. Die Angst, die ich einflöße, ist nicht zu übertreffen, und doch würde niemand in der Umgebung etwas für mich geben. Jeder Betrunkene, der mich nicht kennt, wäre versucht, sich an mir zu vergreifen, wenn er es nötig hätte, und sei es nur, um meinen Po zu betatschen.
Fés Augen funkelten entsetzlich, als ich näherkam und die räumliche Grenze zwischen uns zu überschreiten drohte, wenn auch vergeblich, weil seine Vorstellungskraft dazu nicht ausreichte. Ich hätte es dabei belassen und darauf warten können, dass er selbst die Initiative ergriff. Aber was die Sexualität anging, verhielt sich Fé nicht gerade wie ein Mann. Er kapierte erst, nachdem man es tausendmal versucht hat. Man sah ihm an, dass er nicht von hier war und nichts mit den hiesigen Männern gemein hatte, die hinter jedem Rock her waren. Fé hatte nie etwas auf die Annäherungsversuche der *jungen Mädchen* gegeben, die ihm in der Überzeugung hinterherliefen, dass sie mit Hilfe der *Irãs* sein Herz schon erweichen würden. Fast alle Mädchen in der Tabanca hatten ihm zumindest schon einladend zugezwinkert oder die *Irãs* ersucht, dass er ihnen sein Herz schenken möge. Aber für ihn waren Frauen nichts weiter als Gift, ein liederliches Abgleiten in stumpfe Gefilde, eifriges Geplapper, so wenig glaubwürdig wie die Versprechungen so einiger Männer.
Mit wild pochendem Herzen wurde ich aktiv und drückte meine Lippen gegen die seinen.
„Lua!"
Ich wich sofort wieder zurück. Ich bekomme ihn immer nur halb. Niemals ganz und niemals bis zum Schluss.
„Lua, bist du da?"

„Ich bin hier, Banna! Was ist?"
Banna von der *Baracke* neben mir kam herein und machte ein betrübtes Gesicht, als hätte man ihr das Herz gebrochen. Es war ihr deutlich anzusehen, wie bekümmert und verzweifelt über das Leben sie war.
„Warum tut er mir das an?", klagte sie.
Die Frage vergrößerte nur meinen Frust und ich fühlte mich unwohl in meinem nassen Höschen. War sie gekommen, um sich bei mir auszuheulen? Seitdem man mich in ihrem Haus beleidigt hatte, hatte ich kein Wort mehr mit ihr gewechselt. Unsere regelmäßigen Treffen waren mir seitdem egal. Ich interessierte mich nicht mehr für die neuesten Manöver der Zauberer oder die Toten in der Tabanca. Ich half auch nicht mehr in den kleinen Dingen, die für bedürftige Menschen doch so groß waren. Schließlich war es den Menschen in dieser Tabanca zuzutrauen, einen simplen Akt der Barmherzigkeit und Zauberei durcheinanderzuwerfen.
„Setz dich", sagte ich zu ihr.
„Warum nur, Lua?"
Am liebsten hätte ich sie gefragt, was mich das alles anging.
„Von wem sprichst du, Banna? Ich verstehe nicht!"
„Mein Mann... er will mich verlassen. Er will in dein Land."
„In mein Land? Fängst du schon wieder damit an?"
„So meine ich das nicht", beeilte sie sich zu sagen und kam ins Schwitzen. „Für mich bist du mehr als jede Einzelne von uns. Mein elendes Leben hätte keinen Sinn, würdest du dich von mir abwenden, das weißt du, du weißt, ich brauche dich. Du weißt, dass du mehr als eine Schwester für mich bist; Kapverdier hin oder her, ich mag dich mehr als diese dreckigen..."
„Halt bloß den Mund!", brüllte ich mit blitzenden Augen und verfluchte sie.
„Ich..."

„Ich will nichts mehr hören! Deine Ausreden kümmern mich einen Dreck. Du bist genau wie die anderen... ihr seid solche Schwachköpfe, das gibt es doch gar nicht.

Banna brach in Tränen aus, wirkte völlig aufgelöst. Verstohlen versuchte sie noch Fé dazu zu bewegen ihr wenigstens zu helfen. Doch Fé warf ihr nur einen nichtssagenden Blick zu, bemüht, sie in ihrer verzwickten Lage nicht noch zu striezen. Als sie merkte, dass ihr Fehler nicht mehr zu reparieren war, weil sich keiner beeindruckt zeigte, stand sie auf und machte sich tief betrübt wieder davon.

Ich wartete, bis sie sich entfernt hatte, durchbohrte Fé mit finsterem Blick und säuselte mit verstellter Stimme:

„Findest du das normal?"

„Ich finde, dass du ein bisschen zu weit gegangen bist, Lua. Die Frau wollte sich nur aussprechen und du..."

„Fängst du jetzt auch damit an?"

„Ich bin nur ehrlich zu dir!"

„Du bist vor allem ein Feigling... das bist du."

„Sei nicht so. Sie hat dir nie etwas getan..."

„Du verstehst überhaupt nichts... denkst du, ich mache das aus Bosheit? Ich verteidige mich nur..."

„Gegen was verteidigen? Glaubst du, sie schicken dich in dein Land zurück?"

„Was sagst du da? Wo soll dieses Land denn sein, das man mir ständig anhängt?"

„Meine Güte, Lua... stell dich nicht so an... Du bist aus Cabo Verde, genau wie ich, das sieht man an der Haut, am Haar, an der Art, wie du sprichst und sogar wie du guckst. Du bist hier nur geboren..."

„Ich bin hier nur geboren? Was würde man dann wohl in Cabo Verde über mich sagen? Warum müssen die Menschen alles etikettieren? Und warum darf ich nicht zu den Fulas gehören, wo ich doch *Futi* verkaufe und Mulattin bin?

Ich weiß, was du meinst, und ich gebe dir absolut Recht. Dieses Land ist auch dein Land, genauso wie das von Banna oder sonst wem. Aber vergiss nicht, dass es auf den Inseln den Afrikanern nicht anders geht."

„Den Afrikanern? Sind die Menschen auf den Inseln etwa keine Afrikaner?"

„Genau, darum geht es... wir sind noch voreingenommener als die Menschen hier, schon allein, weil wir so arrogant sind zu glauben, dass wir keine Afrikaner sind. Ist das zu fassen? Wir und keine Afrikaner ... Allenthalben ist zu hören ‚Geh doch zurück in dein Land, Mann', ohne dass je was passiert. Es ist ein Wahnsinn, dieses ständige Besitzdenken, diese ewigen Ansprüche."

„Besitzdenken würde ich nicht sagen. Eher fehlende Solidarität... und dann bilden wir uns noch ein, dass die Afrikaner solidarisch sind und..."

„Das stimmt, Lua, jeder geht davon aus, dass die Welt ihm allein gehört. Doch in Wahrheit handelt es sich um die alte nationalistische Debatte, vor allem, was die unterschiedlichen Rechte der Menschen angeht, je nachdem von welchem Blut oder Land sie abstammen, als gäbe es verschiedene Sorten von Menschen."

„Was macht das für einen Unterschied, dass du auf den Inseln geboren bist und ich hier? Was ändert das an unserem Menschsein?"

„Genau. Vielleicht sind die schlimmsten Feinde einer Nation ja ihre eigenen Mitglieder. So war das schon immer und daran wird sich auch nichts ändern. Dafür haben wir wahre Patrioten, die hier gar nicht geboren sind. Die Politik, die darüber entscheidet, ist alles andere als rational. Aber wir müssen verstehen, dass, von einzelnen Fällen abgesehen, bei denen Vorurteile und Boshaftigkeit im Spiel sind, nicht immer eine böse Absicht dahintersteckt, wenn man einem anderen, uns fremden Land zugeordnet wird. Es ist ganz natürlich, dass ein Schwarzer dich auf den ersten Blick für eine Ausländerin hält, genauso wie es natürlich ist, dass ein Kapverdier einen „Afrikaner" auf den ersten Blick nach seiner Herkunft fragt. Verstehst du? Wir sollten

vernünftig sein und die Dinge nicht durcheinanderbringen. Nicht immer alles so ernst nehmen!"
„Ich frage mich nur, warum? Ganz einfach! Ich bin hier geboren, sie kennen mich seit meiner Geburt, sie haben mich hier aufwachsen sehen... wissen, dass ich Cabo Verde weniger kenne als mir lieb ist..."
„Es ist, weil du Mulattin bist, Lua, sonst nichts!"
„Ich wünschte, es wäre so einfach!"
„Ich will mich ja nicht in dein Leben einmischen, aber ich meine, du könntest mich ein bisschen besser über diese mysteriösen Dinge aufklären, auf die wir immer zu sprechen kommen."
„Weil wir Mulatten sind, ich genauso wie du oder Pipa, werden wir als Bedrohung empfunden... und das ist keine Lappalie. Sie sind in Alarmbereitschaft, ich kenn' doch die Leute. Anfangs dachte ich noch, dass sich die Situation entspannt hätte. Aber mit deiner Ankunft fing das ganze Drama wieder von vorn an."
„Welches Drama?"
„Das Drama, dass man ihre *Irãs* raubt. Sie glauben, dass du nur hier bist, um Pipa bei ihrem Plan zu unterstützen, *Irãs* einzufangen."
„*Irãs* einzufangen? Wie soll das gehen?"
Fé zündete sich eine neue Zigarette an und reichte sie mir direkt rüber, wie um seine Gedanken zu übertragen oder seinen Zustand der Empörung zu teilen.
„Komm. Wir gehen mal Luft schnappen", schlug er vor.
Die Hitze war unerträglich. Auf der Straße trafen wir auf den beinlosen Hühnermann, der sich gestützt auf einem präparierten Holzstock fortbewegte, der vom Asphalt schon ganz abgenutzt war. Er ging humpelnd auf dem heißen und rauchenden Teer. Das Land meinte es nicht gut mit ihm, war eine Hölle, geradezu böse für einen Amputierten wie ihn, der sich durch das Leben schleppte. Auf dem Rücken trug er einen Strohsack voller Hühner und Eier für den *Markt*.
„Guten Morgen, Tumbulo", rief Fé.
Tumbulo antwortete nicht.

„Armer Mann! Was die Menschen nicht alles tun, um zu überleben!"
„Er muss dir nicht leidtun!"
„Wieso denn, Lua?"
„Er tut nur so, dieser Typ, zumindest sagt man das über ihn."
„Er tut nur so? Wer tut schon freiwillig, als sei er ein Krüppel?"
„Man sagt, dass er aufsteht, wenn ihn niemand beobachtet, dass er aufsteht und sogar fliegt..."
„Wenn ihn niemand beobachtet? Und du hältst das für möglich?"
„Vielleicht glaubst du es nicht, aber viele haben ihn schon den Weg entlang rutschen sehen, so wie jetzt, aber er ist immer als erster am Ziel."
„Dafür gibt es sicher eine Erklärung, Lua."
„Welche denn? Er ist mehr als er vorgibt. Außerdem sagt man, dass er der Meister aller Zauberer im Ort ist. Inklusive einen *Nghamanô* verspeist hat. "
"Was ist denn ein *Nghamanô*?"
"Ein *Fanado*-Experte. Einer, der Beschneidungen durchführt."
„Von Männern oder von Frauen?"
„Es gibt weibliche *Nghamanôs*, die nur Beschneidungen an Mädchen vornehmen. Und es gibt Männer, die nur Jungen beschneiden. Sie heißen beide gleich, aber sie vermischen sich nicht. Im Allgemeinen sind sie *Pauteros*, sind sogar noch mächtiger als sie. Du wirst niemals erleben, dass ein Niemand sich auf diesen Beruf einlässt. Es sind immer renommierte *Pauteros*, die sich dieser Aufgabe annehmen, und sie rüsten sich bis an die Zähne mit Amuletten und *Präparaten*, um sich zu schützen."
„Und was hat das mit dem Meister aller Zauberer zu tun?"
„Die *Pauteros* sind für die Zauberer ein Problem... Weißt du, wie Zauberer zum Meister aufsteigen?"
„Wie denn?"
„Es ist seltsam, aber ihre Hierarchie gibt ihnen bei einer gemeinsamen Mahlzeit das Recht, für sich selbst immer das beste Stück auszusuchen. Und weißt du, was das beste Stück ist?"
„Nein. Sag schon."

„Der kleine Finger."

„Nein!?"

Fé lachte. Prustete los, so dass er vornüber gebeugt fast das Gleichgewicht verlor und schnell ein paar Schritte machte, um nicht hinzufallen.

„Sind es Babys, oder was? Lieben das Fingerlutschen..."

„Ich meine es ernst, Fé. Um aufzusteigen, müssen sie erst ein Neugeborenes töten... Babys sind nicht gerade harmlos für diese Typen, musst du wissen... Babys sind manchmal sogar mächtiger als *Irãs*, das ist schon erstaunlich. Übrigens werden wir alle als *Pauteros* geboren, mächtig geboren... es ist nur so, dass wir mit der Zeit den Kopf verlieren. Einige verlieren diese Macht gleich als Kind, andere nicht unbedingt, so dass ihre Eltern ihnen den Kopf zurechtrücken müssen...

„Wie wird jemandem der Kopf zurechtgerückt?"

„Es gibt viele Praktiken, von den einfachsten Zeremonien bis zur Hinzuziehung eines *Irãs* oder eines *Sehers*. Eine davon wird mit heißem Palmöl durchgeführt. Die Eltern erhitzen das Öl auf kleiner Flamme und bitten das Kind Holz nachzulegen. Während das ahnungslose Kind am Feuer zwischen den drei Steinen Holz nachlegt und pustet, um es anzufachen, bekommt es überraschend einen festen Schlag in den Nacken."

„Das ist alles?"

„Soviel ich weiß, ja! Das Kind fällt bewusstlos auf den Boden, und wenn es aufwacht, kann es sich an nichts mehr erinnern und hat so automatisch seine Macht verloren."

„Und wenn es auf das Feuer fällt und..."

„Glaubst du, das stört jemanden?"

„Natürlich nicht... und was ist mit denen, die nicht in den Genuss dieser Zeremonie kommen?"

"Manche erhalten sich diese Macht ein ganzes Leben lang, und anderen, den Mutigsten, gelingt es auch sie umzuwandeln."

„Sie umzuwandeln?"

„Ja. Wenn ein *Pautero* menschliches Fleisch isst, wird er sofort zum Zauberer."

„Das heißt, ein Zauberer ist nichts weiter als ein *Pautero*, der auf Menschenfleisch steht?“

„Exakt!“

„Und alle Babys können sich selbst schützen?“

„So ist es. Einige beschützen sogar ihre Eltern.“

„Das ist absurd. In diesem Dorf sterben am meisten doch die Babys.“

„Eben darum, weil alle Zauberer sie tot sehen wollen, damit sie selbst in der Hierarchie aufsteigen...“

„Es ist schon erstaunlich, wie es für alles und jedes eine dumme Ausrede gibt...“

„Jetzt sei nicht so kleingläubig. Und lass mich fortfahren...“

„Okay, okay. Mach schon weiter...“

„Gut! Die Babys stehen also ganz unten auf der Liste. Danach kommen die frisch Verheirateten...“

„Die frisch Verheirateten? Warum?“

„Niemand, der bei Verstand ist, heiratet ohne sich abzusichern, ohne sich mit allen möglichen Heilmitteln und *Präparaten* zu rüsten. Heiraten bedeutet, eine Familie zu gründen und Babys in die Welt zu setzen... also steigt die Notwendigkeit sich zu schützen. Ein Zauberer, dem es gelingt, die Wirkung dieses Schutzes und die von den Brautleuten vorbereiteten Abwehrmechanismen zu durchbrechen und einen der Ehepartner in den ersten drei Monaten der Ehe zu töten, gilt unter seinesgleichen als Held.“

„Wer steht als nächstes auf der Liste?“

„Die sogenannten *Fanados* oder Initianden, das sind die Anwärter auf Initiation. Sie sind Schützlinge der *Nghamanô*, die diese Initiationsriten durchführen, und wenn man einen von ihnen tötet, beweist man damit, dass man es mit einem *Nghamanô* aufnehmen kann. Deshalb folgen die *Nghamanô* selbst auch unmittelbar danach. Sie sind für Zauberer die größte Herausforderung, nur noch davon übertroffen, Krankheit und Elend über Menschen zu verbreiten und einen Ausländer zu töten.“

Fé schaute mich verblüfft an, er schien verwirrt, die Hitze stand ihm im Gesicht.
„Armer Junge, du siehst aus, als wärst du einem bösen Geist begegnet. Aber du musst dir keine Sorgen machen. Wie gesagt, sie halten die Weißen für zu mächtig, um es mit ihnen aufzunehmen. Dieses Kunststück ist noch keinem Zauberer gelungen."
Wir sind dann nach Hause gegangen, jeder für sich, und ich wurde wieder von dieser Einsamkeit heimgesucht, die uns alle in Ingoré überfiel. Es war allgemein bekannt, dass keine Gesellschaft verlässlicher ist als die Einsamkeit, wobei die Alten behaupteten, dass die Einsamkeit zwar heilsam war, aber auch die Lebensqualität schmälern konnte. Andererseits wussten wir aber auch, dass Menschen in Gesellschaft oft einsamer sein können, als wenn sie allein sind, was zeigt, dass Einsamkeit nicht nach räumlichen Maßstäben bemessen wird. Nach dem Verständnis der Alten herrscht in der Natur keine Trauer, solange die Sinne wachsam sind.
Meinen sie vielleicht, solange man liebt?
Es war eindeutig so, dass die Wertmaßstäbe immer mehr verloren gingen. Dieses Umbruchs wegen und weil man sich der Einsamkeit und der Arbeit hingegeben hatte, war das Dorf nicht mehr wie früher. In Ingoré lebten eigentlich keine Einsiedler und schon gar keine Egozentriker, vielmehr schätzte man die menschliche Gesellschaft. Den Nachbarn zu besuchen, seine Sorgen zu teilen und ihm zu helfen, das waren die Werte, an denen sich früher alle orientierten, um gegen Langeweile und Traurigkeit anzugehen. Ohne den Geist der Solidarität und den Sinn für Gemeinschaft ist kein Raum für Glück. Desillusion und Schwermut übernehmen das Feld.
Mein Leben entsprach doch eigentlich genau diesen Befürchtungen der Ältesten. Meine einzige Ablenkung war die Arbeit in meiner *Baracke* und die damit verbundenen Pflichten. Dieses Lebensmodell, dieses Verdrängen von Glück durch die täglichen Pflichten, dieser Lebensverlust aufgrund von individuellen und gesellschaftlichen Überzeugungen

verbreiten sich immer mehr unter den jungen Menschen, gleich einer emotionalen Pandemie. Vielleicht ist das auch der Grund, warum Fé mehr über Pipa erfahren wollte, wo sie doch die einzige Person war, die von diesem Lebensmuster ein wenig abwich. Aber es steckte noch mehr dahinter.

Ich für meinen Teil wusste mich zu verteidigen. Von mir sagte man zurecht, dass ich im Vergleich zu vielen anderen in Ingoré so viel Schwärzer und so viel angepasster bin, dass kein Zauberer mir je etwas anhaben würde, ohne zweimal nachzudenken. Ich sorgte mich nur um Fé. Allmählich begriff ich, dass ihm etwas zustoßen könnte. Seit einer Woche ging es in der Tabanca heiß her, überall Tote und Gerüchte über Hexerei. Eulen schrien die ganze Nacht. Einsamkeit machte sich breit, Überdruss kam hinzu. Das zeichnet Ingoré aus. Wir lieben die Einsamkeit und sind sehr talentiert darin, uns abzusondern, so dass der Eindruck entstehen könnte, das Leben der anderen sei uns egal. Doch weit gefehlt! Denn unsere Isolierung hat mit dem Alleinsein nichts zu tun, also jenem erstrebenswerten Zustand, in der Stille einen gewissen Frieden und im Chaos ein gewisses Glück zu empfinden; es handelt sich vielmehr um tiefe Einsamkeit. Und wir wissen ganz genau, welche Nachteile damit verbunden sind. Das Alleinsein kann seine Vorteile, aber auch seine Nachteile haben, das sagten schon unsere Vorfahren. Man denke nur an die Stachelschweine der deutschen Parabel, an das Dilemma, sich an kalten Wintertagen zusammenzurotten, in der Enge aber von den Stacheln der anderen gepiekst zu werden, was sie wieder auseinandertreibt. Wir verhalten uns nicht anders als diese Stachelschweine. Auch wir kommen uns näher, wenn der Tod nach uns trachtet, merken aber bald, dass wir uns noch weniger ausstehen können, als Stachelschweine gegenseitig ihre Stacheln ertragen, und graben am Ende wieder und wieder unser altes Kriegsbeil aus, dieses unter Verschluss gehaltene Gespenst, und jagen nach Hexen.

Erst kürzlich starb eine Frau, deren Bruder in Portugal lebte. Der Junge liebte seine Schwester und wollte zur Beerdigung kommen. Also blieb die Tote bis zur Ankunft des Bruders liegen, während geweint und getanzt und gegessen wurde. Plötzlich überraschte uns die Nachricht, dass der Junge gestorben war. Er hatte sich plötzlich schlecht gefühlt, ich glaube, er musste schreckliche Krämpfe gehabt haben, und noch bevor das Flugzeug landete, war er tot. Die Nachricht erschütterte natürlich die gesamte Tabanca und löste sofort eine Welle des Mitgefühls für die Familie aus, besonders für die Mutter der beiden, was jedoch bald wieder vergessen war. Es ist, wie ich schon sagte, nicht anders als mit den Stachelschweinen aus der deutschen Erzählung. Noch während die beiden beerdigt wurden, verbreitete sich das Gerücht, dass die Mutter der Verstorbenen den Fall zu verantworten hätte. Angeblich war sie eine Zauberin, die bei den anderen Zauberern in der Schuld stand. Unfähig diese Schuld zu begleichen, sei ihr schließlich nichts anderes übriggeblieben als ihren eigenen Sohn zu opfern. Sie hatten sich nachts mit ihren ultraschnellen Überschallfliegern von Ingoré auf den Weg nach Portugal gemacht, um sich den Jungen zu krallen.

Es ist nicht leicht, bei Zauberern in der Schuld zu stehen, und es ist natürlich auch für niemanden leicht, für eine Zauberin gehalten zu werden. Die Frau beging schließlich Selbstmord, wodurch die Verwirrung nur noch größer wurde: welcher Zauberer steckte diesmal dahinter? Nun, jeder ist wie er ist. Wenn das Leben nicht gut läuft, kann es bisweilen helfen, alles ordentlich durchzurühren, weil der Zucker doch meistens auf dem Grund liegt. Auf dem Grund nämlich liegt der *volle Genuss*.

Und was bei der Beerdigung des Tabanca-Vorstehers erzählt wurde, der an ein und demselben Tag gestorben war wie noch drei weitere *Homens Grandes* der Tabanca, das sagen uns auch die Senhores der Nacht, wie die Zauberer auch noch genannt werden. Alle diese alten Männer, die gestorben sind, waren irgendwann der Hexerei überführt worden und galten seither als Zauberer. Warum sterben bei uns auf einmal so viele Zauberer?

„War es wegen dem Unfall, der letzte Woche frühmorgens passiert ist?", meinte Banna, die mit mir wieder im Reinen war.
„Was für ein Unfall?"
„Mit dem Flugzeug? Wusstest du das nicht?"
„Ich weiß von nichts und es interessiert mich auch nicht. Ich will nicht noch einmal wegen Nichts beschuldigt werden."
„Aber das wirst du sicher wissen wollen."
„Was genau meinst du?"
„Diese vielen Todesfälle."
„Aber es sterben doch nur Alte, und wenn Jüngere sterben, dann nur, weil irgendein Zauberer im Spiel ist, der die Einweisung in ein Krankenhaus verhindert. Es ist immer die gleiche Geschichte."
„Ich weiß, dass du immer noch wütend auf uns bist, aber hör dir das an. Das zieht einer Schlange die Haut aus."
„Darum geht es nicht, ich habe einfach genug von dem ganzen Irrsinn. Aber sag schon."
„Es gab ein Unglück mit ihrem Flugzeug. Sie werden alle sterben!"
„Welches Flugzeug?"
„Das Flugzeug der Senhores der Nacht... die Zauberer, Lua! Worüber sprechen wir eigentlich? Jetzt werden wir sie endlich los."
„Aber haben sie denn ein Flugzeug? Also das ist neu für mich! Wenn sie mich mitnehmen könnten..."
„Für mich ist es auch neu, aber, ja, sie haben tatsächlich eins! Sie waren gerade auf dem Rückweg von einem ihrer Streifzüge und sollen bei der Landung abgestürzt sein. Sie werden alle sterben, das kannst du glauben!"
„Entschuldige, Banna, aber das ist absurd..."
„Glaub mir, Lua! Alle, von denen man bis jetzt weiß, dass sie im Flugzeug saßen, sind gestorben. Einer nach dem anderen beißen sie ins Gras. Es gibt keinen, der zurückbleibt..."
„Heißt das, dass alle Alten, die in den letzten Tagen gestorben sind, in diesem Flugzeug saßen?"

„Ja, Lua. Der Pilot ist als erster gestorben. Der Sohn des Vorstehers, der schon vor zwei Wochen gestorben ist? Erinnerst du dich?"
„Ja..."
„Ich wusste nicht einmal, dass er ein Glühwurm ist."
„Tja, Banna! Am Ende sind wir es alle, ohne dass wir es wissen, meinst du nicht? Aber wie hat man letztendlich von diesem Unglück erfahren?"
„Ist das nicht offensichtlich?"
„Für mich nicht... Ich verstehe gar nichts mehr."
„Lua, bitte, jetzt tu nicht wieder so naiv. War es nicht so, dass wir in Ingoré fast einen Monat lang keinen Empfang hatten?"
„Du meinst das Handynetz? Hat das Unternehmen nicht gesagt, dass die Antenne von einem Blitzschlag getroffen wurde?"
„Die Städter haben doch keine Ahnung von diesen Dingen. Es sieht aus wie ein Blitzschlag, aber in Wahrheit wurde die Antenne von einem Flugzeug getroffen."
Ich musste lauthals loslachen, obwohl wir auf einer Beerdigung waren. Banna wandte sich zu einer Frau neben ihr, auf der Suche nach Zeugen.
„Sie glaubt es nicht!"
„Lass sie. Sie ist ein *Weißgesicht*."
„Nein, ist sie nicht. Kennst du sie denn nicht?"
„Natürlich kenne ich sie. Aber glaubst du wirklich, sie ist eine von uns, nur weil sie *Futi* verkauft?"
„Aber sieh' mal..."
Sie konnte ihren Satz nicht mehr beenden. Plötzlich herrschte große Verwirrung. Zu allen Seiten erhob sich ein ungewöhnlicher Tumult. Eine fette Ente kämpfte mit einem Geier um ein Stück Fleisch. Am Rande des Gehöfts, wo für die Beerdigungszeremonie eine Kuh geopfert worden war, lagen noch die Überreste verteilt, Eingeweide, getrocknetes Blut und das Fell des Tieres. Die Geier und die Hunde hatte das Areal in friedlichem Nebeneinander in Beschlag genommen, was keine wie auch immer geartete Aufregung rechtfertigen würde, denn während sich die Hunde nur für die Knochen interessierten, kümmerten

sich die Geier um die Eingeweide und das Blut. Was aber hatte eine Ente dort zu suchen? Mögen sich die Geier gefragt haben, die sofort über sie herfielen. Aber die Ente war keine gewöhnliche Ente und es stellte sich heraus, dass sie es mit zehn und mehr aufnehmen konnte. Nachdem die Ente die ersten Geier verjagt hatte, tauchte plötzlich ein größerer auf, der in den Krallen einen Stock hielt. Ein Jagudi, der sich, in kämpferischer Pose, mächtig aufspielte. Nach einem Schlagabtausch mit der wehrhaften Ente fing er an sie zu peitschen, was viel Aufregung auslöste.

„Holt die Ente da raus. Mein Gott! Was soll das?“, schrie ich und sprang auf, um das Tier zu retten.

Ich ging näher heran, versuchte die Streitenden zu trennen, aber der Jagudi schien weit entschlossener als gedacht. Ich stolperte über einen Stein, stürzte und verlor mein Bewusstsein.

Es dämmerte bereits, als Fé eintraf. Er wurde gerufen, um sich um mich zu kümmern, nachdem ich am Ort des Geschehens, bei der Beerdigungszeremonie des Tabanca-Vorstehers bewusstlos zu Boden fiel. Ich hatte nur versucht, den verbitterten Kampf zwischen einer fetten weißen Ente und einem alten, wild gewordenen Jagudi zu beenden. Der Geier hatte zwischen seinen Klauen einen Stock, den Zweig eines Mangobaums, mit dem er gnadenlos auf die fette Ente einprügelte. Niemand hat eingegriffen. Alle sahen einfach nur zu und glaubten vielleicht, es sei ein Krieg zwischen Zauberern oder *Irãs*... keine Ahnung!

Fé brachte mich sofort ins Krankenhaus, wo ich die Nacht verbrachte.

„Was ist passiert?“

„Du hast dich in die Höhle des Löwen gewagt und bist gerade nochmal davongekommen. Der Geier verfolgte die Ente sogar noch, als sie davonflog, und er schlug und pickte auf sie ein, bis sie tot war. Erst dann konnten die Leute sich um dich kümmern. Sie haben dir gepressten Knoblauch unter die Nase gerieben, dich mit Salzwasser gewaschen und mich dann geholt. Allerdings glauben jetzt alle, dass du eine Zauberin bist.“

„Ich? Und warum?"
„Das hat man mir nicht gesagt... Jedenfalls wurde wegen dem Chaos, das du angerichtet hast, die Beerdigung unterbrochen. Als ich ankam, sagten sie, du hättest dich schlimmer aufgeführt als eine Zündschnur. Wie ein riesiger Glühwurm, ein *Djambureré*, hättest du auf dem Boden gelegen, der Bühne für Hexereien schlechthin. Nie hätten sie eine so spektakuläre Verwandlung wie deine miterlebt. Deine Augen sprühten in bunten Farben, als du erloschen bist. Kaum warst du erloschen, sind alle Tiere verschwunden... als hätten sie aufgegeben, weil ihr Anführer gestürzt war."
„Das macht doch keinen Sinn!"
„Macht überhaupt irgendetwas einen Sinn, was euren Glauben angeht?"
„Glaubst du, wir sind verrückt?"
„Ach, Lua... warum hast du dich überhaupt eingemischt?"
„Hättest du dich etwa nicht eingemischt? Hättest du zugelassen, dass der Jagudi die Ente aufspießt, die einfach nur um etwas zu Fressen kämpfte?"
„Ich weiß nur, dass sie dich ab jetzt für eine Zauberin halten und du damit klarkommen musst..."
„Als wäre es nicht schon genug, was sie über meinen Vater und über meine Mutter behaupten... jetzt auch noch ich? Haben die Leute denn nichts anderes zu tun, als diese Lügen zu verbreiten? Und seit wann sind überhaupt besondere Kräfte nötig, um einen Kampf zwischen Tieren zu beenden?"
„Wenn es normale Tiere wären, Lua... Aber ein Jagudi mit einem Ast im Schnabel... der auf eine Ente losgeht, als würde es sich um einen Spezialagenten handeln... findest du das normal?"
„Nein, Fé, finde ich nicht... was soll ich sagen? Dieses Land hat seine Tücken. So ist das halt..."
„Du musst damit klarkommen."

„Du aber auch... von dir glaubt man, dass du es auf die *Irãs* abgesehen hast. Ich würde das an deiner Stelle nicht auf die leichte Schulter nehmen!"
„Was soll ich deiner Meinung nach machen? Ich kann nichts dagegen tun, oder?"
„Halt dich von ihr fern!"
„Was hat das eine mit dem anderen zu tun?"
„Alles... du würdest nicht ständig am Fluss herumlungern. Und würdest weniger auffallen."
„Verschon' mich, bitte!"
„Wie du willst... aber du sollst wissen, dass du Hilfe brauchen wirst, mehr denn je, um aus diesem Schlamassel herauszukommen!"
„Ich werde ihm helfen!", sagte Banna, die gerade hereinkam, um mich zu besuchen.
„Wie willst du mir helfen?"
„Ich kenne jemand, der mir seinerzeit sehr nützlich war."
„Jemand, der dir nützlich war..."
„Ja. Ein *Naturheiler* aus Ingorésinho. Er heißt Samanancó."
„Was hat er gemacht?"
„Mein Mann hat ja noch eine andere Frau... oder vielmehr, ich habe eine Rivalin, eine *Kumbossa*. Ich bin seine erste Frau, klar, alle wissen das. Ich lasse es nicht zu, dass sich jemand meinen Mann schnappt, so ohne Weiteres in mein Haus dringt und ihn mir wegnimmt. Doch ich bin bereit, ihn zu teilen... Wenn er eine andere will, sich und seine Hüften noch mehr strapazieren will, wenn er meint, dass ich allein nicht ausreiche... So schreibt es die Tradition vor, ich respektiere das... ein Mann kann so viele haben, wie er will, wir Frauen nicht... Was ich aber wirklich nicht akzeptieren kann und damals auch nicht akzeptiert habe, ist zu verlieren, was mir gehört. Nicht, dass ich meinen Mann übermäßig liebe oder dass mein Leben ohne ihn ein Trümmerhaufen wäre... meine Eltern würden mich jederzeit aufnehmen, wenn ich beschließen würde, zu ihnen zurückzukehren, und ich bin mir sicher, dass ich mit meinem

Hintern keinen Mangel an Männern hätte, die mich sofort, wirklich sofort nehmen würden. Würde er mich heute fallen lassen, würde morgen gleich ein anderer kommen und mich mitnehmen. Ich bin eine gestandene Frau, die Elefantin im Haus, wogegen die andere eine ausgemergelte Ziege ist, knochig, schlaksig und unansehnlich."

„Und inwiefern hat dieser Heiler dir geholfen?"

„Mein Mann begann der anderen mehr Aufmerksamkeit zu schenken. Ich habe alles versucht, um ihm zu zeigen, dass ich mehr konnte und besser war als die andere, schon allein, weil ich die erste Frau, die *Donacassa* bin, aber die neuen Früchte scheinen nun mal besser. Anfangs dachte ich, das würde vorbeigehen, so ein Männerding, wo der Schwanz mehr zählt als der Verstand, ich war nicht wirklich besorgt, kümmerte mich auch nicht darum, mein Revier zu verteidigen. Doch drei Jahre später, nachdem sie bereits zwei Sprösslinge hatte, wurde mir langsam klar, dass ich meinen Mann endgültig verloren hatte. Er holte mich nicht mehr in sein Bett, wies mein Essen zurück, sprach nicht einmal mehr mit mir... Also habe ich nach Rat gesucht und bin auf diesen Typen aus Ingorésinho gestoßen."

„Du hast mir diese Geschichte schon tausend Mal erzählt, Banna", sagte ich zu ihr.

„Kann sein, Lua, aber jetzt geht es um Fé. Wir müssen ihm doch helfen, weil er ganz offensichtlich noch grün hinter den Ohren ist und keine Ahnung von unserer Welt hat."

„Sprich ruhig weiter, Banna", sagte Fé.

„Als ich hinkam, wollte er noch nicht einmal mein Geld. Erst als alles vorbei war, habe ich ihm eine Ziege gegeben."

„Sie nehmen auch Tiere in Rechnung?"

„Ja, oft gibt man, was man hat."

„Du hast ihn also um Hilfe gebeten, und wie hat er dir geholfen?"

„Ich habe ihm erklärt, dass ich nicht genug aufgepasst habe, dass ich mir am Anfang nichts dabei gedacht habe, dass die Sache dann aber unabwendbare Ausmaße angenommen hat. Er sagte mir ins Gesicht, dass nichts in diesem Leben unabwendbar sei. Im gleichen Moment wurde mir klar, dass ich mich an den Richtigen gewandt hatte. Ich erzählte ihm, was passiert war, alle Einzelheiten, ohne etwas auszulassen."

„Und wie hat er das Problem gelöst?"

„Langsam, mein Junge, nicht so ungeduldig!"

„Diese Geschichten faszinieren mich... so absurd sie auch sind!"

„Ich sollte *Timba*-Milch besorgen."

„Ja, Fé... das ist doch verrückt!", kommentierte ich. „Niemand kennt dieses Tier, niemand kann es beschreiben, abgesehen von den üblichen Gerüchten, was seine Tücken und seinen Gestank betrifft, aber diese Frau will ein *Timba* gemolken haben."

„*Timba*-Milch? Wo bekommt man das her?"

„Gute Frage. Man könnte sich noch eine weitere Frage stellen, nämlich ob es sich bei diesem Tier wirklich um ein Säugetier oder vielmehr um einen Vogel handelt. Geschweige denn, ob es wirklich existiert", kommentiere ich weiter.

„Natürlich ist es ein Säugetier", sagte Banna. „Es ist eine Art Bär... manche nennen ihn *Tamanduá* oder auch Ameisenbär. Es ist zugegeben kein besonders elegantes Tier... genau wie meine *Kumbossa*, die ihren Rüssel hochhält, als wäre sie eine permanent wachsende Kletterpflanze. Seine Krallen, die ihm sogar das Gehen schwer machen, sind noch schlimmer als die Krallen dieses Jagudi, das bei der Trauerfeier auf die fette Ente losgegangen ist."

„Gibt es dieses Tier wirklich oder hast du es nur erfunden?"

„Natürlich existiert es. Hältst du mich für eine Lügnerin? Hast du noch nie etwas von *Mon di Timba* gehört? Heißt so nicht auch ein Monument in Bissau, so eine Hand, die zu einer Faust geballt ist? Weißt du, warum dieses Monument so genannt wird?"

„Hat das mit diesem Tier zu tun?"

„Klar hat es das. Wer würde einem Monument schon einen Namen von etwas geben, das nicht existiert? Nur dass es in diesem Fall auch eine konkrete Bedeutung hat."

„Und welche?"

„Eine *Timba*-Hand ist eine zerstörerische Hand, die alles verändert... sie verweist auf Banken, Unternehmer, Händler, auf all diejenigen, die nur von Leihgeldern leben, von den Dingen anderer eben... die andere hintergehen..."

„Das stimmt. *Mon di Timba* verweist auf Menschen, die sich gern alles Mögliche leihen und dann mit dem Zahlen nicht hinterherkommen. Wer sie hat, soll angeblich jeden töten können, er muss sie einfach nur auf das angepeilte Ziel richten", sagte ich zu Fé.

„Glaubt ihr mir jetzt?"

„Ja. Erzähl weiter", sagte Fé.

„Es ist mir tatsächlich gelungen, das Habitat dieses Tieres zu finden, ein Jäger hat mir dabei geholfen. Im Gegenzug musste ich mit ihm schlafen. Ich wollte immerhin meinen Mann zurück, warum sollte ich meinen Traum wegen einem Koitus aufgeben?"

„Aber das ist Betrug, Banna..."

„Und dass er in meinem eigenen Haus jeden Tag mit einer anderen Frau schläft? Ist das etwa kein Betrug?"

„Du hast immerhin eingewilligt, nicht wahr?"

„Das habe ich nicht. Ich hatte keine andere Wahl. Aber das ist jetzt auch egal. Und wenn du es genau wissen willst: So wie der Jäger sich über mich hergemacht hat, habe ich vorher nie erlebt, und jetzt will sich dieser Mistkerl von meinem Mann auch noch davonmachen..."

„Er will abhauen?"

„Ja. Er hat es satt, es täglich mit uns beiden zu treiben. Wir schonen ihn nicht. War es nicht das, was er wollte? Jetzt muss er es auch aushalten..."

„Der arme Mann!"

„Tja... Jedenfalls hat dieser Jäger mir geholfen, einen Wurf ausfindig zu machen, einen Rückzugsort für seltene Tiere, tief im Wald, und den Rest hat er mir auch erklärt..."

„Den Rest?"

„*Timbas* sind nur nachts aktiv. Tagsüber verkriechen sie sich in ihren Bau, meistens Termitenhügel, unter denen sie Löcher graben. Ihre Krallen helfen ihnen dabei, und ihr Rüssel erleichtert ihnen das Atmen und das Überleben unter der Erde."

„Und du konntest an sie herankommen, ohne von ihnen verschlungen zu werden?"

„Sie haben mir nie etwas getan. Ich schätze, dass *Timbas* friedliche Tiere sind... Zuerst habe ich für die Jungtiere immer eine Mischung aus Kleie und Honig mitgebracht, so hatte ich es von den Jägern gelernt. Als ich sie aber aus der Nähe beobachtete und sah, dass sie sich eher von Ameisen und Termiten ernährten... habe ich dazugelernt. Und so habe ich mich nach und nach mit den Jungtieren angefreundet, während die ausgewachsenen Tiere mich aus der Ferne misstrauisch beäugten. Dann kam eines Tages ein Weibchen dazu und fraß mir aus der Hand und ließ sich am Rüssel streicheln. Ich wiederholte eine Zeit lang das Procedere, bis ich eines Tages wagte, das seltsamste Tier der Welt zu melken, ohne dass es sich wehrte."

„Großartig! Und die Milch? Was hast du mit der Milch gemacht?"

„Das ist der beste Teil. Ich habe die Milch Samanancó mitgebracht. Ich dachte, er würde damit ein Amulett machen oder irgendein Zaubermittel zusammenbrauen und auf diese Weise mein Problem lösen. Er aber war vor allem erstaunt über das, was ich geleistet hatte, und wollte wissen, wie es mir gelungen war, diesen Stoff aufzutreiben. Ich klärte ihn über alles auf und dann sagte er: ‚Was willst du mehr? Du hast bereits das Schwierigste im Leben erreicht, an der Grenze des Unmöglichen... brauchst du wirklich noch Hilfe, um einen Mann zurückzuerobern? Einen einfachen Menschen, wie du und ich, der einmal mit dir das Bett geteilt hat, deine Kinder gezeugt hat, dich einst geliebt hat?

Glaubst du, dass es im Leben jemanden gibt, der mehr Macht hat als du, die Aufmerksamkeit deines eigenen Mannes zurückzugewinnen? Wenn du willst, bereite ich dir trotzdem irgendeinen Zaubertrank zu, so dass dein Mann aus Liebe für dich sterben wird, wie ein Hund für ein unausstehliches Herrchen. Aber die Frage ist: Braucht jemand, der einen *Timba* beherrscht, wirklich noch Hilfe, um einen Mann zu beherrschen?' Natürlich war ich sprachlos und musste sogar weinen. Ich war ihm so dankbar, denn er hatte mir die Augen geöffnet, hatte mich zu einer machtvollen Frau gemacht. Durch ihn habe ich gelernt, dass die Lösung für unsere Probleme immer direkt vor unserer Nase liegt, nur einen Schritt entfernt ist. Man muss nur genau hinsehen. Es liegt alles direkt vor uns. Gott verbirgt nichts vor seinen Geschöpfen. Sogar den freien Willen teilt er mit uns..."

DREI

Alles kommt zu seiner Zeit

Seit Tagen fühlte ich mich einfach verwirrt. Ich war innerlich zerrissen und angespannt. Ohne meine Kleider und Schuhe abzulegen, legte ich mich hin, um mich abzulenken und von meiner Ex-Chefin zu träumen. Dies war meine eigene effektive Art, mich vom Stress zu befreien, was gewöhnlich dazu führte, dass ich am Ende mit meiner Hand intim wurde und masturbierte. Ich erinnere mich noch, als ich damals im Garten Orangen und Limettten auflas. Es war spät, ein heißer Tag in der Regenzeit, die Sonne ging bald unter. Im Vertrauen darauf, dass meine Ex-Chefin wie gewöhnlich etwas später nach Hause kommen würde, sang ich laut vor mich hin. Ich tanzte und grölte fröhlich und unbeschwert. Mein Freudengesang war über das Meer hinweg zu hören. Ich war zum ersten Mal aus meinem schüchternen Kokon geschlüpft, doch meine Ex-Chefin beobachtete mich heimlich durch das Fenster; sie war früher zurückgekehrt, ohne dass ich etwas bemerkt hatte. Gebannt stand sie da und wippte mit dem Kopf. Ein gutes Lied berührt unsere Seele und ruft sehnsüchtige Emotionen wach, und so schwelgte sie vielleicht in Erinnerungen an alte Zeiten und ihr gelebtes Glück. Nachdem die Orangen und Limetten alle gepflückt waren, wurde es auf einmal brenzlig, weil ich den Einfall hatte, mit dem Wasserschlauch hinten im Garten noch eine Dusche zu nehmen. Erst war sie schockiert. Als sie aber genauer hinsah und mein Glied entdeckte, wie es ebenfalls fröhlich zwischen meinen Beinen tanzte, musste sie schmunzeln. Sie schluckte – ob ihrer langen visuellen und sexuellen Abstinenz –, spürte möglicherweise ein längst vergessenes Kribbeln im Bauch, und... brüllte mich an, weil sie mit ihren lasziven Gefühlen nicht umzugehen wusste.

„Gibt es keinen Ort, wo du anständig duschen kannst?“ Ich wäre am liebsten im Erdboden versunken. Ich zog mich an, setzte mich in die

Küche und wartete auf das Abendessen und auch darauf, mir weitere Predigten und Vorwürfe anzuhören. Sie hat aber nichts mehr gesagt, hat mich nicht einmal angeschaut. Ich blieb nach dem Abendessen noch lange sitzen und wartete bis spät in die Nacht darauf, dass sie sich noch äußern würde, aber sie kümmerte sich nicht um mich. Schließlich ging ich ins Bett. Kaum hatte ich das Licht ausgemacht, spürte ich eine Berührung. Die Zimmertür stand immer offen, um seltsame Geräusche im Haus besser wahrnehmen zu können. Das Dorf war nicht wirklich so sicher, dass wir uns es erlauben konnten, unvorsichtig und nachlässig zu sein. Das galt umso mehr, als von ihr keine gebührende Aufmerksamkeit zu erwarten war, zumal sie schon ein gewisses Alter hatte, allein lebte und ohne Kinder und ohne Tiere war. Dass sie mir die Arbeit und gleichzeitig eine Unterkunft angeboten hatte, diente ja gewissermaßen ihrem eigenen Schutz. Wir teilten uns die Unterkunft seit fast einem Jahr und es war das erste Mal, dass ich in meinem Bett überrumpelt wurde.

„Wer ist da?", flüsterte ich leise, fast ängstlich.

„Pst!"

Es kam ja nur eine Person infrage.

„Chefin?"

„Sei still! Ich will nur meinen Fehler wiedergutmachen, weil ich mit dir geschimpft habe."

So hat alles angefangen, und von da an teilten wir auch das Bett.

Am nächsten Tag war ich immer noch ziemlich verwirrt und wollte gleich meinen Nachbarn aufsuchen, der mich gewöhnlich über die Verhältnisse im Dorf aufklärte. Doch meine Ex-Chefin mahnte mich noch bevor sie aus dem Haus ging, als hätte sie meine Absicht erraten:

„Niemand darf wissen, was gestern passiert ist, hörst du?"

Plötzlich klopfte es an der Tür und ich sprang erschrocken aus dem Bett. Es war Lua, die nachsehen wollte, ob alles in Ordnung war. Sie hatte längst bemerkt, dass ich in letzter Zeit nicht besonders motiviert war.

„Ich habe verschlafen", sagte ich."Und geträumt...".

„Was hast du denn geträumt?"

„Von meiner Ex-Chefin."

„Wie hieß deine Ex-Chefin?", fragte sie.

„Ist das wichtig?"

„War sie aus Cabo Verde?"

„Nein."

„Warum bist du so patzig?"

„Du weißt doch, dass ich nicht gern über meine Vergangenheit spreche, schon seit ich vor ungefähr fünfzehn Jahren die Inseln verlassen habe... übrigens mit dreizehn, nur damit du eine Vorstellung hast."

„Willst du zurückkehren?"

„Das war der Plan, aber ich glaube, soweit kommt es nicht mehr, weil ich ohne die Person, die ich suche, nicht zurückkehren kann."

„Du suchst sie?"

„Wen meinst du?"

„Deine Ex-Chefin. Erzähl mir mehr von ihr."

„Sei mir nicht böse, ich will nicht über sie reden. Außerdem habe ich dir schon gesagt, dass ich nicht gern über meine Vergangenheit spreche."

„Sie hat nie zu eurer Beziehung gestanden, ist es das?"

„Welche Beziehung? Lass uns bitte das Thema wechseln!"

Lua insistierte noch, aber vergeblich. Tatsächlich wollte meine Ex-Chefin nie erkannt werden und ich habe das immer respektiert. Lua und ich aßen zu Abend, unterhielten uns noch ein wenig, und dann verabschiedete sie sich von mir mit einem provokanten Kuss. Unsere gegensätzlichen Interessen waren mir unangenehm, und ich ließ sie unbehelligt gehen. Ich stand dann aber auf, überwand endlich meine Unentschlossenheit – traumatisierende Prokrastination des ständigen Abwägens – und klopfte an die Tür meines Nachbarn, der eigentlich mein

Vermieter war. Ich hatte das Bedürfnis, mehr über Pipa zu erfahren und war bereit, dafür die Grenzen des Normalen zu überschreiten. Es war nicht meine Art, mit den Nachbarn zu tuscheln; ich habe übrigens noch nie wegen irgendetwas bei jemandem angeklopft. Ich lebte im selben Haus wie mein Vermieter, in einem separaten Zimmer im hinteren Teil des Gebäudes, und manchmal vergingen Wochen, ohne dass ich auch nur einen einzigen Hausbewohner zu Gesicht bekam. Ich führte ein zurückgezogenes, nicht sehr geselliges Leben, obwohl ich allen gegenüber als freundlich galt. Ich wusste jedenfalls, dass mein Nachbar zunächst irritiert sein würde, aber vielleicht würde er mir ja zuhören, Verständnis zeigen und mir helfen, das Geheimnis um Pipa zu enthüllen. Er war nämlich an jenem Morgen auch in unserer *Baracke* und hatte mich zusammen mit Pipa gesehen.

„Es ist der Ausländer", hörte ich jemand hinter der Tür sagen, noch bevor sie aufging.

In Ingoré war ein Ausländer genau das: ein Niemand, ein ewig Unbekannter, namenlos und unnahbar. Keiner interessierte sich je für die Menschen, die das Dorf besuchten, oder gar für deren Namen. Vielleicht waren sie nicht ausländerfeindlich, aber das spielte keine Rolle, mich hat das nie interessiert. Ich spürte den heftigen Herzschlag in meiner Brust, in ungleichmäßigem Rhythmus, und das war allerdings ein Grund zur Sorge. Jeder Schlag ein Gedanke. Ich zauderte, konnte keinen Gedanken fassen, schwankte zwischen Warten und Resignieren. Dann öffnete sich knarrend die Tür einen Spalt weit, durch den der Nachbar seinen Kopf streckte.

„Was ist?"

„Guten Abend, Nachbar. Tut mir leid, wenn ich störe...", sagte ich halblaut.

„Ist alles in Ordnung?", fragte er mich nach einer Weile und wartete auf den Ausgang der Rede.

„Ja, ja... ich wollte... ich wollte nur wissen, ob Sie jemand kennen..."

„Ob ich jemand kenne?" ...

Die Stille zog sich hin, die Geduld meines Nachbarn schwand.
„Es ist schon spät, Nachbar. Du solltest dich ausruhen", sagte er schließlich.
Ich sah, wie die Tür wieder zuging, unfähig meine Hand auszustrecken, um sie aufzuhalten. Ich wollte noch nachbohren, war aber nicht resolut genug. Blieb mir wirklich nichts anderes übrig als aufzugeben und mich schlafen zu legen, ohne ein wenig mehr über diese Frau zu erfahren? Ich war von Unsicherheit geplagt, wusste nicht mit dem Sog meiner Gedanken umzugehen, die nur noch um diese unbekannte Frau kreisten. Mein Nachbar war nicht auf mich eingegangen. Das war nicht das erste Mal. Einmal – ich hatte gerade erst bei Lua angefangen zu arbeiten – hatte ich ihm von Luas Verkaufsstand einen Beutel Traubensaft mitgebracht, um mich dafür zu bedanken, dass er für meine Mietrückstände so viel Geduld und Verständnis zeigte, wo er doch sonst so ungeduldig war. Die Geschichte sorgte damals für viel Aufregung in der Tabanca. Der Mann rief die halbe Welt zusammen, um zu bezeugen, wie sehr sein Mieter ihn beleidigt hatte, weil schließlich alle wussten, dass er Moslem war und es nicht dulden konnte, dass ihm jemand am helllichten Tag eine Packung Wein anbot. Erst als der Imam (das Oberhaupt der Muslime in der Tabanca) den besagten rotweinähnlichen Saft probierte, war er bereit das Geschenk anzunehmen, wobei er daraufhin den Imam seiner Frechheit bezichtigte, weil er schamlos gleich die Hälfte seines Saftes getrunken hatte.
„Ganz schön dreist, unser Imam...", sagte er. „Er sollte nur ein klein wenig probieren, einen einzigen Schluck trinken, nicht gleich den ganzen Saft." Seine Empörung über den schändlichen Missbrauch des Imams ging durch das ganze Dorf. „Stellt euch nur vor, der Saft wäre tatsächlich Wein gewesen, wie ich dachte? Würde das nicht bedeuten, dass er selber ein Trinker ist? Wer garantiert uns denn, dass er sich nicht selbst mit Wein abfüllt? Alle schauen immer nur auf mich, nie auf die anderen..., besser ihr macht die Augen auf, das wäre nur zu eurem Besten...".

Alle in der Tabanca wussten, dass er trank und außerdem nicht regelmäßig betete. Wenn er mal nüchtern war, dann nur deswegen, weil er seinen Rausch noch nicht ausgeschlafen hatte. Trotz allem musste man sagen, dass er als Vermieter ein anständiger Mensch war; solange man seine Miete zahlte und ihn nicht belästigte, war alles in Ordnung. Ich belästigte ihn ja nicht. Eigentlich brauchte ich nur ein paar Sekunden seiner Aufmerksamkeit, um herauszufinden, ob er vielleicht...

Vielleicht war es eine Art Vorahnung. Irgendetwas war mit mir nicht in Ordnung, das ich selbst nicht fassen konnte. Voller Wut und Ungeduld warf ich mich wieder ins Bett. Wer war Pipa? Solange ich denken kann, erzählte man sich, dass Ingoré ein Dorf voller Geheimnisse war, wo sich für jedes Problem eine Lösung fand, im Guten wie im Schlechten. Bevor ich in diese Welt aufbrach, in dieses markante Afrika, gab es keinen einzigen Menschen, der nicht von der Magie dieses Ortes sprach. Ich wusste nicht, was die Beweggründe waren, ob sie gut waren oder schlecht, sicher ist nur, dass so viel über diesen Ort erzählt wurde, dass ich ihn unbedingt kennenlernen musste.

Dabei war ich sehr glücklich in Goudomp, einer Stadt im Süden von Senegal, wo ich auf dem Feld arbeitete, wo ich eine Wohnung und ein Bett mit meiner Chefin teilte. Ich verbrachte meine Zeit mit Philosophie und Poesie, tanzte Mbalax und ernährte mich von senegalesischen Nationalgerichten... Doch ich hatte eine Mission zu erfüllen und hatte mein Ziel noch nicht erreicht. Ich hatte einen so weiten Weg zurückgelegt, um meine Mutter zu finden! Ich durfte nicht aufgrund einer Leidenschaft und einer unrealistischen Wunschvorstellung auf halbem Weg stehenbleiben. Seit meiner Ankunft in Ingoré drohten jedoch all diese Träume und Vorsätze, all meine Ziele und Bestrebungen zu zerfallen. Allmählich erkrankte auch ich an den Leiden des Dorfs. Ich gewöhnte mich nicht nur wie alle anderen an den ewigen Arbeitstrott, sondern ließ mich auch von der schillernden Vielfalt und den Verführungen des Dorfs und der *Irãs* bezaubern. Ihre magische Präsenz war in Ingoré deutlich zu spüren, so sehr, dass ich manchmal meine Mission und sogar meine Sehnsucht nach meiner Geliebten vergaß. Und jetzt auch noch Pipa?

„Hilfe... Hilfe... du Schuft... du nichtsnutziger Säufer, Teufel... Aau! ... ich halte das nicht mehr aus... Hilfe... warum hilft mir niemand..."

Aufgeschreckt von dem Lärm draußen, wachte ich wieder auf. Die Frau meines Vermieters schrie um Hilfe. Es klang wie ein Rudelkampf, bei dem zwei um das Weibchen kämpften, während alle anderen angespannt zusahen. Ich ging hinaus, um nachzusehen, was der Grund für das Geschrei war. Ich sah mich um und sah, was ich sah. Der Mann lief nackt seiner Frau hinterher und versuchte sie wie eine Beute einzukreisen. Splitternackt trug er, wie zum Beweis, auch sein Dingsda zur Schau, so nackt und bloß wie es auf die Welt kam (mit Ausnahme der Schamhaare natürlich). Je schneller er rannte, desto mehr baumelte das Ding hin und her. Ich stutzte und spürte den aufkommenden Wind. Da war irgendeine Hand im Spiel, Zauberei, so würden die Leute sich den Wind und den herrschenden Temperaturzustand erklären. Es war kalt, dabei konnte man es im Haus vor Hitze kaum aushalten.

„Hört auf... Nachbar... hört sofort auf!", schrie ich.

Ich lief auf die beiden zu, und weil ich nicht hinterherkam, stellte ich mich ihnen in den Weg. Die Frau war ebenfalls nackt, und ihre von ihren acht Kindern verzehrten Brüste schwankten hin und her, als hätten sie ein komplettes militärisches Regiment gesäugt.

„Was ist los, Nachbar? Hört auf damit", forderte ich ihn nochmal auf.

„Das geht dich nichts an. Verzieh dich in dein Zimmer", sagte er gereizt.

„Lass sie in Ruhe, Nachbar... wir können reden, bitte..."

„Ich soll sie in Ruhe lassen?", fragte er mich fassungslos.

Er hörte immerhin auf zu rennen, wie um aufzugeben, so dachte ich jedenfalls für einen Moment. Es war angebracht, den Bogen nicht zu überspannen, das schaffte nicht jeder. Mein Nachbar kam in aller Ruhe auf mich zu, ohne ein Wort.

„Ich soll sie in Ruhe lassen? Ist es das, was du gesagt hast?"

Was zunächst wie eine Besänftigung aussah, entpuppte sich als Fallstrick.
„Ich weiß ja nicht, was sie getan hat... manchmal wollen sie es ja auch nicht anders..., aber wer weiß, wenn ihr miteinander redet..."
„Gib mir einfach eine Antwort auf meine Frage... ich soll sie also in Ruhe lassen, ja?"
„Ich weiß auch nicht..., wenn sie schon um Hilfe ruft..."
„Und was ist das?" Er zeigte auf seinen Penis. „Was ist das hier? Hast du dafür eine Lösung?"
„Entspann dich, Nachbar. Sie wird sich schon beruhigen und das Problem lösen..."
„Sag mir einfach, wo ich das hier reinstecken kann..., dann lass ich sie sofort in Ruhe!"
„Ich kann da nicht helfen, aber glaub mir, wenn du ihr ein bisschen zuredest..."
„Und was genau glaubst du habe ich gemacht, bevor du dich eingemischt hast?", fragte er aufgebracht.
„Wenn das so ist, dann will ich das Gespräch nicht weiter stören...", drehte mich um und schlug die Tür zu, mit größtem Bedauern, dass ich mich eingemischt hatte. „Bringt euch doch um!"
Es war nicht leicht wieder einzuschlafen, so träumte ich halb vor mich hin. Ich hatte nicht wirklich einen Alptraum, aber der Zustand meiner geplagten und begierigen Seele bedrückte mich. Meine Begierde war nicht sexuell, das hätten meine Hände leicht erledigen können, und ich war auch nicht verliebt, denn ich liebte immer noch meine alte Chefin. Ich fühlte mich nur irgendwie seltsam. Irgendetwas war anders, unumkehrbar. War Ingoré wirklich ein Dorf, wo alle Probleme in Ordnung kommen?
Ich hatte eine mittelmäßige Nacht. Als ich meinen ausgehungerten Nachbarn stehen ließ und wieder in mein Zimmer kam, ahnte ich bereits, dass es mir schwerfallen würde, wieder einzuschlafen. Es war eine dieser Nächte, in denen die Seele den Körper verlässt und die Gedanken

kreisen. Ich lag nackt im Bett, ließ meinen Gedanken ihren Lauf. Die Zeiten, in denen meine Geliebte sich zu mir legte, wenn ich nackt im Bett lag und auf sie wartete, waren mir in lebhafter Erinnerung. Erst raunte sie mir leise zu, brachte meinen ganzen Körper zum Beben, dann zog sie sich vor dem Morgengrauen wieder zurück. Wir liebten uns mit einer solchen Intensität, dass die Außenwelt nicht mehr zählte, als diente der Vertrag zwischen uns der Abkapselung unserer sexuellen Lust. Morgens wachte ich auf, natürlich stolz wie ein Hahn – wer hatte hier eigentlich das Sagen? – reckte und streckte meine Glieder und erfreute mich am Sonnenaufgang, vollkommen glücklich und zufrieden. Anschließend ging ich meiner Arbeit nach, als ob nichts geschehen wäre.

Endlich schlief ich ein, und nachdem die Eulen wieder einmal die ganze Nacht meinen Schlaf und meine Träume gestört hatten, spürte ich irgendwann, wie der Tag mit lautem Vogelgezwitscher hereinbrach. Ich blinzelte mit schweren Augenlidern, sah das weiße Licht durch die Fensterspalten dringen und betete für meine Mutter. Es war eine alte Gewohnheit, die ich einfach nicht mehr ablegte. Mag sein, dass sie niemals auftauchen würde, mag sein, dass ich sie nie finden würde, aber meine Gebete gaben mir Hoffnung. War das nicht der eigentliche Zweck unserer Gebete? Dass sie die Hoffnung aufrechterhalten?

Früh am Morgen verließ ich das Haus und ging zur Arbeit. Lua saß allein im Dunkeln, still und abwesend an der Essbank angelehnt.

„Lua? Ist alles in Ordnung?"

„Heute geht es mir wie dir; ich sitze hier und meditiere."

„Wirklich? Hast du dich jetzt auch von der Magie unseres Dorfs anstecken lassen?"

„Mal sehen, ob sie mich jünger macht; das wäre nicht schlecht."

„Um Gottes Willen, hör auf dich über uns lustig zu machen."

„Wer ist uns?"

„Uns Ältere."

„Mein Vater hat immer gesagt, dass Altsein nicht allein vom Lebensalter abhängt. Es geht mir darum, mein Leben neu auszurichten. Ich brauche eine Veränderung."

„Keine Sorge, das kommt von allein. Veränderung ist die einzige Konstante im Leben", sagte ich, während ich mich zu ihr auf die Bank setzte. „Aber jetzt mal im Ernst, warum bist du so früh hier?"

„Ich konnte nicht schlafen. Die Eulen haben die ganze Nacht über geheult", sagte sie. „Und ich habe vor allem Möglichen Angst, sogar Angst in meinem eigenen Haus zu schlafen, verstehst du? Es würde mir wirklich helfen, wenn ich jemand bei mir hätte", fügte sie hinzu.

„Oh je, du gefällst mir gar nicht!"

„Ich habe dieses Leben satt, verstehst du? Ich bin müde und kann nicht aufhören darüber nachzudenken, was meine Eltern mir angetan haben."

„Komm her!"

Ich nahm sie in den Arm und drückte sie an mich.

„Danke!", sagte sie anerkennend.

Aneinander gelehnt saßen wir ein paar Minuten da. Irgendwann stand ich auf und nahm sie an die Hand. Wir gingen die Straße hinunter zum Hafen. Ich nutzte die Gelegenheit, mehr über die Frau zu erfahren, die mir den Schlaf raubte.

„Ich habe meinen Nachbarn getroffen. Weißt du, was er gestern gemacht hat?"

„Sag bloß, er ist wieder auf seine Frau losgegangen?"

„Ok. Dann kommt das also häufiger vor."

„Und ob. Wusstest du das nicht?"

Ich sagte ihr, dass ich es nicht wusste und dass dieses Verhalten für mich auch nicht normal war, aber dass ich meinen Vermieter respektierte.

„Ich habe ihn nach Pipa gefragt, und er sagte mir, es mache keinen Sinn, einer Wahnsinnigen hinterherzulaufen, die mit den *Irãs* unter einen Hut steckt. Was will mir dieser Geisteskranke damit bloß sagen? Wahnsinnig!? Eine so reizvolle Frau wie Pipa? ... Noch dazu..."

„Diese Frau und reizvoll? Du halluzinierst."
„Ich halluziniere nicht, Lua. Ich finde sie großartig. Und ich kann nicht schlafen, weil sie mir nicht mehr aus dem Kopf geht. Sie ist ganz anders als alle anderen, die ich hier kennengelernt habe..."
„Du bist so jung. Das kannst du dir nicht antun!"
Auf diese Bemerkung hin wurde ich stutzig; ich bemerkte, dass sie völlig entnervt war, doch es interessierte mich nicht. Mich von Pipa hinreißen zu lassen, war natürlich seltsam und nach allgemeiner Ansicht zumindest eine Abweichung von der Norm, auch wenn untereinander wechselnde Beziehungen im Grunde genommen ganz natürlich waren. Ingoré war nun mal für seine Abstumpfung und Verschlossenheit bekannt, die jede Art von Eitelkeit vermissen ließ, und so konnte ich derlei Ermahnungen nicht ernst nehmen.
„Eines Tages wirst du ihr wahres Gesicht sehen und jede Freude verlieren", beteuerte sie.
"Kennst du sie denn so gut?"
„Ist das wichtig?"
„Du wärst mir eine große Hilfe, das ist alles!"
„Ich will nur, dass du auf dich aufpasst, weil die besagte Person zu allem fähig ist."
„Wir alle sind zu allem fähig, Lua. Zu Dingen, die wir bereits getan haben und noch tun werden. Wir sind die Summe unserer Handlungen, der vergangenen wie der zukünftigen. Kennst du diese Devise? Dass jeder für seine eigene Taten verantwortlich ist?"
„Ich habe dich jedenfalls gewarnt!"
„Das Leben ist öde und leer, wenn wir nichts riskieren, Lua...", sagte ich.
„Wir wünschen uns, was wir nicht haben."
„Wie kannst du so sehnlich wünschen, was du nicht kennst?", fragte sie mich.
„Ich wünsche mir ja nicht, was ich nicht kenne. Ich will nur besser kennenlernen, was mich nicht schlafen lässt. Ich fühle mich von ihr gebannt und weiß nicht, warum."

„Alles, was man hat, wird früher oder später langweilig, Fé. Du wirst sie eines Tages richtig kennenlernen und feststellen, was für ein Biest sie in Wirklichkeit ist“, insistierte sie weiter.

„Ich weiß. Aber zu einem glücklichen Leben gehört auch das Neue, die Veränderung und die Hoffnung. Was in Ingoré eine Seltenheit ist. Du weißt das! Die Menschen gehen kein Risiko ein. Neues erreicht man aber durch Beharrlichkeit.“

Von diesem Tag an vermied sie das Thema. Ich aber gab meine Suche nicht auf. Es gab irgendeine Verbindung zwischen mir und dieser Frau, und ich hatte das Recht mehr darüber zu erfahren. Was hatte ich in ihren Augen gesehen, was mir wie ein vielversprechendes Licht vorkam? Beharrlich wie ich war, traf ich Pipa einige Tage später wieder. Ich sah sie bei einem meiner üblichen Streifzüge am Fluss, als ich mich über das Brückengeländer lehnte. Sie hatte mir empfohlen, öfter am Rio Jasmim entlangzugehen und die Schönheit der Welt wahrzunehmen. Und das tat ich. An diesem Tag hatte ich die Hoffnung sie zu sehen bereits aufgegeben, als sie plötzlich aus dem Dickicht des Walds auftauchte, was sich fast schon mythisch anfühlte. Sie kam näher, mit ihrem üblichen Charme, erst schattenhaft, dann in immer deutlicher werdenden Zügen ihre körperliche Gestalt annehmend, und setzte sich stillschweigend neben mich. Wir blieben eine ganze Weile so sitzen und schwelgten gedankenversunken, mal im Diesseits, mal im Jenseits, an der Schwelle zwischen Himmel und Fluss, wo das Sein und das Göttliche miteinander verschmolzen. Wir waren eins und von Dankbarkeit erfüllt. Räumliche Dimensionen und Ausdehnungen, Winkel, Kanten und Richtungen schienen in eine supradimensionale Daseinsstufe zu gleiten, sich auf ein höheres Ziel besinnend. Ich starrte weiter ins Leere, stellte Hypothesen auf und schob sie wieder beiseite, um nicht den Moment zu verderben, auf den ich so lange gewartet hatte. Die Leere sagte mir nichts. Der Fluss reflektierte keine Antworten. Die *Irãs* halfen auch nicht weiter. Ich stellte mir Wolken in raffinierten Formationen vor, aber keine schien mir stimmig. Ich verharrte im Rausch, blickte weiterhin ins

Leere, ließ meine Gedanken fliegen, und wurde ruhig. In diesem Zustand erfuhr ich den inneren Frieden und das flüchtige Gefühl durch die Zeit zu reisen. Ich weiß, das ist widersprüchlich, aber meine Gebete wurden erhört; Pipa war erschienen, alles andere war ohne Bedeutung. Doch die Zeit rannte davon, die Hitze machte das Atmen schwer und akzentuierte das salzige Aroma des Flusses und meiner Gedanken. Im nächsten Moment verwandelte sich die untergehende Sonne in einen prächtigen Feuerball. Wir horchten in Richtung Westen und lauschten der Melodie des dahinschwindenden Tages. Dort, wo die Sonne sich schlafen legte, zeigte sich noch unschlüssig die dumpfe Sehnsucht, weiterhin unversehrt. Ich sprang auf, entschlossen das Schweigen zu brechen. So erzählte ich ihr meine Geschichte.

WENN DER LEHRLING FERTIG IST, ERSCHEINT DER MEISTER

Ich heiße Fé, was so viel bedeutet wie Glaube, aber mein Name sagt nichts über mich aus, so wie der Name von niemandem etwas über jemanden aussagt. Der Name, der uns gegeben wird, hängt manchmal nur vom Zufall ab und hat in den allermeisten Fällen nichts mit unseren Wünschen zu tun, wie im Übrigen auch unsere eigene Geburt. Eigentlich bin ich niemand, wie jeder andere auch niemand ist. Welcher Vater sucht sich schon sein eigenes Kind aus?

Nach Darstellung meines Vaters bedeutet mein Name Konflikt, vielleicht in Anspielung auf meine Geburt. Aber er hatte auch Vorbehalte gegen den Glauben. Hör dir erst die ganze Geschichte an, bevor du ein Urteil fällst, denn ich weiß, dass Glaube nichts weiter ist als eine innere Überzeugung und Hingabe an etwas, das uns übersteigt. Die Mehrheit der Menschen versteht unter Glauben das Festhalten an eine absolute Wahrheit ohne jeden Beweis oder überprüfbare Kriterien, ein absolutes Vertrauen, ein Verzicht auf jeglichen Zweifel angesichts der anhaftenden Unvereinbarkeit mit der Logik und der materiellen Welt. Glauben bedeutet aus dieser Perspektive etwas zu lieben, alles auf eine Karte zu setzen und sein Leben einer potenziell höheren Macht anzuvertrauen. Gott, natürlich! Freilich hat der Begriff seine Bedeutungsvarianten und geht in manchen Fällen kaum über persönliche Erfahrungen hinaus. Manchmal sind sogar Irãs involviert, so wie hier vermutlich. Zumindest dachte ich das, bis ich mit dir gesprochen habe und du mir erklärt hast, dass man Gott und Irã nicht verwechseln darf. Aber mein alter Vater war immer der Ansicht, dass es um mehr geht. Das sollte mir helfen, Gott besser zu verstehen. Für ihn war Gott, zumindest wie er sich ihn vorstellte, nicht so unfehlbar wie gemeinhin angenommen.

‚Was meinst du damit?', fragte ich ihn dann.

‚Wie weise und unfehlbar kann jemand sein, der keine Fragen zu den wichtigsten Dingen im Leben zulässt?', fragte er zurück.

‚Aber Gott ist mehr als weise.'

‚Dann sollte er nicht hinter einem einfachen Weisen zurückstehen', argumentierte er.

‚Worauf willst du hinaus?', fragte ich wieder.

‚Darauf, wie wir uns einen gerechten Gott vorstellen.'

Verstehst du, Pipa?

Mein alter Vater sagte immer, dass die Gläubigen nur deswegen blind zu ihrem Glauben stehen, weil der Mensch von einem existenziellen Konflikt getrieben ist, nämlich der Angst vor Wahrheiten, die im Widerspruch mit Gott und dem Glauben stehen. Andererseits beschleicht auch die Ungläubigen die Angst vor einer dummen Leugnung, denn das Leben ist so außerordentlich, dass es einen Schöpfer geben muss. Im Grunde ist sich niemand seiner Gewissheiten sicher.

Mein Vater war kein weiser Mann. Im Gegenteil. Er war ein einfacher Nomade, der immer weniger an die Überzeugungen und Traditionen seines Volkes glaubte. Vielleicht war dieser Wandel auch dadurch geschuldet, dass meine Mutter ihn verlassen hatte. Vielleicht belastete ihn aber auch die Tatsache, dass es ihm nie gelang, mit jenen existenziellen Zweifeln umzugehen, die allen Menschen eigen sind. Ich hingegen hatte auf meiner Reise genug Gelegenheit über das Thema nachzudenken, und heute verstehe ich, was mein alter Vater mit der Widersprüchlichkeit des Glaubens meinte.

Einfach ausgedrückt, könnte man auch sagen: Die Tatsache, dass wir so sind, wie wir sind, Lebewesen mit eigenem Bewusstsein und den unterschiedlichsten Gefühlen, weckt bei uns erhebliche Zweifel, die weder der Glaube noch die Wissenschaft ausräumen kann. Wer sind wir? Woher kommen wir? Ein Gläubiger geht davon aus, dass wir Geschöpfe Gottes sind, die von Adam und Eva abstammen, den zwei Meisterwerken unseres allmächtigen, allwissenden Herrn, während die Wissenschaft der Auffassung ist, dass alles Leben von einer einzigen Urzelle abstammt. Wenn mein Vater eine Schule besucht hätte, würde er natürlich die Wissenschaft und die Wissenschaftler anführen, die bei der Suche nach der Wahrheit wenigstens den Verstand benutzen und der Frage nach dem Ursprung des Lebens höchste Priorität einräumen.

Tatsächlich tut sich die Religion schwer mit solchen Fragen, und selbst wenn sie Antworten hätte, würden die Erklärungen einige Lücken aufweisen, wie die Behauptung, dass Adam und Eva fertig auf die Welt kamen, obwohl unsere Spezies nachweislich von Mikroorganismen abstammt. Es gibt viele weitere Beispiele, wie das vom Glauben vertretene geozentrische Weltbild, wonach die Erde und der Mensch im Universum eine zentrale Position einnehmen, wobei die Astronomen ein heliozentrisches Weltbild vertreten und von einem expandierenden Universum voller Sterne und Galaxien ausgehen; oder dass Gott gesagt hat, dass wir aus der Erde geschaffen wurden, während die Wissenschaft erklärt, dass wir Produkte der Sterne sind. Das Gleiche gilt für den Vorzug des geliebten Volks gegenüber den weniger geliebten Völkern, während die Menschheit die alten Sophismen hinsichtlich des Auserwähltseins bestimmter Völker überwunden hat. Und wenn wir Nachbildungen von Adam und Eva sind, welche Bedeutung haben dann die Fossilien und Zeichnungen in steinzeitlichen Höhlen? Ist die Wissenschaft tatsächlich so fehlbar? Oder hat Gott unsere Vorfahren so anders erschaffen als uns? Sind aus ihnen die Menschenaffen entstanden? Warum sollte Gott Adam und Eva mit einem Bewusstsein und einer Intelligenz ausstatten, die weit unter der unseren liegt? Hat er sie weniger geliebt als uns?

Dabei waren das nicht die Fragen, die meinen Vater am meisten umtrieben. Was ihn vor allem beschäftigte, waren die Strafen und Belohnungen Gottes, Hölle und Herrlichkeit. Warum sollte Er seine Kreaturen bestrafen, wenn er doch allwissend ist? Wäre es angesichts seiner Allmacht nicht klüger, seine Geschöpfe zu guten Taten zu bewegen? Warum lässt Er zu, dass Satan seine Geschöpfe verführt? Ist Luzifer womöglich Gott voraus, oder werden einige seiner Kreaturen nur deswegen vom Teufel verleitet, weil Gott sie weniger liebt? Welchen Unterschied machte für Ihn ein ungläubiger Mensch, wenn Er doch Schöpfer des Himmels und der Erde war? Das waren die Themen meines Vaters. Und ich füge noch weitere hinzu: Wo sind denn jene Himmel und Erden, von denen in den heiligen Büchern die Rede ist, wenn wir nichts anderes sehen als Sterne und Galaxien und ein sich ausdehnendes Universum? Besinnt man sich auf die enormen Ausmaße des Universums, der Galaxien und Galaxienhaufen, könnte dann Platzmangel der Grund dafür sein, dass die einen in die Hölle fahren, während andere in die Herrlichkeit geschickt werden? Dienen die Wunder der Natur und all die Intelligenz wirklich nur dazu, Gott zu fürchten und auf seine Boten zu hören? Warum gelingt es ihm trotz seiner Allwissenheit nicht, die Religionen zu vereinen? Wer verdient überhaupt die Ehre des Herrn, wenn die gesamte Menschheit aufgrund von Glaubensrichtungen und Überzeugungen gespalten ist? In welcher der Religionen liegt die verborgene und so ersehnte Wahrheit? Wenn nur eine Religion die Hüterin der Wahrheit ist, welche Sünde beging dann ein Mensch, der in ein anderes Umfeld hineingeboren wurde und deshalb seit seiner Kindheit einer anderen Religion folgt? Dabei wusste auch mein Vater, dass selbst die Wissenschaft nicht auf alle Fragen eine plausible Antwort hat, wie die Theorie der Spontanzeugung belegt. Es gibt nichts Dümmeres als diese Theorie, denn von der Entstehung der Erde bis heute wäre nach unserem Wissensstand wahrscheinlich nicht einmal primitives, geschweige denn intelligentes Leben entstanden. Es ist merkwürdig, dass die Befürworter dieser Theorie nicht daran denken, dass der Zufall nicht mächtig genug sein könnte, um intelligentes Leben hervorzubringen. Das Leben ist so komplex und einzigartig und zeugt von einer derart grandiosen Evolution, dass wir nicht ausschließen können, dass hinter seiner Entstehung eine Absicht steckt. Ist der Zufall wirklich imstande etwas so Erstaunliches wie Intelligenz hervorzubringen? Ist es wirklich eine unsichtbare Hand, die es den Zellen ermöglicht,

Informationen präzise zu kopieren und zu übertragen? Sind die Quantenregeln und Grundprinzipien der Natur aus reinem Zufall entstanden? Ist die Macht des Zufalls wirklich so groß? Mag sein, dass Gott, wie er im Glauben beschrieben wird, nicht der Schöpfer all dieser Dinge ist, aber niemand, der bei Verstand ist, kann leugnen, dass das Leben, wie wir es kennen, von jemandem oder etwas geschaffen wurde.

Doch wer, und mit welcher Absicht?

Das ist die Streitfrage, mit der sich nach Überzeugung meines Vaters die Menschheit seit jeher beschäftigt. Es dreht sich immer um den Glauben, wie mein Name.

Fé!

Weder der Glaube noch die Wissenschaft können die Frage klären, wer ich bin. Mein Name ist demnach ein existenzielles Mysterium, dem nichts zugrunde liegt als die vergebliche Hoffnung meiner Großeltern, die Fehlehe meiner Eltern zu retten. Hätte meine Mutter meinen Vater geliebt, wäre mein Name vielleicht ein anderer. Vielleicht hätte man mich Alaíde oder Alcides genannt, als nachdrückliches und würdigendes Zeichen ihrer hypothetischen Liebe. Doch meine Mutter liebte einen anderen Mann, deswegen verließ sie uns, während mein Vater unfähig war, sich um ein Kind zu kümmern, das aus dieser tiefen Enttäuschung hervorgegangen war.

Ich wuchs auf, ohne meine Mutter zu kennen und ohne meinen Vater zu verstehen. Von ihm bleibt mir nur die Ohnmacht. Alles, was mir von meiner Mutter geblieben ist, ist ein unerreichbarer Traum, Gebete und Litaneien. Mein verstorbener Großvater sagte immer, es gab keine Mutter um mich herum, aber es gab einen Vater, der alles hätte sein können, es aber nicht war. Es ist ein Zeichen dafür, dass die bloße Anwesenheit eines Menschen noch keine Garantie für Kompetenz ist. Meine Tanten waren immerhin bereit, die Lücke zu füllen, die meine Mutter hinterlassen hatte, und meine Onkel sorgten für den Lebensunterhalt. Und hat jemand etwas erreicht? Nein. Die Familienstrukturen geben nur diese Option vor: komplette Leere. Ein Sprichwort sagt, dass wer keine Mutter hat, seine Großmutter liebt, oder wer keinen Hund hat, mit einer Katze jagt. Es läuft alles auf das Gleiche hinaus. Bei Nomaden ist diese Familienstruktur sogar noch stärker ausgeprägt. Bei uns ist niemand die Mutter oder der Vater von jemandem. Alle haben das Recht, die Jüngeren zu belehren, und diese haben zu gehorchen, aber niemand bewirkt etwas. Die Regeln sind unantastbar und beruhen auf einer Hierarchie, die von der Geburtenfolge und dem jeweiligen Ansehen abhängt.

Mein Vater war vor allem nicht fähig, mich als natürliches Wesen zu betrachten. Wenn er mich liebevoll ansah, packte ihn die Sehnsucht nach meiner Mutter. Sie nahm meinen Platz ein. Und er sagte:

‚Ich kann mich nicht um dich kümmern, mein Sohn. Deine Mutter wird schon zurückkommen.'

‚Und wenn nicht?', entgegnete ich ihm, gleichzeitig in der Hoffnung, er würde Recht behalten; vielleicht hoffte ich auch, eines Tages etwas Aufmerksamkeit zu erfahren, mich nicht lästig zu fühlen, ja, von jemandem geliebt zu werden.

‚Sie wird zurückkommen, mein Sohn. Sie liebt mich.'

‚Aber sie hat dich verlassen, Vater. Oder vielmehr, uns verlassen.'

‚Ich weiß. Sie war geblendet, vom Geld geblendet.'

Mein Vater arbeitete damals hart, denn es musste Geld verdient werden, nicht nur, um die Familie zu ernähren, sondern auch damit sie, wenn sie zurückkommen würde, beeindruckt war und es ihr leidtat, dass sie ihn verlassen hatte. Er hatte keinen Zweifel daran – solange er sich an diesen Plan hielt, würde alles gut werden und sie würden eine glückliche Familie sein.

Ich wuchs heran und fühlte mich zunehmend fremd in der Welt, die mich umgab, bis ich sah, dass es das Beste war zu gehen. Ich sagte ihm das.

‚Vater, ich gehe meine Mutter suchen.'

‚Weißt du, wo sie ist?', fragte er abfällig.

‚Nein, aber ich werde sie finden.'

‚Bring sie zurück, mein Sohn', sagte er schließlich.

Seitdem bin ich auf der Suche nach meiner Identität, weil ich begriffen habe, dass ich meine Realität zwar so akzeptieren muss, wie sie ist, aber auch versuchen könnte, etwas zum Besseren zu wenden. Und diese Veränderung betraf

nicht nur mich, sondern auch meine Mutter. Ich musste sie finden, um die Lücke zu füllen, die sie hinterlassen hatte.
Tatsächlich beruhte die Beziehung zwischen mir und meinen Eltern auf gegenseitigem Respekt, auf der Wertschätzung dessen, was jeder für sich entschieden hatte, aber es lag an mir, meinen eigenen Weg zu gehen. Wenn es ihre Pflicht war, für mein Wohl zu sorgen, dann musste ich so gut wie möglich mithelfen, damit dies gelingen konnte. Und es konnte nur gelingen, indem ich beschloss, mein eigenes Leben in die Hand zu nehmen. Diese vorzeitige Verantwortung für mein Leben zeigt, dass ich die Entscheidung meiner Eltern akzeptiert habe, dass sie ihren eigenen Weg gingen, ohne mich unbedingt als Last in ihre Pläne einbeziehen zu müssen. Schließlich soll jeder auf seine Art glücklich werden; und ein Kind zu bekommen, bedeutet nicht, dass man dieses Recht verliert.
Meine Mutter hatte es gewagt, meinen Vater zu verlassen und ihr Glück mit einem anderen Mann zu suchen. Genauso hatte ich das Recht ihn zu verlassen, um meinen eigenen Weg zu gehen, nach meiner Identität und meiner Bestimmung zu suchen, denn mit seinem Vermächtnis und seinen Geschichten konnte ich nichts anfangen.

Du siehst also, dass ich dir nicht einmal anhand meiner Eltern, die mich auf die Welt gebracht haben, mein eigen Fleisch und Blut, sagen kann, wer ich bin. Vielleicht kann ich meine Identität nur offenlegen, indem ich über meine Erfahrungen im Leben berichte. Wer wir sind, hängt im Allgemeinen auch davon ab, wo wir gewesen sind, wenngleich unsere Erfahrungen immer auch von den bittersüßen Aromen unserer Seele geprägt sind. Die Seele ist unerschütterlich darin, unsere Identität ständig neu zu formen. Unsere Identität ist also niemals ein erloschenes Licht. Jeder Seelenhieb, jeder Honigtropfen, alles, was wir erfahren, prägt unsere Existenz. Wir sind natürlich die Summe dieser guten und bösen Kräfte, die auf unsere Seele einwirken. Wenn sich der eigene Körper im Laufe des Lebens wie eine tickende Uhr unmerklich, aber beständig verändert, so bedeutet jeder Abdruck auf unserer Seele eine Neuausrichtung der Identität. Wenn unsere roten Blutkörperchen innerhalb von vier Monaten vollständig ersetzt und unsere Hautzellen innerhalb weniger Wochen komplett erneuert werden, innerhalb weniger Jahre alle Atome unseres Körpers durch neue Atome ersetzt werden, dann werden wir physiologisch gesehen immer neue Menschen. Aber zum Glück gibt es die Seele, eine Konstante, die alle diese Varianten von uns zusammenhält. Egal wie wir sie nennen... Verstand, Bewusstsein, Geist, sie ist die Basis unserer Identität, die uns auf einzigartige Weise dauerhaft Sinn verleiht. Wir sind also Veränderung, und Veränderung ist die einzige Konstante unserer Realität.

Warum kommt mir das verdächtig vor?

Würde ich in der Zeit zurückgehen und sehen, wie ich in den verschiedenen Stationen war, würde ich mich an vielen Stellen sicher nicht wiedererkennen. Mit jedem Ort, den ich hinter mir ließ, habe ich an der Gestaltung meiner Identität und Bereicherung meiner persönlichen Kultur gearbeitet. Und natürlich bleibe ich mir weiterhin fremd. Einmal stieß ich inmitten der ehrwürdigen alten Kulisse eines senegalesischen Dorfs auf ein alleinstehendes Haus. Es lag in der Ebene in unmittelbarer Nähe zum Meer, mit rostigen Eisentüren und einem Dach aus abgenutztem Zinkblech. Es war ein trüber Nachmittag im Herbst. Ausgezehrt von der langen Route durch die Wüste auf der Suche nach meiner Mutter streifte ich damals umher und suchte nach Arbeit und Unterkunft. Anfang Herbst bin ich über Mauretanien per Anhalter nach Senegal gekommen, was mir teuer zu stehen kam, weil ich gezwungen wurde, heimlich Drogen zu transportieren und Tabak und Alkohol zu schmuggeln. Ich war zuvor durch ganz Marokko gereist, habe mich durch sämtliche Städte Nordafrikas gebettelt und alle Formen von Leben kennengelernt. Doch seit ich mich erinnern kann, habe ich mich nirgends so sehr als Mensch gefühlt wie in Senegal, und dort habe ich von Ingoré erfahren als idealen Ort, um meine Träume zu verwirklichen.

Ich entdeckte also dieses Haus, ging hin und klopfte entschlossen an die Tür.

‚Hallo', rief ich und wartete darauf, dass jemand mir aufmachen würde.

Kurz später hörte ich die Tür knarren und sah das Gesicht einer Frau.

‚Wer bist du?'

Diese verfluchte Frage verfolgte mich scheinbar mein Leben lang, wobei niemand sich je von meiner Identität überzeugen wollte.

‚Fé', sagte ich.
Im Haus hörte ich Geräusche. Gelächter. Die Frau öffnete die Tür jetzt ganz und ließ mich rein. Die Szene, die sich mir darbot, verwirrte mich sehr, da ich die reale Ursache für das Aufsehen nicht erkennen konnte. Oder gab es etwas an mir, von dem ich nichts wusste? Ich suchte spontan nach irgendeinem Hinweis. Ich sah nach, ob jemand hinter mir war, überlegte, ob alles nur ein komischer Zufall war oder mein eigenes unbegründetes Misstrauen dahintersteckte. Ich schaute in einen imaginären Spiegel, um zu sehen, ob ich etwas im Gesicht hatte. Da ich nichts feststellen konnte, verlangte ich nach einer Erklärung.
‚Was ist?'
Noch mehr Gelächter.
Der Raum war voller Männer und Frauen zwischen vierzig und sechzig Jahren. Offensichtlich waren alle von meiner Ankunft amüsiert, als hätten sie nur auf mich gewartet.
Verwirrt wie ich war, zog ich voreilige Schlüsse und klammerte mich an die erstbeste mögliche Erklärung, die einzige, die ich in meiner Vernebelung greifen konnte. Alle Details waren plötzlich uninteressant. Meine Wut beherrschte mein eigenes Urteilsvermögen. In befremdlichen Situationen, etwa wenn wir Demütigung erfahren, verhalten wir uns unter Umständen ganz anders als sonst. Es sind solche Situationen, die unsere Identität ausmachen und auf der Seele Narben hinterlassen. Ohne groß nachzudenken, nahm ich mir vor, den Raum wieder zu verlassen. So verhalten sich Menschen, wenn sie verwirrt sind.
‚Wissen Sie, was es heißt, versteckten Vorurteilen zu folgen?', fragte mich jemand, als ich schon in der Tür stand, um zu gehen.
‚Dass Sie Vorurteile haben, daran habe ich nicht den geringsten Zweifel, aber Sie irren sich, wenn Sie glauben, dass mich das in irgendeiner Weise belastet.'
‚Ihr Glaube scheint nicht sehr groß zu sein!', sagte dieselbe Stimme und lachte verhalten.
‚Und wer sagt Ihnen, dass ich an etwas glaube?'
‚Wie ist nochmal Ihr Name?'
‚Was hat das mit Ihren Vorurteilen zu tun?'
‚Warum sind Sie hier?'

‚Ich bin Pilger. Ich will nur eine Unterkunft und Arbeit.‘
‚Dann bestätigen Sie also, den Glauben verloren zu haben...‘
Noch mehr Gelächter.
Jetzt erst verstand ich, dass es um die Bedeutung von Fé ging, die aus seiner Sicht ja so etwas wie Überzeugung, Gewissheit, eine Art Zielgerichtetheit vermuten lässt. Diese Menschen hatten überhaupt nicht auf mich gewartet; vielmehr hatte ich durch meine Ankunft ein Phänomen bestätigt, das in der Gruppe gerade behandelt wurde. Der Mann, der mich angesprochen hatte, war vom Volk der Soninke. Er war dabei, Bilder von unbekannten Personen zu zeigen, und die Anwesenden sollten anhand von geeigneten Kriterien beurteilen, auf einer Skala von Null bis Zehn, wie erfolgreich im Leben die Menschen auf den Fotografien waren. Er hatte eine konkrete Zahl im Kopf und versuchte die anderen dahingehend zu beeinflussen, den Bildern einen Wert zuzuweisen, der dieser Zahl möglichst nahekam.
Er forderte mich auf, an dem Experiment teilzunehmen, und am Ende belegten die Ergebnisse, dass wir in Situationen, in denen unsere Wahrnehmung und unser Verstand keine Antworten geben können, auf andere Kapazitäten zurückgreifen, die scheinbar nicht unter unserer bewussten Kontrolle stehen, die aber offensichtlich durch die komplexen und ungewissen Faktoren der konkreten Situation aktiviert werden. Er ließ keinen Zweifel darüber aufkommen, dass ich Einflüssen ausgeliefert war, derer ich mir nicht bewusst war und über die ich praktisch keine aktive Kontrolle hatte. Noch erschreckender war, als er sagte, dass wir ständig Einfluss auf andere ausüben, so behutsam und diskret wir auch sein wollen, und dass wir uns dessen kaum oder überhaupt nicht bewusst sind. Tatsächlich können wir unbewusst Einfluss ausüben, den wir eigentlich nicht tolerieren würden, wenn wir uns darüber im Klaren wären.
An diesem Ort hofften alle auf ein unbestimmtes Glück, auf die Anwesenheit eines abwesenden Gottes. Sie saßen auf ihren Stühlen, mit trübem Blick und verschlossener Miene, die Augen starr auf einen Punkt gerichtet, und harrten standhaft ihrer Erlösung. Nicht einmal die Fliegen lösten bei ihnen einen Reflex aus. Ihre Seelen schienen an einem anderen Ort zu sein, die Körper waren reglos

zurückgeblieben, dienten als Rückhalt, während sie nach ihrer Identität suchten.

‚So wie du in der Welt nach deiner Identität suchst, tun wir das Gleiche im Sitzen', klärte mich die Frau auf, die mir vorher die Tür geöffnet hatte. ‚Und weißt du, was der Unterschied ist?', fragte sie mich schließlich.

‚Wenn Sie mich aufklären wollen...'

‚Du bist wie mein verschwundener Kater', sagte sie und lachte.

Im linken Flügel lachte jetzt auch ein großer, hagerer Mann mit Auberginennase und täuschte einen Hustenanfall vor.

‚War es ein streunender Kater, ja?', fragte ich.

‚Eigentlich nicht.'

Ich hielt das Gespräch aufrecht, um mich gegen weiteres Gejohle abzusichern. Dabei gab ich mich betont gleichgültig und erhielt diese Pose aufrecht, um weiteren Wahrsagungen zuvorzukommen.

‚Was war?', fragte ich.

‚Er ist nicht wieder aufgetaucht! Hatte die Mäuse wohl satt.'

Nochmals Lachen.

‚Vielleicht taucht er ja wieder auf', versuchte ich sie zu trösten.

Die Frau lachte, brüllte vor Lachen, mit flatternden Nasenflügeln und aufgesperrtem Mund, als wollte sie eine Schwalbe im Flug verspeisen. Ihr Blöken war grenzwertig, man konnte sehen, dass sie übertrieb, aber sie gefiel sich darin, den Scherz auszukosten.

‚Später sah ich in meinem Garten viele Kätzchen herumstreunen, die genau gleich aussahen.'

Diesmal brüllte der ganze Saal.

‚Der Kater hatte eine gute Zeit', sagte ich.

‚Wenigstens hatte er eine gute Zeit. Hat seine Streifzüge gut genutzt, würde ich sagen. Und du glaubst, er hatte es besser als wir? Nein. Wir haben hier auch Spaß, essen und pflanzen uns fort. Wir haben hier alles, was die Welt hat, denn am Ende landet alles hier, wie die Kätzchen meines Katers.'

Ich kratzte mich am Kopf, verärgert und noch verwirrter als zuvor. Ich hatte mich von Anfang an nicht wohl gefühlt. Die Nähe zu Menschen, die sich an der

Widersprüchlichkeit erfreuen, irritiert mich. Ich hatte versucht, sie für mich zu gewinnen, aber ohne Erfolg. Diese überheblichen Wesen, die sich selbst beweihräuchern, sind für mich der reinste Abschaum. Ihre unbeirrte Abgeschiedenheit war doch der Beweis, dass sie längst tot und zerschlagen waren.
‚Wir sitzen hier und verkörpern das Werdende, während du als Reisender für den Wandel stehst', sagte sie schließlich.
Die Frau stellte mich dann als Gärtner ein, und ich kümmerte mich viele Jahre lang um ihre Pflanzen. Dabei habe ich viel über Maniok, Mancara und Mais gelernt, aber auch über den Geist und den Verstand, die Lust und die Liebe. Letztendlich wurde sie die Liebe meines Lebens. Ihr habe ich es zu verdanken, dass ich nach diesem Dorf gesucht habe. Sie hat mir versichert, dass ich hier Glück und Erfüllung finden würde.

Es gab noch ein weiteres Erlebnis, das meine Identität prägte. Weiter weg vom Meer traf ich auf einen Mann europäischer Herkunft mit antiquierten Lebens- und Denkgewohnheiten, der behauptete das Prosagedicht über Christus zu kennen, wonach die Wirklichkeit mit einer Tafel Gottes verglichen wird, die niemals zerbricht: auf der einen Seite der Glaube, auf der anderen Seite das Gegenteil.
‚Das Gegenteil ist das Leid', erklärte er.
Dieser unbekannte Europäer versteckte sich hinter einer undurchdringlichen Maske, fromm, aber untreu gegenüber Gott.
‚Leid gehört zum Leben dazu. Es macht uns reif. Im Jenseits wird Gott uns mit seiner Herrlichkeit belohnen', konterte ich.
Der Mann konnte sich mit der Not unschuldiger Menschen nicht abfinden. Also kam er zum Schluss, dass er sich so ein Paradies nicht wünscht, wenn die Herrlichkeit Gottes nur mit all dem Leid in der Welt zu haben war.
‚Der Preis, der für das Paradies verlangt wird, ist zu hoch. Ich kann einen so hohen Preis nicht bezahlen.'
Daher glaubte er, seinen Zugangsschlüssel wieder zurückgeben zu müssen, und da er aufrichtig war, wollte er sichergehen, dass die Rückgabe nicht heimlich erfolgte.

'Alles im Leben erfordert unser Leid und unseren Schweiß. Wie kann man wollen, dass der Preis für das Paradies ein geringer ist? Genug der Blasphemie, also bitte', fuhr ich ihn an.

'Es ist nicht Gott, den ich ablehne, mein armer Freund, ich gebe ihm nur höflich mein Ticket zurück. Wissen Sie auch, warum? Ein Paradies hat gratis zu sein. Gott geht nicht bankrott, wozu braucht er unser Geld?', argumentierte er.

'Schreiben Sie Gott nicht vor, was er zu tun und zu lassen hat', sagte ich entrüstet.

Dann rezitierte er, geradezu poetisch, wie am Tag nach einem fulminanten Inquisitionsurteil, bei dem etwa hundert Ketzer auf dem Scheiterhaufen verbrannt wurden, Jesus herabkam und sofort von seinem geplagten, leidgeprüften Volk gelobt und verehrt wurde. Doch der Großinquisitor ließ ihn verhaften. Bald darauf hörte niemand mehr etwas vom Herrn, und ein einzelner Kardinal eröffnete daraufhin den wohl größten und schrecklichsten Angriff auf das Christentum. Jesus hatte die Menschheit verraten, denn er hatte den von ihm persönlich vorgepredigten Weg zur Erlangung der menschlichen Glückseligkeit für sich selbst abgelehnt: das Leiden.

Dieser Mann erinnerte mich nicht nur sehr an meinen Vater, sondern bestärkte auch meinen Unglauben. Wie konnte ich einen Glauben haben, wenn Gottes Plan mir einen Platz auf der anderen Seite der göttlichen Tafel zugewiesen hatte? Das einzige, was mich mit unserem Schöpfer verbindet, ist vermutlich mein Name.

Unterdessen suchte ich weiter nach meiner Mutter, und allmählich begriff ich, dass ich eigentlich vor allem auf der Suche nach meiner eigenen Identität war. Da ich mir über mich selbst nicht im Klaren war, orientierte ich mich nach dem Leitbild dieses Europäers. Die verschiedenen Realitäten und Kulturen, die mich geprägt haben, erlauben es mir nicht, mich selbst von außen zu sehen und mehr über mich zu erfahren. Aber ich schaue gern von außen auf die freimütigen Äußerungen der anderen, vor allem der Menschen, die mich auf meiner Reise aufgenommen und unterstützt haben, und ich versuche die zugrundeliegenden Aussagen in ihrer ganzen Tragweite zu verstehen. Ich schätze, nach diesem Prinzip habe ich auch den Europäer verstanden, als er sich in Poesieform über die Rituale der Inquisitionsprozesse ausließ. Ich zog aus seinen Worten den einfachen Schluss, dass die öffentliche Bezichtigung eine ziemlich ambivalente, zwischen Kultur und Bewusstsein pendelnde Angelegenheit war. Zwei Ideen, die sich gegenseitig aufheben oder ergänzen, die aber auch zur Gefahr werden können, wenn das Bewusstsein von der Kultur verdrängt wird. Wird die Liebe von den Praktiken zerstört, kann es keine Religion geben. Ich denke, dass Bewusstsein und Kultur zwei Seiten derselben Medaille sind. Ich denke, dass die beiden Begriffe zwei Seiten derselben Medaille sind. Die einen glauben an das Bewusstsein, die anderen an die Kultur. Doch es gibt ein Element, das Kultur und Bewusstsein untrennbar miteinander verbindet: die Identität. Der Europäer nannte es Seele. Aber ich sage lieber Identität.

Das Bewusstsein ist das Element, das Rückschlüsse auf unsere Identität überhaupt erst zulässt. Recht hatte dieser anonyme Denker, der sich als Poet aufspielte, als er sagte:

‚Wir alle sind das Produkt unserer Erinnerungen, die sich hauptsächlich aus den Erfahrungen ergeben, die wir im Leben machen. Diese Erfahrungen benötigen die Gestaltungskraft einer Kultur, damit wir als Personen geformt werden können: sie sind an eine Familienkultur, eine religiöse Kultur, eine soziale Kultur und so weiter gebunden. Und wir erreichen immer eine Phase in unserem Leben, in der wir uns unserer Erfahrungen und Überzeugungen, die wir im Laufe der Zeit erworben haben, bewusst werden. Durch unser Bewusstsein fügen wir uns auf perfekte Weise in unsere Kultur, unsere Religion und unsere familiären Gewohnheiten ein. Indem wir die äußere Realität verinnerlichen, werden wir zu dem, was wir sind, und das unterscheidet sich von dem, was wir sein wollen. Andernfalls wären wir weder rationale noch bewusstseinsfähige Wesen. Diese Mischung, dieses Zusammenspiel, diese identitätsstiftende Substanz, in der alle unsere Erfahrungen zusammengefasst sind und die es uns ermöglicht, zwischen richtig und falsch zu unterscheiden, bildet die eigentliche Grenze. Ich spreche nicht von geopolitischen Konflikten aufgrund von Migration und auch nicht von territorialer Integration. Ich spreche von identitätsbezogenen Grenzen, auch wenn letztlich alles auf das Gleiche hinausläuft.‘

Über diese Fragen galt es nachzudenken. Was passierte mit der Welt? Oder passierte etwas mit mir? War das das Leben, das ich führen wollte? Ich zog von Ort zu Ort, irrte umher und suchte nach mir selbst. Und währenddessen hörte ich von Menschen über fünfzig, dass das Leben nach achtzig besonders schnell vergeht? Ja, mit solchen Äußerungen hatte ich es zu tun, so konfus wie die poetischen Philosophien des anonymen Europäers.

Ich bin als Nomade in einer konservativen Familie aufgewachsen, und die Werte, die man mir beigebracht hat, sind leider zum Teil überholt. Als ich in jungen Jahren wegging, war alles gut, denn ich hatte verstanden, dass das Leben aus Pragmatismus besteht, weit weg von konzeptionellem Denken und Handeln. Ich ging einen fast utopischen Weg, weit weg von Philosophien. Meine Erfahrungen waren einzigartig, weil ich wusste, wie man Gelerntes in die Praxis umsetzte. Ich musste Denkmuster überwinden, kulturelle und materielle Vorstellungen aufgeben. Um zu überleben, überquerte ich Grenzen, ohne jemals meine Mission aus dem Blick zu verlieren: meine Identität, meine Mutter zu suchen. Was wusste diese anonyme Person schon, was ich nicht wusste, von seinem fortgeschrittenen Alter mal abgesehen? Dass der Mensch aus uneindeutigen Grenzen besteht?

Bestimmt wusste er, dass das Leben selbst, wie wir es kennen, seine Grenzen hat. Von den Mikroorganismen bis hin zu den Säugetieren grenzt sich das Leben nach außen hin ab, wobei es sich dummerweise stets als Ganzes betrachtet. Die Grenzen beginnen mit dem Leben selbst. Dann folgt das Stück Land, auf dem wir unsere Häuser bauen, unsere Stadt, unser Land, unser Kontinent und so weiter, bis zum Tod. Aus dieser Perspektive bildet nicht einmal der Tod einen Schlusspunkt. Er ist vielmehr ein weiteres Begrenzungsmerkmal unserer Individualität. Aber der Europäer sah das anders... Er vertrat die Auffassung:

‚Grenzen sind ein Denkfehler, mein Freund. Es gibt keine absoluten Grenzen, die uns vom Rest der Welt abschotten.'

Grenzen sind tatsächlich niemals undurchlässig, auch wenn wir das glauben. Sie sind ein Produkt unserer Fantasie und sind mit der vielschichtigen äußeren Realität nicht vereinbar. ‚Bewusstsein, Kultur, Grenzen, Denkmuster hin oder her, was habe ich damit zu tun?', fragte ich missmutig.

‚Befreie dich. Entdecke dich selbst und fang an zu leben. Es gibt kein zweites Leben', riet mir der unbekannte Mann.

Der gleiche Grund, warum ich meine Insel verlassen habe, hat mich auch hierher geführt: Ich folgte der Illusion, durch die Suche nach meiner Mutter meine Identität und damit mein Glück zu finden; eine Erklärung für mein nomadenhaftes Leben zu finden. Mir war nicht klar, dass ich meine eigene Existenz hinausschob. Jeder Tag, an dem ich diesem Traum hinterherlief, war ein Tag weniger in meinem Leben. Werde ich meine Mutter finden? Und wenn ja, wird es meine Mühen, alles was ich durchgemacht habe, kompensieren? Ist es das wert? Ich glaube nicht, dass ich sie jemals finden werde. Ich weiß nicht einmal, in welchem Teil der Welt ich überhaupt suchen soll. Ist sie am Leben?
‚Tot oder am Leben, du kannst genauso gut versuchen, es herauszufinden, anstatt Hypothesen aufzustellen. Denk an Schrödingers Katze. Sie ist gleichzeitig lebendig und tot, und dieser unbestimmte Zustand bleibt so lange bestehen, bis die Experimentierkiste geöffnet wird und die Katze auf einen der Zustände festgelegt ist. Deine Mutter kann gleichzeitig tot und am Leben sein. Das weißt du erst, wenn du sie gefunden hast‘, so der Rat meiner Ex-Chefin, die schon mal hier in Ingoré war. Sie war der Meinung, dass alles hier endet. ‚Ingoré ist ein kleines Dorf an der Küste. Es gibt dort einen imposanten Fluss mit dem Namen Jasmim, wo die Volksgötter sich aufhalten und verehrt werden, und man trifft dort auf Anschauungen und Erfahrungen, die uns Menschen in einen unglaublichen Zustand versetzen. Dort kommt alles ins Reine, alles ist lebendig und alles findet sich, wie ein Licht, das die Finsternis des Fatalen durchdringt...‘
Meine Ex-Chefin war eine weise Frau. Einer alten Tradition folgend, erzählte sie gern Geschichten am Feuer, das sie abends oder bei Mondschein ehrfürchtig und mit besonderer Freude entzündete. Die Kinder scharten sich um sie und hörten ihr andächtig zu. Manchmal sah ich, wie einige neben dem Feuer oder auf dem Schoß der Älteren einschliefen, so hartnäckig hielt die Frau an der alten Gewohnheit des gemeinsamen Geschichtenerzählens fest. Reflexartig wiederholte sie immer und immer wieder dieselben Geschichten, wobei sie hier und da die Erzählung aufbauschte und darauf Wert legte zu betonen, dass es nicht auf die Geschichte selbst, sondern auf die Moral ankommt. Einmal forderte ich sie auf, sich doch lieber tagsüber mit den Kindern zu treffen, um ihnen so die Anstrengung zu ersparen, gegen den Schlaf anzukämpfen. Aber die Frau war

kategorisch und sagte, das bringe Unglück. Und um das Unglück abzuwenden, müsste sie beim Rätselaufgeben dann ja ständig jemandem eine Wimper abzupfen und wegblasen. Kompromisslos wie sie war, lehnte sie nämlich die moderne Version dieses Aberglaubens ab, die darin besteht, eine Ameise zu töten, anstatt jemandem eine Wimper abzuzupfen. Was kann die Ameise schon dafür, sagte sie dann. Der wahre Grund, weshalb sie tagsüber keine Geschichten erzählte, war vermutlich eher die Tatsache, dass sie zu viel zu tun hatte, und die Kinder, die ihr gewöhnlich zuhörten, tagsüber nie alle zusammenkommen konnten, so wie sie es wollte. Außerdem gaben die Stille und die Frische des Abends den phantastischen Geschichten etwas Geheimnisvolles, und sie ließen sich leichter erzählen. Das Geschichtenerzählen hatte sie von ihrem verstorbenen Mann übernommen, der die Gewohnheit wiederum von seinem Schwiegervater geerbt hatte, was kurios war. Das Dorf beneidete sie um ihre gesellschaftliche Stellung. Sie hatte ihren Mann in die Ehe geholt, nicht umgekehrt, wie damals üblich, als könnte eine Frau jemals einen Mann in die Ehe holen. In einer Gegend, wo eine Frau verheiratet wird und grundsätzlich ihrem Mann ausgeliefert ist, konnte es nicht unbemerkt bleiben, dass er seinerzeit zu ihr gezogen war, ins Haus seines Schwiegervaters, weil seine Eltern ihn hinausgeworfen hatten. Meine Ex-Chefin war eine starke Persönlichkeit und hat sich nie darum geschert. Doch ihr Ehemann schämte sich furchtbar und flüchtete sich nach dem Tod seines Schwiegervaters in die Welt des Geschichtenerzählens. Als seine Zeit gekommen war, spürte sie das sofort. Er saß am Lagerfeuer, umkreist von Menschen aller Altersgruppen, und erzählte Geschichten, als ihr alter Hund, der sonst nie einen Mucks machte, plötzlich bellte wie ein wild gewordenes Tier. Der Hund hat nicht nur gebellt, er hat regelrecht geheult und den Tod eines Menschen angekündigt. Es ist allgemein bekannt, dass ein Hund nie ohne Grund bellt, schon gar nicht auf diese Weise. Am nächsten Tag war ihr Mann nicht mehr am Leben. Um ihre Verehrung zu zeigen, huldigte sie nicht nur dem ahnungsvollen Hund, sondern setzte auch mit großem Geschick das Geschichtenerzählen fort, wenn auch auf ihre Art, die viel weiblicher und gefühlvoller war. Die Steine um das Feuer, die Holzbänke und der blanke Boden, der den Kindern als Sitzplatz diente, die Menge des Brennholzes und der Haufen aus Glut und Asche, der ein gespenstisches Licht verströmte... alles musste genau gleich sein. So erzählte sie ihre Geschichten am liebsten. Sie war so besessen davon, dass sie auf der Suche nach immer neuen Geschichten die ganze Umgebung bereiste. So stieß sie auf Ingoré und seine Besonderheiten und nahm viele Geschichten und Anregungen von hier mit. Sie lernte die Menschen, die Gastronomie und die überlieferten Weisheiten kennen.

Ich wollte für immer bei ihr bleiben, so sehr bewunderte ich sie. Meine Liebe zu ihr war echt, sie war schön, weil wir uns nichts schuldeten und vor allem, weil wir im Leben nach dem gleichen Ziel strebten. Nach Identität.

‚Folge deinen Träumen, Liebster, zieh weiter', riet sie mir. Sie wollte nicht, dass ich es mir bis zu meinem Tod bequem machte. ‚Bequemlichkeit bringt uns um', versicherte sie mir.

Die Sonne stand hoch, als ich Goudomp verließ. Damals bekam ich keinen Fuß auf den Boden, wie man hier zu sagen pflegt. Meine Seele glich einem berauschten Kuhreiher, dieser Vogel, der die Kühe nicht in Ruhe lässt. Meine Ex-Chefin verabschiedete sich von mir mit einem Rätsel. ‚Auf dem Hinweg nimmt mein Boot Passagiere an Bord, auf dem Rückweg kommt niemand zurück', sagte sie und ging ohne eine Antwort abzuwarten fort. Es war nicht das erste Mal, dass sie mir dieses Rätsel aufgab, um mich zu der Einsicht zu bringen, dass das Leben kein Zuckerschlecken ist. Einem Traum zu folgen, ist wie mit dem Wind zu gehen, der leicht die Richtung ändert, aber immer einen kleinen Schubs gibt. Die Auflösung des Rätsels war der Löffel, der voll in den Mund geführt wird und leer wieder zurückkommt. ‚Nicht auf die Ursache, sondern auf die Wirkung kommt es an, mein Lieber. Mag sein, dass der Löffel leer zurückkommt, aber der Bauch ist gefüllt. Es gleicht einem Gebet. Mag sein, dass du die Wirkung nicht siehst oder spürst, das spielt auch keine Rolle, doch das Gebet hat seine Wirkung getan. Das Gebet ist wie ein Angelhaken, den man auswirft. Wir merken sofort, wenn sich etwas bewegt. Wir wissen nicht, was es ist, ob Fisch oder Krabbe, aber wir wissen, dass der Köder berührt wurde. Glaube an deine Träume, folge ihnen, jage ihnen nach und lass nicht zu, dass jemand sie dir nimmt', riet sie mir immer.

Ich ging meinen Weg und fühlte, dass sich die Suche nach meiner Mutter gelohnt hatte. Nsta li nstalá, sagt man auf Kreol, das Glück ist ganz nah. Wer weiß, ob nicht doch noch ein Wunder geschieht. Außerdem habe ich bei diesem Abenteuer erreicht, was ich nicht erreicht hätte, wenn ich bei meiner Familie auf den Inseln geblieben wäre. Meine Beine sind der Löffel aus dem Gleichnis meiner Ex-Chefin. Ich bin als Mensch reicher und als Mann zäher geworden. Man könnte sagen, dass ich über Nacht von einem Jungen zu einem Mann geworden bin. Aber auch das Gegenteil war passiert. Denn die Welt ist ein ständiger Kreislauf, diese unsere Welt...

VIER

Wenn kein Mittel hilft, ist alles getan

Es ist noch früh am Morgen und es ist nicht das erste oder zweite Mal, dass ich so aufgeregt bin. In ein paar Stunden werde ich mich auf den Weg zur Arbeit machen und allein der Gedanke lässt mich nicht zur Ruhe kommen. Ist es gesund, sich so zu plagen, weil man es nicht abwarten kann, bis man endlich zur Arbeit kommt? Würde ich stattdessen am Meer die Morgendämmerung genießen und wie so oft an die schönsten Momente mit meinem Vater zurückdenken, würde ich mich nicht so quälen. Aber es ist wie es ist, und das liegt nicht nur an meinem Albtraum.

Ich steige aus dem Bett, recke und strecke mich wie ein rankender Jasmin. In diesem Moment komme ich mir vor wie eine verlorene Seele, die nicht weiß, was sie machen soll. Eigentlich sollte ich weiterschlafen, aber der Albtraum hat mich so sehr aufgewühlt, dass ich nicht mehr einschlafen kann. Ich weiß nicht, was ich denken soll. Ich gehe hinaus, erledige meine Notdurft im Freien – als einsam lebender Mensch kann ich mir das leisten – und schütte mir etwas Wasser ins Gesicht.

„Wach endlich auf, Lua. Das sind nur Hirngespinste", sage ich zu mir selbst und betrachte mich Trost suchend im Spiegel. Ich sehe, wie schön ich bin, fast wie Schneewittchen, und muss lächeln. Ich denke „Ich bin schön", als hätte ich jemals daran gezweifelt, obwohl ich mir darüber schon lange keine Gedanken mehr mache. Aber dieser Punkt ist nicht unbedeutend, auch nicht abwegig oder kindisch, nur weil ich meine Vorzüge in Erinnerung rufe. Immerhin bin ich gerade aus einem Albtraum aufgewacht, wo mich jemand belästigt, und darum frage ich mich, was dahintersteckt. Diese Manie der Männer, Gefühle zu banalisieren, ist mir ein Gräuel. Ich stehe bestimmt nicht auf *Stalker*, wie man bei den Weißen sagt. Die würden mir nur auf die Nerven gehen. Aber ich will auch nicht für jemanden schwärmen, der meine Blicke nicht einmal bemerkt. Ich habe schon genug mit meinem Waisendasein und seinen Folgen zu kämpfen, mit meiner Einsamkeit, mit der mühevollen Suche nach dem Glück und mit meiner Familie, die mich verleugnet hat, mit dem Kampf um Wiedergutmachung und Vergebung gegenüber den Menschen, die mich in die Welt gesetzt haben und mir so viel Leid zufügen. Kurzum, ich habe schon genug Sorgen und kann mir keinen dummen Flirt leisten, nach dem Motto: Mal sehen, was daraus wird. Die Versuchung ist groß, ich weiß, aber es ist nicht das, was ich im Moment brauche. Natürlich sind alle Männer für eine Affäre zu haben, weil sie profitieren, ohne ihren Hintern von der Couch zu bewegen; und im selben Moment wird mir klar, wie ungerecht ich bin und was für hohe Erwartungen ich an mich selbst habe. Schließlich war alles nur ein Albtraum und meiner tiefen Einsamkeit geschuldet.

Ich habe von früher geträumt, als ich noch härter arbeiten musste. Ich kam gerade von der Arbeit, fuhr auf meinem Rad und aß genüsslich ein Schokoladengebäck, eine dieser Süßigkeiten aus Restbeständen, die mir eine befreundete Nonne von der Katholischen Mission regelmäßig aus Bissau mitbrachte. Die Menschen waren auf dem Nachhauseweg, und es schien mir ein ganz normaler Tag zu sein. Plötzlich tauchte dieser Mann vor mir auf und rief mir zu:

„Tritt nur schön in die Pedale... wie hübsch du bist mit deinem Schokotörtchen! So wie du durch die Straßen ziehst, wirst du noch ein riesiges Verkehrschaos anrichten. Aber mach dir nichts draus, ich würde laut in die Welt hinausrufen, dass ich in meinem ganzen Leben noch nie ein so schönes Mädchen auf einem Fahrrad gesehen habe..."

Ich sah hin und war fassungslos über diesen Dödel, der nicht einmal so schlecht aussah. Dann schaute ich mich reflexartig und irritiert nach allen Seiten um, hielt Ausschau, ob ich am Straßenrand sonst noch jemanden entdecken konnte, als würde ich ein Verbrechen begehen. Aber ich sah nur die Leute, die nach einem langen Arbeitstag auf dem Weg nach Hause waren.

„Warum sagst du das?“, fragte ich den Fremden mit einem zwinkernden Lächeln.
„Ich wusste nicht, dass du Rad fahren kannst. Dich so auf dem Rad zu sehen... Wow! Du bist so schön, dass es einem den Atem verschlägt. Du bist wirklich scharf. Du machst mich wahnsinnig!“
Ich fand ihn ganz lustig, seine Worte schienen mir aufrichtig zu sein, sie weckten ein leises Kribbeln zwischen meinen Beinen, aber ich tat nichts als immer weiterzulächeln. In diesem Schwebezustand des Wollens und Nicht-Wollens, des Im-Traum-Zulassens, des fiktiven Hochgefühls erschien neben mir plötzlich mein verstorbener Vater und befahl mir, damit aufzuhören.
Er beschimpfte mich als Verräterin, weil ich mit einem Fremden flirtete.
„Entschuldige mal, Jacinto. Wo liegt das Problem?“, sagte ich wütend.
„Unter welcher Art von Dringlichkeit leidest du, wenn ich fragen darf?“
Selbst im Traum war ich unfähig zu lügen oder wenigstens eine Lüge stehen zu lassen, also lachte ich verlegen und sagte:
„Ich habe einen neuen Mitarbeiter, lieber Vater. Um ganz ehrlich zu sein: er geht mir nicht mehr aus dem Kopf. Und... Ich weiß nicht! Es ist zu schön, um wahr zu sein, wenn du weißt, was ich meine!“
„Das gibt dir nicht das Recht ihn zu lieben. Ich bin gerade erst gestorben, und du läufst schon anderen Männern hinterher?“
„Verflucht nochmal!“, brüllte ich daraufhin meinen Vater an, der mich überall hin verfolgte. Mit diesem Protestschrei gegen die Gefühllosigkeit von Senhor Jacinto, meinem verstorbenen Vater, wachte ich bestürzt und entnervt auf. Und mit diesem bedrückenden Gefühl der Unruhe und Angst erreichte ich die *Baracke*. Ich wollte mich einfach von diesem Albtraum befreien und den anbrechenden Tag genießen, solange mein Mitarbeiter noch nicht da war. Stattdessen wurde ich in dem ganzen Chaos wieder von Fé überrollt, seiner Sympathie und seinen zauberhaften Worten, die immer wieder mein Herz erweichten. Warum war er mir überhaupt im Traum erschienen? Warum mussten alle meine Gedanken an ihn so sinnlich und beglückend sein? Und was war mit

dem Kribbeln zwischen meinen Beinen, sobald ich mir dieses bezaubernde Lächeln in seinem Gesicht vorstellte? War er die Antwort auf meine erotischen Bedürfnisse? Oder steckte etwas anderes dahinter?

Am Tag, nachdem ich ihn bei mir angestellt hatte und wir miteinander ein wenig vertrauter waren, sagte ich aus einem mir unbegreiflichen Grund, dass ich nicht an die Liebe glaubte. Es rutschte einfach so heraus, bewirkt durch unsere durchdringenden Blicke, die bald auch unsere Herzen entflammen sollten. Ich hatte ihn in meiner *Baracke* kennengelernt und er schien mir der sympathischste Ausländer zu sein, der je einen Fuß auf Ingoré gesetzt hatte. Ich wusste nicht, woher er kam, ob er aus Guinea Conakry, aus Mauretanien oder aus Cabo Verde war.

„Woher kommst du?", fragte ich ihn sinngemäß.

„Von weit her. Aber ich habe seit drei Wochen ein Zimmer am Meer!"

Es war seltsam genug, dass er mich in meinem Lokal auf den vernachlässigten Garten aufmerksam gemacht hatte, denn wir waren uns, bis zu jenem Tag, an dem sich unsere Wege zufällig kreuzten, nie begegnet. Er war ein harmloser Junge, ähnlich wie die verwundbaren, Hunger leidenden und elenden Kinder anderer Weltregionen, die jeden Morgen neue Hoffnung schöpften, was in Ingoré undenkbar wäre. Seine Ausstrahlung, seine Art, wie er über die Heilkräfte des Jasmins und die Bedeutung von Heilpflanzen sprach und sein Wissen über göttliche Phänomene weitergab, berührten mich sehr. Ich hatte nur noch Augen für ihn – heimlich natürlich –, und auch er schien mir keineswegs abgeneigt zu sein. Wir tauschten verstohlene Blicke, manchmal dreist, manchmal scheu, beobachteten uns gegenseitig aus den Augenwinkeln, lächelten uns mit aufmunterndem Zwinkern zu, als würden unsere Seelen verschmelzen, so intensiv waren unsere Blicke; dann schauten wir, der missbilligenden Blicke unserer Umgebung wegen, wieder für kurze Momente weg, darauf bedacht, nicht die Aufmerksamkeit auf uns zu lenken. Schon allein das kurze Gespräch über die Zauberkraft des Jasmins hatte erste Empfindungen ausgelöst, die unsere Gefühle füreinander beflügelten.

„Deine Augen ... Mein Gott!“, sagte er zu mir, mehr oder weniger mit diesen Worten.
„Bist du den weiten Weg gekommen, um meine Augen zu bewundern?“
„Warum nicht?“
„Keine Ahnung. Ich weiß nur eins.“
„Und was?“
„Du bist sonderbar!“
„Das stimmt. Vielleicht deswegen, weil du sonderbar schön bist!“
„Willst du bei mir arbeiten?“, sagte ich herzlich lachend, mit gespielter Beiläufigkeit.
„Aber gerne!“
Das machte mich glücklich, ich war regelrecht verzaubert und konnte an nichts anderes mehr denken als an seinen Blick, der mich so sehr überwältigt hatte, und den unerwarteten Orgasmus, als er mich umarmte. Noch schlimmer wurde es, als er mir nach ein paar Tagen ein Gedicht gab, das er geschrieben hatte. Er hat Talent, das muss man zugeben, nicht so sehr für die Sprache, wohl aber für Herzensdinge und Romantik.
Mit jedem Vers, den ich las, spürte ich wieder dieses Flattern, als dienten die Reime der Stimulation meiner Sinne. Sie brachten genau das zum Ausdruck, was ich mit jeder Faser meines Körpers fühlte: eine unfassbare Offenbarung. Ich war so angetan und weinte vor Glück. Ich war dankbar, aber irgendwie auch besorgt: Es war zu perfekt, um wahr zu sein. Ich wusste genau, dass sich die Dinge früher oder später aufklären würden. Aber ich wollte nicht diejenige sein, die alles wieder verdirbt.
Seitdem wir uns so innig umarmt hatten, habe ich nie wieder einen Annäherungsversuch gemacht, doch ich habe auch nie wieder aufgehört an ihn zu denken. Es war schon schlimm genug, dass er mir ständig im Kopf herumgeisterte, während ich versuchte, meine Hoffnungen zu verdrängen, weil ich wusste, dass sie illusorisch, abwegig und unwirklich waren. Ich lehnte auch alle seine Einladungen ab, gemeinsam die Schönheit des Dorfs zu erkunden. Er bemühte sich zwar um mich, aber

was nützte es, dass wir uns näherkamen, wenn unsere Lebenswelten nicht zusammenpassten? Ich bin Waise, oder so gut wie, eine Einzelgängerin, die niemals absurde Abenteuer mit einem Mitarbeiter, noch dazu einem Ausländer, eingehen würde. Alles nur Vorurteile? Vielleicht, aber ich musste standhaft bleiben und durfte nicht vergessen, dass die Liebe für mich nur eine Utopie war.

Verwirrt ging ich nach Hause, versuchte krampfhaft, ihn aus meinen Gedanken zu vertreiben. Zuhause schleuderte ich verzweifelt meine Wut gegen den herumliegenden Krimskrams auf meinem Küchentisch. Ich würde sowieso nicht einschlafen können, also schlug ich mein altes Geschichtenbuch auf. Es erinnerte mich an meine Kindheit, als mein Vater mir Geschichten vorlas, die auf mich wie romantische Filme wirkten. Jetzt las ich selbst ein paar dieser Geschichten und ärgerte mich einmal mehr, als ich auf den Gedanken kam, dass meine eigene Geschichte weitaus interessanter sein könnte. Niemand weiß, was der nächste Tag bringt, die Dinge könnten sich fügen und wir ein wunderschönes Paar abgeben. Ich klappte das Buch zu, vertrieb diesen unglücklichen Gedanken, der von meiner Einsamkeit und meiner unbefriedigten Lust herrührte, und ging im Fluss baden. Der Fluss war mein Bad und mein Trost. Mit dem Tod meines Vaters hatte ich mich von dem gesellschaftlichen Leben zurückgezogen. Seitdem ist der Fluss mein einziger und liebster Begleiter. Ich hatte Lust auf ein Abenteuer. Also kleidete ich mich wie früher, schminkte mich ein wenig, meine Weiblichkeit betonend, um mich am nächsten Tag auf das Experiment einzulassen.

Vorher setzte ich mich noch, wie zu alten Zeiten, an den Tisch, um zu frühstücken. Wären meine Eltern noch hier, würden sie mein unschönes Erscheinungsbild sofort bemerken. Sie kannten das schon. Deswegen würden sie sich nicht darum kümmern und meinen unruhigen Schlaf als Ausrede akzeptieren. Ich ging jedenfalls früher als sonst zur *Baracke*, setzte mich noch für eine Weile auf die Veranda neben die Pflanzen und wartete auf die ersten Anzeichen der Morgendämmerung.

Das Dorf liegt still, obwohl es ein normaler und warmer Wochentag ist. Zu meinem Erstaunen gibt es keine Hektik, nicht die übliche Betriebsamkeit der arbeitenden Menschen, keine Art von Stress oder Lärm. Alles ist ruhig, als bedürfe es mehr als die kleinen *Baracken* an den Straßen, um den Ort in einen sagenhaften Fischmarkt zu verwandeln. In letzter Zeit sind immer mehr Ausländer aller Hautfarben zu sehen. Alle möglichen Nationalitäten und Sprachen nehmen den Ort in Beschlag. Ich habe Zeit und könnte noch einmal auf die Toilette gehen, wenn ich wollte, einen *Café-Tubá* trinken oder noch ein, zwei Geschichten lesen. Doch ich ziehe es vor, nichts zu tun und mich meiner Einsamkeit zu überlassen, wenn ich schon niemanden habe, mit dem ich meine Unruhe teilen kann. Ich habe einen sehr kleinen Freundeskreis, lege im Großen und Ganzen Wert auf geistreiche Gespräche und Kommentare und vermeide belanglose Plaudereien. Gesellige Runden interessieren mich vor allem wegen der Anekdoten, da kann man sagen, was man will! Ach ja, die Anekdoten! All die ungeheuerlichen Geschichten, die sich die Familien nachts am Feuer erzählen... sind faszinierend und einfach köstlich. Der Rest kann mir gestohlen bleiben, das ganze Geschwätz und unnütze Geplapper. Ich bin eine gebildete Frau, das will ich meinen, kultiviert und bedacht, bei aller Bescheidenheit. Jedes Wort hat seinen Sinn, so wahr ich Lua heiße, Tochter einer angesehenen Nomadin und eines Herstellers von Süßigkeiten. Als Tochter von Kapverdiern, als erfolgreiche Frau und wahrhafte Macherin und Lebensgestalterin, bin ich erstaunt, wie viele fantasievolle Menschen in letzter Zeit in mein Leben getreten sind und meine Nähe gesucht haben, wie sehr sie mich erfüllt und bereichert haben, und es sind wirklich nicht wenige. Ich fühle mich also lebendig, aber aufgrund meiner selbst gewählten Einsamkeit irgendwie auch tot. War es ein Zeichen? Vielleicht eine Botschaft, meinen Gefühlen ihren Lauf zu lassen, anstatt sie zu blockieren? Da ich schon mal allein war, kam ich spontan auf die Idee nochmal das Gedicht zu lesen, das Fé für seine Ex-Chefin geschrieben hatte, das aber seiner Ansicht nach auch auf mich passte.

Es heißt „Lichtpunkt!“

So schreibe ich mit kristallenem Verlangen,
Mein Herz ist bei dir,
Während du im Nebel erstrahlst,
Der langsam aufsteigt, hier und dort...

Dein Wesen gleicht einer Wolke,
Die nichts verspricht, so erhaben,
Ein Augenblick, der die Ordnung lenkt,
Dem Leben eine feste Grundlage schenkt.

Sieh, wie sich unsere Universen verbinden
Du bist der Vollmond und ich wachse!
Wie viel von uns in diesen Versen
Funkelt wie ein glühender Stern,

Die Sehnsucht nach dem Feuer, unserem Band,
Meine Tarnung, die deine Geschichte verstand.
Treu wie der Jasmin sollt ich an dir
Mich emporwinden, rosa oder weiß,

Mit dem einzigen Ziel dein Strahlen
Für immer in Erinnerung zu behalten,
Denn ohne deinen Charme ist die Welt
Nichts als leerer Raum und entstellt.

Das Leben würde ohne deinen Glanz,
Den hellsten Stern verlieren, die Eleganz.
Oh meine Herrin, wie sehr ich vermisse,
Die jetzt so weit weg liegenden lieblichen Küsse.

Dein Lächeln so weise, so leuchtend hell,
Alles in dir ein einziger Lichtpunkt.
Deine Pracht ist wie die Blüte des Jasmins,
Die ich als einziger nie pflückte!

Ich bin ein Narr, aus der Zeit gefallen,
Verletzte dein Herz, welcher Verlust.
Du warst meine Welt, ich forderte nichts.
Lebte an deiner Seite und war glücklich.

Was mir bleibt, ist dieser Fluss
Mein Streben nach dem wohlverdienten Glück,
Schon kehrt die kosmische Sehnsucht zurück
Am Himmel schwebend die schönste Morgenröte.

Ich lächle, blicke unbeschwert auf die Verse, auf seine Handschrift und andere banale Details, ohne die dahinschwindende Zeit und das Heraufziehen des Tages zu bemerken. Sehnsüchtig denke ich an die Zeit zurück, als es mir an Verehrern nicht gefehlt hat. Meinem elenden Vater zuliebe wies ich sie alle zurück, obwohl viele von ihnen wirklich aufregend und attraktiv waren. Doch ich bereue es nicht, keinen einzigen Moment. Bis zu dem Zeitpunkt, als herauskam wie unehrlich er war, würde ich alles genau gleich machen, wenn auch mit etwas mehr Bedacht. Das Leben bietet viele Optionen, kein Weg ist von vornherein gewiss. Was das Böse uns nimmt, gibt uns das Gute genauso oder mehr zurück. Ich fühle mich mit fünfundzwanzig Jahren erfüllter und besser auf das Leben vorbereitet als in meiner Jugend. Die Erfahrungen an der Seite meines Vaters waren letztlich positiv. Er hat mich gelehrt, auf mich zu achten, mich selbst zu lieben und nichts und niemanden zu verachten. Mit ihm habe ich gelernt, authentisch und frei zu sein. Natürlich hatte auch ich meine Höhen und Tiefen, davon bleibt ja niemand verschont, aber ich kann nicht behaupten, dass ich nicht viel gelernt hätte. Ich habe viel, sehr viel, über das Leben und über das Glück gelernt, über Eigenliebe und Vergebung. Dank dieser Erfahrung habe ich erkannt, was wirklich wichtig ist, um glücklich zu sein, und warum die Familie nicht immer an erster Stelle steht. Für mich steht an erster Stelle meine *Baracke*, mehr als früher. Sie war schon immer mein Lebensinhalt und mein Grund zu kämpfen.

Der Gedanke an meine Arbeit weckte in mir erneut eine unstillbare Sehnsucht. Wäre mein Leben ein anderes, würde ich mich jetzt in die Reisfelder von Ndodja flüchten. Das vermisste ich. Es gab Zeiten, da war es Tradition, dass mein Vater und ich uns dorthin zu einem exzentrischen Picknick zurückzogen. In Ndodja lenkten wir uns von den Mühen und Sorgen des Lebens ab. Das war bevor die Familie, wie ich fürchte, für immer in die Brüche ging. Heute habe ich leider niemanden mehr für solche Abenteuer. Meine Mutter hat sich von allem und jedem losgesagt und mein Vater ist tot. Er hat mir eine schwere Bürde hinterlassen. Vielleicht sollte ich mich endlich um mich selbst kümmern. Es ist höchste Zeit, mein Leben in die Hand zu nehmen. Das ist bestimmt nicht leicht, aber ich muss es versuchen; nicht jeder Versuch ist sträflich. Jetzt sitze ich hier, allein, unter einem toten Baum, hänge wehmütig abstrakten Gedanken und einer Handvoll von Verehrern nach, die ich nicht habe. Einige meiner früheren Verehrer wären es nicht einmal wert, dass ich an sie denke, selbst wenn es sie noch gäbe, aber Fé geht mir nicht mehr aus dem Kopf.

„Wer hätte das gedacht, dass du um diese Zeit hier herumhängst, Lua?", sagte er verwundert.

Auch ich bin überrascht. Einen Moment lang sehe ihn mit großen Augen an, während er gespannt auf eine Antwort wartet, als würden meine halb geöffneten Lippen und mein bedeutungsvoller Blick nicht schon alles sagen. Ich will ihn so gern in meine Arme schließen, mich auf ihn stürzen, an Ort und Stelle lieben. Wir sind allein, keine Seele weit und breit, und trotzdem meiden wir uns, zumindest kommt es mir so vor, als wollten wir nicht wahrhaben, was wir fühlen. Er noch weniger als ich, weil er keine Ahnung haben konnte, dass die Sache Hand und Fuß hatte. Vielleicht auch aus vermeintlichem Respekt oder weil er sich in eine andere verguckt hatte und genau wusste, dass man Liebe weder erzwingen noch aufhalten kann. Wir waren beide so früh dran wie noch nie und hatten uns nicht gegrüßt, nicht einmal die Hand gegeben, geschweige denn zum Gruß geküsst. Wahrscheinlich hätte dann eins zum anderen geführt. So emotional aufgeladen wie wir waren, würde jede Berührung unsere Hemmungen lösen. War der Ausdruck unserer Freude und unser Staunen dafür deutlich genug?

„Wohl niemand", sagte ich amüsiert. In den Moscheen riefen die Lautsprecher die Gläubigen zum Gebet. Eilig liefen *Homens* und *Mulheres Grandes* in ihren klatschenden Schlappen an uns vorbei, als wollten sie die Toten verscheuchen. Das schwächer werdende Licht des Mondes war gerade noch zu erahnen.

„Sag bloß, dass dich die Kontemplation wieder gepackt hat?", kommentierte er.

„Wer weiß! Warum nicht?" Ich lachte.

„Das glaube ich nicht!"

„Das kannst du mir glauben! Du hast mich motiviert. Von jetzt an nenne ich dich Motivator."

Wir lachten übermütig.

„Und warum sitzt du noch hier?"

„Ich habe nicht mitbekommen, dass die Sonne schon aufgeht."

„Gehen wir also?"

Ich stand auf und mir wurde bewusst, dass ich den Tag fast verpasst hätte, so geistesabwesend wie ich war. Hatte ich etwa unterbewusst auf ihn gewartet? Hatte Gott in seiner Allwissenheit seinen Teil dazu beigetragen und mich bis zu seiner Ankunft vorsätzlich abgelenkt? Und worüber hatte ich die ganze Zeit nachgedacht? Bestimmt nicht über ihn – oder vielleicht doch –, ist auch egal.

„Warum bist du heute so früh dran?", fragte ich ihn.

„Ich konnte nicht schlafen. Es gibt da etwas, das mir nicht mehr aus dem Kopf geht und worüber ich eigentlich mit dir sprechen wollte."
„Gut, dann setzen wir uns da drüben hin und reden. Wir haben noch etwas Zeit, bevor die Arbeit losgeht."
„Was ist mit dir? Warum bist du so früh unterwegs?"
„Nein... du zuerst", sagte ich verlegen.
„Ich lasse dir gern den Vortritt... Sag mir, was los ist."
„Nichts da... sag du zuerst."
„Sag bloß, dass du plötzlich deine Einstellung geändert hast und jetzt auch eine Vorliebe für die Morgendämmerung hast, wo du meinen Einladungen nie gefolgt bist!"
Wir wurden vom Gruß eines weiteren Morgenmenschen unterbrochen und grüßten zurück. Langsam gingen wir weiter die Straße entlang. Ich ging ihm voraus, trug eine feine Seidenbluse mit rosa Knöpfchen und langen Ärmeln und eine purpurfarbene Hose mit einem bunten Gürtel, dessen Enden an der rechten Seite herunterbaumelten. Das vermittelte nicht gerade den Eindruck, als wäre ich auf dem Weg zur Arbeit. Mein glattes Haar fiel ordentlich gekämmt über meine linke Schulter und gewährte freien Blick auf meinen langen, schlanken Hals. Meine Besonnenheit, die ruhige und gelassene Art, mit der ich oft die Aufmerksamkeit der Männer auf mich ziehe, ist in seiner Nähe wie weggeblasen. Momente wie diese ärgern mich einfach. Ich hasse es, für einen Moment, der es vielleicht nicht wert ist, die Kontrolle über mich zu verlieren, schon allein wegen dieser kleinen Schmetterlinge im Bauch, die mich beherrschen, sobald ich mich verliebe. Ich hasse es auch, wenn ich nicht mehr in der Lage bin, neutral und gelassen zu bleiben, und so nutze ich die kurze Unterbrechung des Zurückgrüßens, um wieder zur Besinnung zu kommen.
„Spiel dich nicht so auf und sag mir endlich, was dich so früh hierher getrieben hat, und dann vergessen wir das Ganze", sagte ich streng.
„Ganz im Ernst. Mir schwirrt der Kopf."
„Das glaube ich gern."

Ich gebe mich geschlagen! Mir ist alles egal. Ich wehre mich nicht mehr und gebe mich endgültig der Leidenschaft hin, bereit bis zum Ende zu gehen, ohne Hemmungen, komme, was wolle. Wenn Gott darauf besteht, dass Fé mir ständig über den Weg läuft, muss es einen Grund dafür geben. Ich kaue betont unauffällig auf meinen Lippen herum, klimpere mit den Augen, spiele mit dem Haar. Es hat mich erwischt, das kann man wohl sagen, ich muss nur den richtigen Schritt tun. Wie wahrscheinlich war es denn, ihn um diese Zeit überhaupt hier anzutreffen? Und nicht nur das! Kann das alles nur ein Zufall sein, dass wir uns in meiner *Baracke* über den Weg laufen, dass wir die gleiche Morgendämmerung im Park erleben? Wie hoch ist die Chance, von Null bis Zehn? Null, würde ich sagen. Eben noch habe ich an ihn gedacht, habe versucht mich davon zu überzeugen, dass es völlig ausgeschlossen ist, etwas mit ihm zu haben. So interessant er auch sein mag, was kann er mir schon bieten? Ich bin eine erwachsene Frau, will ich meinen, jedenfalls kein Teenager mehr, und kann mich doch nicht von romantischen Illusionen und seiner verzückenden Poesie hinreißen lassen. Eine Hand voll Verse und ein paar Blumen sind längst kein Garant für die ewige Liebe. Es braucht mehr, es braucht konkrete und gesicherte Gegebenheiten. Und dennoch, so sehr ich ihn vergessen möchte, so sehr scheint es das Universum so einzurichten, dass wir zusammenkommen. Als wäre es nicht genug, dass ich wegen seines Gedichts so viele Tränen vergossen habe und dass ich von ihm geträumt habe. Jetzt musste ich ihm auch noch an einem Tag begegnen, als meine Gedanken an ihn mich nicht mehr losließen. Sollte ich ihm erzählen, dass auch ich nicht schlafen konnte, weil ich einen romantischen Traum mit ihm hatte? Sollte ich ihm gestehen, dass meine Gedanken nur noch um ihn kreisten? Sollte ich ihm sagen, dass ich weiß, was mit ihm los ist, und dass es mir genauso ging?

„Warum kannst du Pipa nicht leiden?"

Diese Frage traf mich völlig unerwartet, und sie beendete abrupt den zauberhaften Moment. Mit Tränen in den Augen ließ ich ihn stehen, ohne noch etwas zu sagen.

FÜNF

Wechsle das Land, und dein Glück wird sich ändern

Wir erlebten mit der gleichen Aufmerksamkeit den indigoblauen Fluss, den auffrischenden Wind und die gekräuselten Wolken. Die Natur verströmte für uns dasselbe Gefühl der Liebe und Dankbarkeit und hob das Erlebnis zu einem kongenialen Moment.

„Entschuldige bitte diesen dummen Ausbruch“, sagte ich und unterbrach damit das tiefe Schweigen und die Harmonie, die nach meinem Geständnis eingetreten waren. Pipa sagte nichts, haftete so sehr am Hier und Jetzt, völlig absorbiert von der nun endgültig herabsinkenden Dämmerung. Vielleicht war sie von der unermesslichen Fülle des dargebotenen Schauspiels fasziniert, vielleicht aber auch traurig. „Es wirkt alles so surreal, nicht wahr?“, sprach ich weiter.

„Gib auf dich acht, mein Junge. Du bist gesegnet, verspiel nicht dein Glück“, kommentierte sie schließlich und versuchte ihre Tränen zu verbergen.

Ich wollte sie um eine Erklärung bitten, fürchtete aber, den Augenblick mit meinem Geständnis endgültig zerstört zu haben, und hielt mich zurück. Wir verfielen erneut in Schweigen, während die Nacht endgültig hereinbrach. Die Sonne war inzwischen völlig verschwunden und der Mond und die ersten Sterne kamen zum Vorschein. Wir blieben einfach sitzen und ließen uns von der Schönheit bezaubern, die allgegenwärtig war: unser strahlender Planet, neben vielen anderen. In Gedanken versunken und unter der Einwirkung dieser planetarischen Pracht schliefen wir unversehens ein. Als wir wieder aufwachten, ging die Sonne bereits auf und kündigte einen neuen Tag an.

Wir wurden von einem ungewöhnlichen Lärm geweckt. In unmittelbarer Nähe verrichtete Senhor Teli am Flussufer seine Arbeit. Er war der einzige Schlachter im Ort. Die Arbeit begann mit einer von den Vorfahren überlieferten Zeremonie. Teli hatte den Beruf von seinen Eltern geerbt und war ein Meister seines Handwerks. Er schlachtete täglich mindestens drei Kühe. Die Kühe wurden vor ihrem Tod an den Palmen neben dem Fluss angebunden. Dort verbrachten sie die ganze Nacht, versorgt mit Kräutern, Wind und Jasmin. Sie fraßen zum Abschied. Frühmorgens, mit Beginn der ersten Hahnenschreie, kamen die Dorfältesten, um die Tiere im Austausch gegen Lebern und ein paar Kilo Fleisch zu begutachten. Gute Geschäfte wurden dort gemacht, erst danach führte Teli seine Arbeit aus. Er ging mit den Kühen ins Wasser, um den Segen des Flusses und der *Irãs* zu empfangen, und tötete die Kühe Seite an Seite, wobei er darauf achtete, dass die Hälse zur Strömung hin zeigten, um das Blut dem *Irã* zu opfern. Die Eingeweide, die Füße und die Hörner verteilte er mit einer beeindruckenden Religiosität im Wasser. Teli tötete die Rinder allein, lud das gesamte Fleisch in seinen Eselskarren, trieb den Esel in die Stadt und verkaufte den Bewohnern kiloweise das Fleisch.

Ich verabschiedete mich von Pipa, drückte sie mit einem freudigen Lächeln. Scheinbar lebte sie ganz in der Nähe, im so genannten Zaydam-Garten. Tag für Tag erlebte sie, wie die Kühe am Fluss geschlachtet wurden.

„Diese Schlachtungen müssen aufhören. Sie verpesten den Fluss“, kommentierte sie.

Sie beobachtete das Schauspiel bereits seit geraumer Zeit, ohne etwas zu sagen. Sie wusste als Einzige um das Unrecht, das dort begangen wurde. Niemand im Dorf würde etwas tun. Es war eine Frage der Zeit. Der gesunde Menschenverstand riet ihr dazu abzuwarten, denn würde sie vor der Zeit die Stimme erheben, dann würde das zu einem Debakel oder Krieg führen, je nachdem, wie man es nennen wollte. Jede Entwicklung oder spirituelle Erleuchtung setzt das Gewahrsein der gegenwärtigen Raumzeit, des Hier und Heute voraus, die Loslösung von Vergangenheit und Zukunft, die Leerheit als Voraussetzung für geistige Freiheit.

Die harmonische Verbundenheit zu Pipa wurde allerdings von dem Umstand überschattet, dass ich mir über ihr seltsames Wesen den Kopf zerbrach. Die Leute von Ingoré hielten mich für seltsam, weil ich einer Frau nachlief, der man nachsagte, dass sie sich der *Irãs* bemächtigt hatte. Dabei war sie mit Sicherheit noch seltsamer als ich. Ich wusste absolut nichts von ihrer Geschichte, die womöglich der Grund dafür war, dass sie ganz anders war als alle anderen. Ich wusste auch nicht, warum sie von der Welt isoliert war und ein Verhalten an den Tag legte, das für Männer und Frauen gleichermaßen unangebracht war. Ich hatte mich redlich bemüht, ihr in aller Kürze eine Zusammenfassung meines gesamten Lebens zu liefern. Damit nicht genug, hatte ich ihr vom ersten Moment an auch meine geheimsten Gefühle offenbart.

Pipa war aber immer noch nicht bereit, sich zu öffnen. Allerdings schien sie ziemlich dankbar und glücklich über den gewonnenen Einblick. Ich dagegen brannte weiterhin darauf, mehr über sie zu erfahren.

„Was ist so besonders an dir, Pipa? Warum fühle ich mich von dir so angezogen?“, fragte ich sie schließlich.

„Nichts ist besonders“, sagte sie.

„Du weißt, dass die Leute aus Ingoré nichts von dir halten?“

„Wie kommst du darauf?“

„Sie trauen dir nicht...“.

„Die Leute sehen von der Erdnuss immer nur die Schale, sie sehen nie den Kern. Sie urteilen nach dem Schein, nie nach dem Wesen.“

„Vielleicht ist das der Grund, warum Menschen nach gesellschaftlicher Anerkennung streben. Vielleicht steckt das Wesen ja in der Schale, weil sie letztendlich das Abbild der Erdnuss ist, das Abbild von uns selbst. Meine Ex-Chefin sagte immer, dass ein Wolf keine Erdnüsse frisst, weil er beim ersten Mal gleich eine kaputte erwischt hat. Ich denke, die Schale spiegelt den Kern.“

„Das mag sein, aber so werden wir niemals glücklich, wenn wir uns immer nur nach der Schale richten, denn eine Erdnuss ist eine Erdnuss, nicht nur ihre Schale. Und der Wolf hat nur eine einzige Erdnuss probiert und den Rest dann verschmäht."

„Es kümmert dich also nicht, keinen Platz in der Gesellschaft zu haben... Warum hast du dich zurückgezogen?"

„Mein Platz ist in mir selbst. Es gibt keine Essenz vor der Existenz. Der Essentialismus ist eine Einbildung. Unsere Wege sind ungewiss und führen uns an ungeahnte Orte. Du warst nicht darauf gefasst, dich auf den Weg zu machen und nach deiner Mutter zu suchen, bevor du dich auf dieses Abenteuer eingelassen hast. Du warst auch nicht darauf gefasst, Ingoré kennenzulernen... Und ich war nicht darauf gefasst, mich von den Menschen abzuwenden, bis ich mich dazu gezwungen sah; ebenso wenig war ich darauf gefasst, meine Familie zu verlassen."

„Bitte, erzähl mir von dir... erzähl mir deine Geschichte. Es kann nicht sein, dass ein Mensch mit deinen Eigenschaften von der Gesellschaft so sehr verachtet wird... Es kann nicht sein, dass ich der Einzige bin, der diese sanfte und liebenswürdige Seite von dir kennt..."

„Wer sind wir, dass wir die Wertvorstellungen der Gesellschaft in Frage stellen? Ich sagte bereits, dass die Menschen nach der Schale urteilen, noch bevor sie überhaupt das Produkt sehen."

„Du bist also eine Art vergammelte Schale, in der die schmackhafteste Erdnuss der Welt steckt, die aber niemand zu sehen bekommt."

„Oder die Erdnuss, die ihre Schale verloren hat und bedauert, dass sie überhaupt existiert hat... Wie auch immer, das ist alles nicht wichtig..."

„Aber mir ist es wichtig, mehr über dich zu erfahren..."

„Du weißt schon eine ganze Menge über mich, mein Junge. Hör auf deine Seele. Dort liegt die Antwort. Du musst die Schale aufbrechen, um an den eigentlichen Kern zu kommen... oder glaubst du, dass die Verbindung, die vom ersten Augenblick an zwischen uns geherrscht hat, reiner Zufall ist?"

„Warum lebst du so einsam?", insistierte ich.

Pipa antwortete nicht sofort, wie das so ihre Art war, die ich schon kannte. Nach längerem Schweigen fragte sie mich:
„Warum glaubst du, dass ich einsam lebe?"
Hinter der Frage steckte bestimmt eine Absicht, die ich nicht durchschaute. Ich hatte das Gefühl, in eine Falle zu tappen, die meine Ziele gefährden könnte. Trotz meines unguten Gefühls antwortete ich:
„Ich sehe dich immer nur alleine. Und die Leute reden nur schlecht über dich. Irgendwie stört mich das."
Pipa legte Wert darauf, sich präzise auszudrücken. Sie war sehr überlegt und nahm sich immer Zeit für ihre Antworten.
„Ich bin kein Teil von niemandem, mein Junge", sagte sie.
Leicht verärgert stand sie auf und fing an, ihren Körper mit einer Gelassenheit und in ihrer charmanten Art, die mir den Verstand raubte, hin und her zu wippen. Zwischen uns herrschte eine Harmonie, die mit unserer Dankbarkeit gegenüber der Natur zu tun hatte und uns auf übernatürliche Weise inspirierte.
„Wir alle teilen viel von uns selbst mit den anderen. Das ist es, was uns zu sozialen Wesen und am Ende glücklich macht", sagte ich zu ihr, wenn auch etwas kleinlaut.
„Dann müssten alle in Ingoré glücklich sein, weil sie ja sozial sind!"
„Nicht unbedingt. Vielleicht sind sie selbst daran schuld."
„Wer sind wir, dass wir uns anmaßen, jemandes Schuld zu messen?"
„Es geht nicht darum, jemandes Schuld zu messen, sondern darum zu erkennen, dass man unweigerlich unglücklich ist, wenn man das, was wirklich wichtig ist, nicht wertschätzt."
„Noch einmal: Wer sind wir, um zu bestimmen, was wirklich wichtig ist?"
„Das versteht sich doch von selbst, was wirklich wichtig ist."
Eigentlich war ich mir meiner Äußerungen sicher. Da, wo ich herkomme, wie auch in den verschiedenen Ländern, durch die ich gereist bin, hatte ich gelernt, dass jedermanns Glück von der Qualität der eigenen Beziehungen und der eigenen Dankbarkeit gegenüber dem

Leben abhängt. Diese alte Weisheit stammte von einem der Völker, das mich aufgenommen hatte und das im Einklang mit der Natur und ihrer Schönheit lebte. Dieses Volk assoziierte das Glück nicht nur mit dem Schönen und Göttlichen, sondern auch mit dem sozialen Ganzen und der Qualität der Beziehungen. Das galt nicht nur für die menschlichen Wesen, sondern für alle lebenden Organismen, von den winzigsten Zellen bis zu den größeren Lebewesen. Ich war daher fest überzeugt, dass allgemein bekannt ist, welche Dinge für das Glück wichtig sind. Meine Ex-Chefin sagte immer, dass wir auch mit ganz einfachen Dingen, mit einer Blume, einer Süßigkeit oder einem schönen Geschenk auf göttliche Weise zum Glück eines Menschen beitragen können. Und dies ist nur in der Gesellschaft möglich. Wer sich wie Pipa isoliert, beraubt sich dieser Glücksmomente und begibt sich in fatale Einsamkeit. Hatten nicht die Ahnen ihren Nachkommen geraten, sich nicht zu isolieren? Es war wirklich erstaunlich, wie Pipa es trotz der Einsamkeit schaffte, ihre Aufmerksamkeit ganz auf das Leben und die Suche nach Gott zu richten. Welches Geheimnis umgab diese Frau?

Pipa war in jeder Hinsicht besonnen und kühn. Das hatte in der Tat mit ihrer Einsamkeit zu tun. Normalerweise sind es Frauen, die sich am stärksten für die Gesellschaft und ihre Erhaltung einsetzen. Sie stehen für die Qualität der sozialen Beziehungen und für die Stabilität der soziokulturellen Leitbilder. Sie sind eher praktisch veranlagt und vollkommen von sich und den sozialen Belangen überzeugt. Doch Pipa war anders und hatte ihre eigenen Vorstellungen.

„Junge, nichts versteht sich von selbst."

Sie rückte nah an mich heran, wie um mich mit der übersinnlichen Realität der Dinge vertraut zu machen, nahm mein Kinn und fragte:

„Was siehst du?"

Ich fühlte mich in die Ecke gedrängt, wie eine eingemauerte Seele, ließ mir aber nichts anmerken.

„Dasselbe wie du: das Wasser, die Wolken, die Bäume, etc. Ich sehe nur keine *Irãs*..."

Sie ließ mich los, wandte sich von mir ab, und nach einem Moment des Schweigens sagte sie stoisch:

„Niemand sieht die *Irãs*. Aber wir haben einen trüben Verstand, und deshalb glauben wir, dass es Menschen gibt, die sie sehen. Wenn du meinst, dass eine Situation einfach und zugänglich ist, dann liegt das daran, dass du bloß auf Basis deiner persönlichen Erfahrungen über jeden urteilst, der dieselbe Situation nicht versteht. Du gehst davon aus, dass du gleich bist und dass dadurch auch deine Erfahrungen und Beobachtungen gleich sein müssen. Aber deine Art, den Fluss zu betrachten und ein trübes Grau zu sehen, oder den Wind auf deiner Haut zu spüren, oder den Salzgeruch des Wassers wahrzunehmen, oder sich vorzustellen, was andere denken, unterscheidet sich von der Art, wie ich oder jedes andere Geschöpf dieselben Situationen fühlen, erleben und betrachten. Schließlich haben wir ja keinen Zugriff zu den Gefühlen, Empfindungen und Gedanken anderer, um sensorische Vergleiche anzustellen. Der Gedanke, dass eine Situation für alle gleich ist, beruht einzig und allein auf dem Vorurteil, dass wir alle gleich fühlen..."

„Willst du mir sagen, dass wir alle Inselwesen sind?"

„Nicht unbedingt. Aber das, was dich glücklich macht, dich erfüllt und erfreut, kann sich unter Umständen sehr von dem unterscheiden, was zum Beispiel die Menschen in deiner *Baracke* glücklich macht. Wenn du glaubst, dass andere nicht glücklich sind, weil sie nicht das gleiche Grau sehen wie du in diesen Gewässern, oder weil sie nicht den gleichen Sonnenuntergang bewundern wie du, dann misst du dich mit anderen Menschen innerhalb deiner eigenen Vorstellungswelt."

„Ja, aber wenn sich alles, was mich glücklich macht, vollkommen unterscheiden würde von dem, was andere glücklich macht, wüsste ich nie, was ich tun sollte, um anderen zu gefallen oder ihnen zu helfen. Da ich aber weiß, dass sie *Futi* und Sandwiches mögen, konzentriere ich mich darauf, ihnen das zu servieren, um sie glücklich zu stimmen."

„Wir leben in einer Welt, in der die Vernunft von der Gesellschaft vorgegeben ist. Die Gesellschaft macht mit den Menschen, was zum

Beispiel der Fluss mit den darin fließenden Wasserteilchen macht, oder was die Sonne mit den sie umkreisenden Planeten, Sternen und Kometen macht, oder was ein Körper mit seinen Zellen macht. Nehmen wir zum Beispiel diesen Fluss, der aus einer Menge Wasser besteht und in eine bestimmte Richtung fließt. Das Wasser ist wie eine Einheit, völlig unteilbar. Stell dir vor, ich gehe mit einem Krug zum Fluss, schöpfe etwas Wasser und gehe wieder. Das Wasser in diesem Krug könnte auf den Fluss zurückblicken und das weiter dahinfließende Wasser sehen. Was würde das Wasser davon halten? Würde es sich nicht völlig unglücklich und verloren vorkommen, weil es vom Rest des Flusses getrennt wurde? Ist der Fluss, weil das entnommene Wasser weder seinen Verlauf noch seine Größe verändert hat, möglicherweise glücklicher als das Wasser im Krug?"

Ich zuckte zusammen, verlor mich in der Tiefe dieser Worte und fragte mich, ob ich nicht etwa auch von der Flut des Wassers erfasst wurde, das ich vor mir dahinfließen sah, und ob Pipa womöglich das Wissen der *Irãs* einsetzte, um mich aus der Fassung zu bringen.

„Wohl eher nicht. Es spielt keine Rolle, ob das Wasser im Krug sich für unglücklicher hält, weil es ohne es zu wollen dem Fluss entnommen wurde, oder ob der Rest des Flusses mit der Angst leben muss, das gleiche Schicksal zu erleiden. Die Wahrheit ist, dass jedem Gewässer tagtäglich das gleiche widerfährt: ob es nun von den Vögeln getrunken oder von Pflanzen absorbiert wird, ob es in der Sonne verdunstet oder in der Brandung versickert. Du siehst also, dass die Subtraktion an sich kein hinreichender Grund für unglückliches Flusswasser ist. Was ein Wesen wirklich quält, ob lebendig oder nicht, ist die Vorstellung, keine Identität zu haben", schlussfolgerte sie.

„Du willst also sagen, dass die Identität das eigentliche Problem ist?", fragte ich. „Diese kontroverse Frage nach der Existenz, auf die niemand eine Antwort hat, und die dein Vater immer wieder losgetreten hat...?"

„Mein Vater wusste nicht wirklich, wovon er sprach... er war ein unbedachter Mann ohne Glauben..."

„Er war immerhin ein Mann mit fester Überzeugung. Er war äußerst konsequent und verstand es, seinen Standpunkt zu verteidigen."
„Er hat ihn häufig zu Unrecht verteidigt."
„Das spielt keine Rolle. Er hat immer denselben Standpunkt verteidigt, er hat nie aufgehört, kritische Fragen zu stellen. An Kohärenz hat es ihm jedenfalls nicht gefehlt."
„Du sprichst über ihn, als hättest du ihn gekannt."
„Die Welt ist klein, mein Guter."
Bis dahin hatte ich ungerührt dagesessen, doch ganz allmählich regte sich in meinem Herzen ein verstörendes Gefühl der Zärtlichkeit. Mich überfiel ein leises Misstrauen, als hätte sich das Blatt gewendet. Das Geheimnis Gottes, das mich schon immer gepeinigt hat, würde ohne die Vorstellung von Gott als etwas Absolutem nicht existieren. War es das, worauf Pipa hinauswollte? Versuchte sie die Entstehung und das Ende des Universums zu erklären? Versuchte sie den ersten und letzten Akt der kosmischen Existenz zu ergründen? War ihr nicht klar, dass Gott in dieser Ganzheit keinen Platz hatte? Oder ist der Schöpfer in der Lage, sich selbst aus seiner eigenen Schöpfung zu verbannen? Es ist wichtig, Gottes Bestimmung zu verstehen, aber wenn sie mit menschlicher Ambition verwoben ist, verliert Gott an Bedeutung. Ich stand auf und hielt mit geschlossenen Augen meine Faust gegen die Brust gedrückt. Plötzlich glaubte ich, einen *Irã* zu spüren, wie er sich annäherte und in Pipas Haut fuhr.
Pipa war hingegen nur von meiner Wandlung irritiert. Vielleicht sah sie sich deshalb veranlasst, mich irgendwie zu beschwichtigen.
„Du wolltest wissen, warum ich so zurückgezogen lebe, nicht wahr?"
„So ist es."
„Dann hör dir meine Geschichte an."

Ich bin aus Cabo Verde gekommen, so wie du, doch ich bin keine Kapverdierin. Damals war dieser Ort noch nicht so wie heute, obwohl die Landschaft schon immer so reizvoll war. Ingoré hat sich sehr entwickelt, so sehr wie ein Menschenleben. Mein Mann hatte viel über dieses Dorf gehört, es sei jung und unberührt, am Atlantik gelegen, mit Palmen, Bergen und einem unglaublichen Sonnenuntergang. Man erzählte sich, dass auch die Menschen gütig und bescheiden waren, so dass die Versuchung groß war, sich in diesem Dorf niederzulassen und sein Glück zu versuchen. Wir waren jung und die Welt stand uns offen; und der unvergleichliche Sonnenuntergang tat das Übrige.

Wir waren frisch verheiratet und wollten unser Leben in die Hand nehmen, in den Berufen und im Rahmen der von unserer Gesellschaft vorgegebenen Möglichkeiten. Die Familie meines Mannes hatte eine Konditorei, die bekannt war für die Herstellung traditioneller Backwaren, so dass sein beruflicher Werdegang vorherbestimmt war, während ich aus einer Nomaden-Familie stamme, vermutlich Manjago, und als solche dazu verdammt, unsere Insel früher oder später zu verlassen.

Ich drängte meinen Mann, unsere Identität aufzugeben, um uns den Zwängen der Gesellschaft zu entziehen. Wir erreichten Ingoré mit leeren Händen, ohne Geld und ohne Vorräte. Um unseren Lebensunterhalt zu sichern, arbeitete mein Mann tagsüber als Holzfäller, und in der Nacht ging er mit Senhor Samba-Tala, der uns eine Unterkunft gegeben hatte, auf Fischfang. So sparten wir etwas Geld und eröffneten einen Stand, wo wir Futi und Sandwiches verkauften.

Aber um dir meine Geschichte zu erzählen, weil du ja wissen willst, warum ich einsam lebe, muss ich einige Jahre zurückgehen, und wenn es die Zeit zulässt, muss ich noch weiter zurückgehen, viel weiter, bis zum Anfang der Existenz, oder sogar noch weiter, bis zur ursprünglichen Leere. Jede wahre Geschichte hat einen Anfang und ein Ende. Allerdings wird jede Geschichte aus der Erinnerung heraus erzählt, als hätten die sie bestimmenden oder beeinflussenden Gegebenheiten ihre Gültigkeit verloren. Es ist, als ob das Wasser im Krug seine Geschichte auf dramatische Weise erzählen wollte, ohne zu merken, dass eine solche

Geschichte den stabilen und geordneten Lauf des Flusses stören könnte. Erinnerungen sind nicht gottgleich und schon gar nicht in der Lage sich an Fakten zu halten, egal wie überzeugend sie scheinen. Wenn wir uns ihrer bedienen, um Geschichten zu erzählen, schaffen sie ihre eigene Narrative, um unsere Zuhörer zu fesseln und uns selbst hinters Licht zu führen. Und wir haben uns daran gewöhnt, genau auf diese Weise der Welt zuzuhören, uns selbst zuzuhören, und wir vertrauen auf unsere Erinnerungen, als wären sie gottgegeben, heilig und gesichert. In Wahrheit gibt es eine Menge Dinge, die von unserem Gedächtnis nicht erfasst werden, angefangen bei den Ereignissen vor unserer Geburt. Dieser Punkt ist wichtig. Wir sehen und denken die Welt ab dem Zeitpunkt unserer Geburt, oder schlimmer, ab dem Zeitpunkt unserer ersten Erinnerungen. Dinge, an die wir uns nicht erinnern, sind für uns leer und bedeutungslos. Bedeutend ist nur der Lärm, der in unseren Köpfen herumspukt; es sind unsere erzwungenen Erinnerungen, nichts als trügerische Schatten von uns selbst.

Mir ist meine Geschichte aber wichtiger als jede andere. Es ist die Geschichte einer real existierenden Frau, die nach etwas Größerem strebt und auf ihrer Suche nach Selbsterkenntnis einen Weg geht, der vom normal verlaufenden Weg abweicht. Es ist nicht die Geschichte einer von der Gesellschaft verstoßenen Person, die zu sich selbst finden will.

Was kann ich noch sagen? Etwa, dass es nicht die Geschichte einer Person ist, die von der Gesellschaft verurteilt oder verkannt wird?

Wenn meine Geschichte einzigartig ist, dann kann sie nicht aus dieser Perspektive erzählt werden, dann kann sie nicht daran anlehnen, was andere dazu gemeint oder gedacht oder getan haben. Sie muss so nah wie möglich von ihrem leeren Ursprung aus erzählt werden. Aber diese Leere ist mir, wie uns allen, völlig unbekannt, also auch der Anfang und das Ende meiner Geschichte. Wo soll ich also anfangen?

Sag du es mir.

Du weißt es auch nicht.

Wenigstens weiß ich, dass ich schon vor meiner Geburt eine Nomadin war, schließlich stamme ich von Nomaden ab, was bedeutet, dass mein Leben schon viel früher anfing. Wenn ich mir die Frage nach dem Anfang dieser Zeit stellen würde, würde ich auf die Geburt Gottes stoßen.

Du weißt, was ich meine, oder?

Ich will dich nicht aufziehen, ich werde dir alles erzählen, woran ich mich erinnern kann, aber du musst wissen, dass alles, was ich heute bin, nie in meinen Händen lag, auch nicht in denen meiner Eltern, geschweige denn in denen meines Mannes, Gott hab ihn selig. Vielleicht mache ich mich nicht verständlich, aber lass mich noch einmal auf das Beispiel des Flusses zurückkommen, zumal wir ihn ja vor unserer Nase haben. Die Gezeiten kommen und gehen, vielleicht verursacht durch unseren leuchtenden Mond; der Regen kommt und geht, wahrscheinlich ausgelöst durch die Sonne selbst, wenn sie das Wasser zum Verdunsten bringt und die Wolken mit Wasser füllt. Ich selbst könnte, wenn ich wollte, zum Fluss gehen und dort beliebig viel Wasser schöpfen, wohl wissend, dass anstelle des von mir geschöpften Wassers neues nachfließen würde. Aus der individualistischen Perspektive des Wassers jedoch greifen die Gezeiten, die den Pegel des Flusses auffüllen, in das Schicksal des Wassers ein, und auch der Regen tut seinen Teil. Tropfen, die überlaufen oder verdunsten oder aufgefangen werden, begreifen nicht, dass ihr tragisches Schicksal von niemand gesteuert ist, auch nicht vom Fluss. Im Vergleich zum verbleibenden Fluss werden sich die überlaufenden Tropfen schlecht und daher unglücklich vorkommen, als wäre das Unglück ein gemeinsames Schicksal.

Du könntest jetzt argumentieren, dass Glück nicht in der Gemeinsamkeit liegt, sondern in der Erfüllung innerhalb dieser Gemeinsamkeit. Ich würde sagen, dass du recht hast; aber was ist, wenn dieser Plan einfach einem anderen, größeren Plan folgt? Darüber gilt es nachzudenken.

Bedenke, dass ein unglücklich geglaubter Wassertropfen sich selbst als individuell und von den anderen abgrenzbar betrachtet, also im Verhältnis zu allem andern seinen eigenen Willen und sein eigenes Schicksal hat. Aber was ist mit dem Fluss? Hat der Fluss nicht auch seine eigene Individualität? Neben all den anderen Flüssen, den Seen, den Ozeanen, dem Land, den Bergen... sollte er sich nicht auch in ein irdisches Gefüge mit seiner ganz eigenen Ordnung integriert fühlen?

Beziehen wir uns auf die dahinfließende Wassermenge, sprechen wir von einem „Fluss". Wie würde sich der Fluss vorkommen, wenn plötzlich ein Vulkan ausbrechen und ihn vom Meer trennen würde, von den Ozeanen, in die er mündet? Was wäre, wenn wir Menschen uns eingestehen würden, dass wir ebenfalls nur kleine Teilchen oder Individualitäten sind, die eine größere und geschlossene Individualität bilden, nämlich die unserer Gesellschaft, so wie die Zellen nur Teilchen unseres Körpers sind? Du musst nichts sagen, mein Junge. Ich weiß selbst, dass ich mich auf unsicherem Boden bewege. Sobald wir davon ausgehen, dass der Fluss keine eigene Individualität haben kann, oder unsere Gesellschaft kein eigenes Bewusstsein, weil sie keine Lebewesen sind, maßen wir uns an, dass wir die ursprüngliche Leere kennen oder dass wir alles über das Leben wissen. Nein. Und das ist auch mein Ansatz, wenn ich dir meine Geschichte erzähle...

Das ist keineswegs nur Geschwätz. Ich will damit sagen, dass eine größere Macht über uns herrscht, die einem unbestimmten und unergründlichen Plan folgt und alles lenkt, was wir als lebendig oder auch als nicht lebendig erachten. Und wer eine Geschichte erzählt, muss diese größere Macht genauso berücksichtigen wie denkbare Gegebenheiten, die auf das Schicksal der kleineren Individualitäten einwirken können.

Und noch etwas, mein Lieber, nur noch eins. Ingoré hat sich sehr entwickelt, darüber bist du dir im Klaren, oder? Die Bevölkerung ist gewachsen, es gibt mehr Ausländer und mehr Baracken und Geschäfte. Du siehst also, dass die Gesellschaft als solche eine Individualität ist... wie viele Menschen sind in den letzten Jahren gestorben? Wie viele sind gegangen und wie viele gekommen? Wie viele Straßen sind entstanden und wie viele Wege verschwunden? Sind es die Menschen, die sich entwickelt haben, oder Ingoré als Ganzes? Trotz der Menschen, die den Ort verlassen haben, und vieler anderer, die hinzugekommen sind, hat Ingoré seine Stabilität und seine individuelle Bedeutung als Gesellschaft behalten.

Mir tut vom vielen Reden der Rücken weh. Lass uns aufstehen, ich will nicht mehr sitzen. Willst du mitkommen? Schön. Gehen wir zum Fluss, dort kann ich dir meine Geschichte erzählen.

Ich mag diesen Fluss und das Leben am Fluss. Hier fühle ich mich als Individuum. Am Fluss ist kein Platz für Werturteile, kein Platz für Lügen, zumindest nicht im Rahmen meiner Wahrnehmungsfähigkeit. Aber mir entgeht auch nicht das Leid seiner Tropfen, ich bemerke, wie einige verschwinden und andere neu auftauchen, wie einige trauern und so viele andere sich freuen. Meine Landsleute nennen es Flussrauschen... sie glauben, es sei das Wehklagen des Irã aus dem Süden. Ich sehe in all dem nur einen gleichbleibenden, beständigen und auf seine eigene Bestimmung hin ausgerichteten Fluss, mit oder ohne Irãs.

Und nun fragst du mich: Ist die Bestimmung des Flusses oder seiner Irãs nicht eher das Meer oder der Ozean? Oder gar die Erde? Es könnte sogar das Universum oder noch etwas Größeres sein, man weiß es nicht ...

Du hältst mich wahrscheinlich für verrückt, so wie alle in Ingoré. Sie werfen mir nicht nur vor, eine Zauberin und eine Irã-Räuberin zu sein – komisch, nicht wahr? –, sondern sie halten mich auch für verrückt. Aber ist das an sich nicht auch schon ein Urteil? Woher will ich wissen, was sie über mich denken? Außerdem bin ich gar nicht verrückt. Viele Dinge aus meiner Vergangenheit wecken in mir noch immer verbitterte Gefühle, andere verbreiten in mir eine sanfte Melancholie, die mit einem Gefühl der Dankbarkeit und Angst verbunden ist. Meine Tochter hat mich verstoßen, meine Freunde haben mich verraten, die Gesellschaft hat mich verteufelt und ausgegrenzt. In mir treffen zwei Welten aufeinander: Meine Vergangenheit und meine Zukunft bewegen sich in unterschiedliche Richtungen. Alles, was ich zurückgelassen habe, die Geschichten, die ich nicht mehr erzähle, werden dazu dienen, meine bereits pränatal vorbestimmte Geschichte zu vollenden. Eigentlich war ich, wie gesagt, dazu bestimmt, eine Nomadin zu sein. Meine Familie, deren Abstammung unbekannt ist, war aus anderen Teilen der Welt auf die Insel gekommen, und ich verließ sie wieder, so einfach ist das. Das Schicksal wollte nicht, dass ich auf dieser Insel groß werde. Ich zog von einer Insel zur anderen und lernte dabei meinen Mann kennen. Er war noch ein kleiner Junge, etwas jünger als ich, und arbeitete in einer Konditorei direkt neben dem Platz, wo meine Familie ihr Lager hatte. Ich wusste von Anfang an, dass er mein Mann sein würde. Im Dunkeln lächelt das Glück, sagt ein kreolisches Sprichwort: A sabura é conhecida na fusca-fusca. Er liebte mich wie mich noch nie jemand geliebt hat oder jemals lieben wird. Du wirst mir zustimmen, dass niemand denjenigen tötet, der ihn liebt. Der Tod kann andere treffen, aber nicht uns. Er begegnet uns jeden Tag und wir sind uns seiner Unausweichlichkeit bewusst. Wir wissen, dass jeden Tag Menschen sterben. Interessiert das jemanden?

Nein!

Und weißt du, warum nicht? Weil wir alle an das Bewusstsein und das Schicksal unserer Gesellschaft, einer uns übergeordneten Instanz, gebunden sind. Dieses Etwas, dieses Netzwerk von Menschen, das wir „Gesellschaft" nennen, ist wie unser Körper, das Meer und der Wind, nicht mehr und nicht weniger. Auch bei uns sterben jede Sekunde Zellen, das hast du selbst bestätigt. Und wir sind uns eines großen Teils der Sterbefälle, die sich auf der Ebene unserer Zellen ereignen, nicht einmal bewusst. Wenn wir etwas bemerken, vielleicht das Kreischen und die Reaktionen der benachbarten Zellen, vielleicht das Wehklagen der mit den Verstorbenen verwandten Zellen, spüren wir sanfte Schmerzen, die schnell vergehen. Eben tat mir der Rücken weh. Erinnerst du dich, dass ich erwähnt habe, dass mir der Rücken weh tut, und ich aufstehen wollte, um ein Stück am Fluss spazieren zu gehen?

Richtig.

Diese Schmerzen haben mich nicht am Gehen gehindert, denn meine Füße taten nicht weh, geschweige denn mein Kopf, mein Herz oder meine Nägel... Traurig sind die, die sterben! Der Rest geht weiter. Es kümmert uns nicht, wenn jemand stirbt, oder wenn ganze Familien sterben, solange sie von uns entfernt sind. Der Tod spielt nur dann eine Rolle, wenn die verstorbene Person zu uns gehört.

Ich habe meinen Mann nicht getötet. Meine Tochter glaubt das, aber sie irrt sich gewaltig. Ich werfe ihr das nicht vor. Was sie erzählt, sind Geschichten, die sich ihr Gedächtnis aus dem, was sie von mir gehört hat, zusammenreimt. Sie kennt den Rest nicht, sie kann die Leerstellen nicht ausfüllen. Sie weiß nicht, dass ich meinen Mann mehr liebte als ich mir selbst bewusst war. Sie weiß nicht, dass ich ihn kennengelernt habe, als er noch ein Junge war und in der Konditorei neben dem Platz gearbeitet hat, wo meine Familie ihr Lager hatte. Unsere Ehe war nicht arrangiert, wie bei vielen anderen jungen Menschen damals in Cabo

Verde, deswegen war es nicht leicht, unsere Familien zu überzeugen, dass wir uns liebten. Wir waren grundverschieden: er sesshaft, ich Nomadin, er backte, ich ging hausieren. Und dann gab es noch die vielen Wenns. Wenn er mich nicht geheiratet hätte, hätte er die Bäckerei seiner Eltern geerbt. Wenn ich ihn nicht kennengelernt hätte, wäre ich mit meinem Cousin verheiratet und für immer Nomadin geblieben. Oder genauso fatal: Wenn es anders gelaufen wäre, wäre er noch am Leben und ich noch ein Teil der Gesellschaft. Meine Tochter kennt diese Wenns nicht. Sie kennt nur die Wenns, die ihrem Weltbild entsprechen. Ich verstehe sie; außerdem kann ich es ihr nicht verübeln. Schließlich ist es in jeder Gesellschaft normal, eine Frau zu verurteilen, die ihren Mann betrogen hat, wenn auch nur dem Anschein nach. Ich lege hier kein Geständnis ab. Und der Verrat gehört hier, in dieser Geschichte, die ich dir erzähle, zur Wahrheit dazu. Wahrheiten sind wie die Natur: Wo Sonne ist, ist Hitze, wo Freude ist, ist Traurigkeit. Wo Wahrheit ist, ist Lüge. Und wo Vertrauen ist, ist Verrat.

Mein Mann und ich, wir haben uns blind vertraut. Nach zwei Jahren Ehe entdeckten wir, dass er keine Kinder zeugen konnte, dass ich von ihm nicht schwanger werden konnte. Diese Erkenntnis hat unser Leben schwer belastet. Zu jener Zeit war das Zeugen von Kindern ein Zeichen von Selbstverwirklichung und Stärke. Als seine Eltern nach geraumer Zeit anfingen zu fragen, warum wir immer noch keine Kinder hatten, begann die Situation zu eskalieren. Es war offensichtlich, dass unsere Unfruchtbarkeit auf ihn zurückging, denn ich war bereits Mutter. Letzten Endes hatte man mich dazu genötigt, als hätte man mit Gewalt ein Leben in mich hineingepresst.

Es geschah während einer unserer Nomadenreisen auf dem Weg in unbekannte Landstriche. Wir waren auf der Suche nach einem ruhigen Ort, wo wir bleiben konnten, um auf den bevorstehenden Tod meines Vaters zu warten. Seine Mutter, sein Vater und seine Geschwister waren bereits gestorben. Er war allein auf der Welt, so wie ich, und daher darauf bedacht, die Kontinuität seiner Nachkommenschaft zu sichern; es war seine Pflicht, den Fortbestand seines Familienzweigs zu gewährleisten. Also schickte er mich zum Schlafen in das Zelt meines Cousins, der so alt war wie ich, und bestimmte so über mein Leben. Ich mochte den Jungen nie, fand ihn plump und unsensibel, obwohl er sich um mich bemühte. Jedenfalls konnte ich mich nicht gegen meinen Vater, geschweige denn gegen gesellschaftliche Konventionen stellen, ohne für den Rest meines Lebens ausgegrenzt zu werden. Während der Schwangerschaft lernte ich meinen Mann kennen. Wer in Cabo Verde verliebt sich schon in eine schwangere Frau? Noch dazu, wenn sie nicht mal Kapverdierin ist? Du kennst die Kapverdier und weißt ja, was sie von Ausländern halten. Nun ja, es ist inzwischen ja allgemein bekannt, dass die Ausländer in anderen Ländern auch nicht besser behandelt werden, als bei uns die Kapverdier oder die Mauretanier oder die Guineer oder die Senegalesen. Diese hoffnungslose Dummheit in den Köpfen der Menschen geht mir auf den Geist. Mich ärgern diese Bosheit und unbegründete Angst und diese grassierenden Vorurteile. Aber mein Mann hat gezeigt, dass er anders ist. Für ihn war keine schwangere Frau der Welt schöner als ich. Darum wollte er während unserer Ehe auch so gern ein Kind zeugen. Er wollte in mir die schönste schwangere Frau der Welt sehen. Mein Mann hat mich erobert und gab mir die Kraft, mich gegen die Sitten meiner Kultur und die Bevormundung durch meinen Vater zu wehren.

Daher beschlossen wir, nach Ingoré zu ziehen, nichts als unser Geheimnis im Gepäck, das wir ein halbes Leben lang mit uns herumgetragen haben: die Unfruchtbarkeit meines Mannes. Ansonsten ließen wir alles zurück, was uns belastet hätte, insbesondere meinen Sohn, das bist du.

Ich habe nie wieder etwas von dir gehört, aber ich habe dich nie vergessen, geschweige denn aufgehört, für dich zu beten. Es ist nicht so, dass ich nicht manchmal auch daran denke, wie es wäre, wenn ich dich mitgenommen hätte. Ein Kind zu verlassen, ist nicht dasselbe wie einen Mann gegen einen anderen auszutauschen. Trotzdem bereue ich es nicht. Dich bei meiner Familie zu lassen oder dich mitzunehmen, hätte nichts an deinem Schicksal geändert. Als Mann würdest du schon zurechtkommen und dich früher oder später um dich selbst kümmern können, wie man sieht. Gott würde es schon einrichten, dass wir irgendwie zusammenkommen, wie sich jetzt zeigt, denn dafür habe ich immer gebetet.

Mein Umzug nach Ingoré musste neutral und unbelastet sein, weil es darum ging, neue Hoffnung zu schöpfen. Wir behielten unser Geheimnis für uns und waren glücklich. Ziemlich glücklich. Wir konnten arbeiten und unseren eigenen Träumen nachgehen, wie jeder andere auch. Ich will nicht behaupten, dass bis das Geheimnis ans Licht kam, alles ein Fluss aus Jasmin war, wie dieser hier. Natürlich nicht. Das gesamte Leben und die Natur folgen dem dualen Prinzip, wonach positive und negative Kräfte sich ergänzen. Wo Freude ist, da ist auch Traurigkeit. Ich fühlte, dass wir glücklich waren, weil wir damals nicht wollten, dass die Dinge zu Ende gehen. Ich kam mit ihm an den Fluss und wir verbrachten hier viele Stunden, wollten immer nur hier sein und nirgendwo anders. Hier am Fluss konnten wir unser Leben genießen, unsere wertvollen Momente. Das war seine Definition von Glück: wertvoller Moment. Glücklich sein bedeutete für ihn, einen Moment zu leben, der niemals enden soll.
Verstehst du das?
Das war keine Philosophie und auch keine Poesie. Er versuchte mir klarzumachen, dass die meisten Menschen in der Gesellschaft auf das Ende hin leben, auf ihr Ende warten... Sie leben und warten darauf, dass der Tag zu Ende geht, um schlafen zu gehen und am nächsten Tag wieder zu arbeiten. Sie leben und warten darauf, genug Geld zu haben, um sich etwas zu kaufen, das sie glücklich macht. Sie leben und warten darauf, dass das Leben zu Ende geht. Und niemand lebt nach dem Tod. Erinnerst du dich noch an unseren ersten gemeinsamen Sonnenuntergang? Wir hatten die Zeit ganz vergessen, und es war uns auch egal; wir sind einfach eingeschlafen und sind erst wieder aufgewacht, als Senhor Teli seine Kühe schlachtete. Als wir Abschied nahmen, hättest du diesen Moment bestimmt gern ein weiteres Mal erlebt, wenn man dich gefragt hätte. Dabei gab es viele Tage, an denen du dir allein den Sonnenuntergang angeschaut und darauf gehofft hast, dass ich auftauche... Der Sonnenuntergang war hier schon immer bezaubernd. Sag mir also, Fé, wann warst du wirklich glücklich?
Behalt die Antwort für dich.
Ich erzähle dir noch eine Geschichte.

Ich fühlte mich damals ziemlich erschöpft. Da waren meine Tochter und mein Mann und dazu noch mein Futi- und Sandwichgeschäft. Frühmorgens machte ich mich auf, um in der Baracke sauberzumachen und das Geschirr abzuwaschen, als wäre es nicht schon genug, dass ich mich außerdem um meine Tochter kümmerte, das Haus aufräumte und auf dem Feld arbeitete. Unsere Ehe hatte ihren Höhepunkt erreicht und damit auch die Langeweile. Unser schier endloser Honigmond hatte sich zur Ruhe gelegt, wie der abnehmende Mond, der von Zeit zu Zeit verschwindet, und wir hofften damals auf einen besseren Tag, einen neuen Mond... Nicht, dass wir aufgehört hätten, uns zu lieben, ganz im Gegenteil. Ich versuche, es dir zu erklären.

Angenommen, ein Einwohner von Ingoré kehrt von einer langen Reise nach Hause zurück und hat sich, von Goudompo aus, durch die Wälder von Ingorésinho geschlagen. Er hat großen Hunger, denn er hat seit Tagen nichts mehr gegessen, und deshalb ist er unzufrieden. Wir alle wissen, wie sehr die Menschen in diesem Land Futi lieben. Er sieht deinen Stand, und beschließt ein Essen zu bestellen. Er liebt dein Essen und findet, dass er nirgendwo sonst auf der Welt ein so gutes Futi bekommt. Du servierst ihm also einen Teller Futi, von dir liebevoll zubereitet, mit einer Sauce aus Okra und Aubergine, mit Palmöl und mit Zitrone und Knoblauch gewürzten Garnelen, angerichtet auf weißem Reis. Er isst auf und bedankt sich. Das Futi hat ihm geschmeckt und seine Stimmung ist natürlich wieder gestiegen. Er ist nicht mehr so niedergeschlagen, aber richtig zufrieden ist er noch nicht. Also bestellt er noch einen Teller Futi, isst ihn auf und bedankt sich. Er bestellt wieder einen, isst ihn auf und bedankt sich. Nach drei Tellern beginnt er sich unwohl zu fühlen. Er spürt seinen trägen Körper, wie das bei Futi so ist, und bereut, dass er so viel gegessen hat. Dasselbe Futi, das ihn kurz zuvor noch so glücklich gemacht hat, machte ihm jetzt zu schaffen, weil er nur noch daliegen konnte und zu nichts mehr fähig war.

Verstehst du, worauf ich hinauswill?

Mit der Ehe ist es genauso... Jedenfalls waren wir bei den drei Tellern Futi angekommen, die uns keinen Genuss mehr bereiteten, sondern stattdessen erdrückten. Aber ich hatte einen sehr aufmerksamen, romantischen und sensiblen Mann. Er merkte, dass wir auf dem falschen Weg waren, und beschloss, etwas dagegen zu unternehmen. Deshalb behalte ich ihn auch als Meister in Erinnerung; er war ein großartiger Mensch. Glaubst du, es interessiert mich, was die Leute über mich sagen? Mich interessiert, was für ein Mensch ich sein will. Ich werde nie ein Teil von jemandem sein, hat mein Mann immer gesagt.

Genau hier hat er das gesagt. Wie so oft, forderte er mich auf, den Kontakt zum Fluss und zur Natur zu suchen. Wir kamen hier an, setzen uns hin und sahen zu, wie sich die Sonne hinter der gewölbten Erde versteckte und der Tag zu Ende ging. Der Sonnenuntergang war an diesem Tag anders als sonst. Die Wolken verdeckten einige der orangeleuchtenden Sonnenstrahlen und boten ein herrliches Schauspiel, wie wir es noch nie erlebt hatten. Der Fluss war aufgewühlt und mein Mann sagte, dass er mit seinem Leben unglücklich sei, dass er es leid sei, von den Naturgewalten, dem Mond und dem Wind und der Sonne und den Sternen, gelenkt zu werden. Ich lachte nur, fand es lustig, wie er sich mit dem Fluss gleichsetzte und Gespräche führte. Die Leute verstanden das falsch. Genau deswegen wurden wir ja beschuldigt, dass wir uns der Irãs bemächtigen, weil er immer lautstark auf den Fluss einredete, wenn wir hierherkamen, als würde er tatsächlich mit jemandem, der ihm zuhörte, eine Unterhaltung führen. Als die Sonne verschwunden war, erhob er sich und warf sich in den Fluss, der so wild war wie noch nie. Er konnte nicht schwimmen, als einfacher Bäcker... ein Konditor hat mit dem Meer nichts zu tun, anders als ich, für die es ganz normal war, ein Leben lang von Dorf zu Dorf zu ziehen und das Meer zu überqueren. Zuerst dachte ich, dass er mir nur einen Schreck einjagen wollte, aber als ich den Ernst der Lage erkannte, drohte er bereits in der Strömung unterzugehen.

Ich habe ihn dann aber gerettet, und das Unglück ging vorbei.

Als ich ihn packte und auf meinem Rücken an die Oberfläche brachte, sagte er nur: „Warum hast du mich nicht mit der Flut ziehen lassen?"

„Ich kann dich doch nicht sterben lassen!", sagte ich.

„Das liegt nicht in deiner Hand, meine schöne Pipa!"

Da war ich still.

Nicht etwa, weil mir die Worte fehlten, sondern weil er mich „meine schöne Pipa" genannt hatte. Mein Herz spielte dann immer verrückt.

Die schöne Pipa war die Pipa, der er in der Konditorei seiner Eltern auf den ersten Blick verfallen war. Seine schöne Pipa war die Frau, die er bedingungslos liebte. Das war ich. Wir hatten, wie gesagt, gerade eine nicht so gute Phase in unserem Leben. Eine Phase, in der die Hoffnung zum letzten Anker wird. Mein Mann hat diesen Gedanken nie akzeptiert: den Gedanken, dass die Hoffnung zuletzt stirbt. Er sagte immer, dass dies nur eine Ausrede sei, um das eigene Glück aufzuschieben. Für ihn war Hoffnung, ähnlich wie die Vorstellung von Vergangenheit und Zukunft, eine Illusion. Wie kann ein Mensch in der Zukunft glücklich sein? Wie kann etwas, das nicht existiert, jemanden glücklich machen? Wie kann eine Person über etwas glücklich sein, das nicht in ihrer Macht liegt? Diese Person betrügt sich nur selbst. Sie schiebt alles auf. Der Holzfäller hofft, dass bessere Tage kommen, sobald er Geld auftreibt und sich bessere Arbeitsmaterialien leisten kann, um seine Arbeit leichter und rentabler zu machen, denn die aktuellen Bedingungen sind anstrengend und nicht sehr lohnend. Nicht die tägliche Produktion und der Verkauf von Brennholz sind das Ziel, sondern die besseren Tage, die da kommen werden, und so wartet er darauf, dass die Schwierigkeiten der Gegenwart aufhören, damit er glücklich sein kann. Der Futi-Verkäufer glaubt, dass bessere Zeiten kommen, sobald er einen zweiten Stand und genug Geld gespart hat, damit er nicht so hart arbeiten muss, denn gerade steht er am frühen Morgen auf, macht das Essen, bedient die Kunden und hat wenig Zeit für sich und seine Familie, also hofft er glücklich zu werden, sobald diese Plage ein Ende hat.

Der Ehemann hofft, ein besserer Ehemann zu werden, ansprechbar, verlässlich und fürsorglich, denn die gegenwärtigen Schwierigkeiten in der Ehe haben mit seinem Zeitmangel, seiner Müdigkeit und dem angesammelten Stress zu tun, so dass er an dem Tag, an dem er ausreichend verfügbar ist und weniger Stress hat, an der Seite seiner Familie richtig glücklich sein wird.

Jeder wartet darauf, dass das Leben zu Ende geht.

Mehrmals versuchte ich, meinen Mann im Zuge unserer Diskussionen davon zu überzeugen, dass wir uns nur in einer temporären Krise befanden und dass die Zeiten auch wieder besser würden. Er wollte nichts davon wissen. Er erklärte mir, dass das Leben nur im Hier und Jetzt lebenswert ist. Das Leben zählte für sich, es sollte nicht als Pfand für eine Illusion herhalten müssen. Ich sollte jeden einzelnen Tag lieben, sagte er, seine braunen Augen fest auf mich gerichtet, und schließlich:

„Meine schöne Pipa!"

Ich habe nie auf meinen Mann gehört. Ich habe seine Ideale nie verstanden und unser Glück immer aufgeschoben. Ich blieb also stumm, als hätte ich das Sprechen verlernt. Aber nach einiger Zeit fasste ich Mut und entgegnete:

„Nein, der Tod liegt nicht in meiner Hand. Aber wenn du stirbst, verliert mein Leben seinen Sinn."

„Was ist der Sinn deines Lebens?", fragte er mich.

„Ich weiß nicht, aber ohne dich würde ich meinen Platz in dieser Welt verlieren."

„Was ist dein Platz in der Welt?"

Mein Mann war wirklich durcheinander. Er war völlig verstört, komplett von Sinnen; vielleicht hatte ihm der Fluss nicht gutgetan. Dabei machte seine Frage sehr viel Sinn. Ich war Nomadin, wie konnte ich da einen Platz in der Welt für mich beanspruchen? Wo wäre dieser Platz?

„Ich weiß nicht, aber das ist jetzt auch egal. Lass uns von hier weggehen."

Wir gingen und machten auf der Straße halt.

„Gibt es eine Ordnung in dieser Welt? Warum kann ich nicht Wasser sein und mich von diesem fließenden, immerwährenden Strom treiben lassen? Warum wäre ich gestorben, wenn ich länger dringeblieben wäre? Und warum würde die Welt so bleiben wie sie ist, wenn ich tot wäre, abgesehen davon, dass es für dich und unsere Tochter schmerzhaft wäre? Welche Rolle spiele ich denn hier, wenn sich durch meine Abwesenheit nichts ändert?"

„Denk nicht länger darüber nach... Komm zu dir! Das Schlimmste ist vorbei!"

„Die Antwort lautet: keine! Das ist die Antwort auf alle Fragen, die ich dir gestellt habe: keine! Du hast keinen Platz in dieser Welt. Dein Leben hat keinen Sinn. Es gibt keine Mission, die ich hier zu erfüllen habe. Die Welt hat keine Ordnung, keine Geschichte, keine Vergangenheit, keinen Zweck und auch kein Ziel und keine Zukunft. Wir sind in einem chaotischen Zustand ohne Ziel. Vielleicht ist das Ende das Ziel. Wenn das Ende erreicht ist, könnte alles einen

Sinn ergeben. So wie die meisten Menschen leben, folgt aus dem Chaos vielleicht etwas Größeres und Greifbares. Vielleicht strebt das Universum selbst nach dem Glück und einer eigenen Identität, so wie jeder von uns. Aber wenn Glück das letzte Ziel ist, warum ist man dann vor dem Tod nicht vollkommen glücklich?"

„Niemand kann diese Fragen beantworten, Mann. Entspann dich!"

„Was, wenn die Antwort darin besteht, den Moment zu leben, im Hier und Jetzt?"

„Aber man kann nicht alles in einem Moment leben."

„Wieso nicht?"

„Weil das Leben lang ist, es ist fortlaufend..."

„Um so besser, meinst du nicht?"

„Das verstehe ich nicht!"

„Kannst du mir sagen, welches Erlebnis bisher dein glücklichstes war?"

„Klar kann ich das!"

„Was war es?"

Mir standen die Tränen in den Augen. Ich durchschaute, dass mein Mann mich nur schützen wollte. Er tat alles, um mich glücklich zu sehen. Letztendlich war ich noch trauriger als er, auch wenn ich mich stark und als Hüterin der Welt gab. Ich wusste, dass ich über das Wechselbad der Gefühle, das unsere Ehe in mir bewirkte, nie hinweggekommen war. Wir waren noch nicht lange zusammen, da wollte er mit mir wegziehen. Es war im Frühjahr meines ersten Jahres auf der Insel. Mein Vater hatte nicht mehr die Kraft, lange Wege zurückzulegen, weder zu Lande noch zu Wasser. Bei uns war es Tradition, an einem Ort Station zu machen, um den Tod derjenigen abzuwarten, die gehen mussten, in diesem Fall die Ältesten. Wir Nomaden haben nie um jemanden geweint, der gestorben ist. Es macht im Grunde keinen Unterschied, ob jemand stirbt oder aufbricht. Das war unsere Art, die Dinge zu sehen. Wir zogen ja ständig fort. Doch es vergingen noch viele Monate, ohne dass mein alter Vater starb, obwohl er sehr krank war. Selbst in seinem Endstadium wollte er, dass ich mich den Traditionen fügte. Jacinto zu heiraten war schlichtweg unmöglich, denn ich war Nomadin und er war sesshaft. Dabei hat er immer darauf gedrängt, dass wir heiraten, gegen den Willen seiner Eltern, die ihn deswegen enterbten. Angesichts des ganzen Unfriedens, den wir durchmachten, war er der Meinung, dass wir die Insel verlassen und unseren eigenen Weg gehen sollten. Ich fragte ihn, ob er überhaupt wüsste, wie schwierig das Nomadenleben sei, und ob er eine Vorstellung davon hatte, wohin unser Weg führen könnte. Er sagte mir, dass er von einer Insel wusste, wie geschaffen für Liebende, wo wir unser Glück versuchen könnten. Ich hatte noch nie von dieser Insel gehört. Ich vertraute ihm blind und forschte erst gar nicht nach der Existenz dieser Insel oder nach der Machbarkeit des Unternehmens, auf diese unbekannte Insel zu ziehen. Immerhin war ich Nomadin, und es lag an mir, ihn zu führen. Eines Morgens machten wir uns auf den Weg und folgten einer Route, die nur er im Kopf hatte. Wir fuhren mit dem Schiff und rasteten auf allen Inseln, die auf dem Weg lagen. Wir hielten Kurs auf unsere Liebesinsel und er achtete darauf, dass wir zügig vorankamen, um zur festgelegten Zeit anzukommen. Er sagte, dass er einen Freund eingeweiht hätte und dass man uns gut aufnehmen würde, weswegen wir pünktlich dort ankommen sollten. So war es auch.

Nachdem wir drei Wochen unterwegs waren und viele Häfen passiert hatten, sichteten wir endlich die Insel, die von der Landschaft her genauso aussah wie unsere Ausgangsinsel. Als wir das Schiff verließen, nahm mein Mann mich auf den Rücken, weil ich mich krank fühlte und keine Kraft mehr hatte, um den Rest der Strecke zu bewältigen. Unsere Vorräte waren seit zwei Tagen aufgebraucht, und ich war deutlich geschwächter als mein Mann, obwohl ich als Nomadin an weite und schwierige Strecken gewöhnt war. Als wir näherkamen, hörte ich lautes Jubeln, Trommeln und Flöten und Hochzeitsmusik. Zuerst dachte ich, dass wir zufällig der Hochzeit irgendeines Brautpaars beiwohnten, die mich nichts anging. Doch als die Menschenmenge über uns hereinbrach und wir mit Musik und Glückwünschen überhäuft wurden, merkte ich, dass es um uns ging. Alle waren guter Stimmung und sangen, wie es bei uns Nomaden bei Hochzeiten Tradition war. Alle waren da, auch unsere Eltern, meine und seine, und alle Leute, die wir auf der Insel zurückgelassen hatten. Sie hatten sich schick gemacht, um uns am Hafen zu empfangen. Es duftete nach Jasmin, dem Liebesduft schlechthin. Die Straße, die zum Dorf führte, war voller Jasmin und jeder hielt einen Jasminzweig in der Hand. So haben wir unsere Hochzeit gefeiert. Wir waren mit einem Ziel losgezogen und haben am Ende ein anderes, ziemlich gleiches Ziel erreicht. Wir sind im Kreis gefahren, auf der Suche nach unserer Identität, und sind zu unserer eigenen Hochzeitsfeier nach Hause zurückgekehrt. Letztlich war es ein guter Trick, um den Widerwillen unserer Eltern zu umgehen.

Jahre später sagte er mir, dass er mir eine Lektion fürs Leben mit auf den Weg geben wollte. Eine Lektion, nach der alles im Leben zur Unordnung tendiert und sich die Dinge nur durch einen großen Kraftaufwand wieder ordnen und fügen. Das ist die Entropie, ein Gesetz der Thermodynamik, sagte er. Für meinen Mann war das Leben wie ein Kreislauf: damit wir uns verstehen, müssen wir immer wieder an unseren Ausgangspunkt zurück.

Er wusste genau, dass mich nichts so sehr geprägt hat wie unsere Hochzeit. Seine Frage war wohlüberlegt.

„Unsere Hochzeit", sagte ich.

Ich weinte immer noch hemmungslos und nahm nicht einmal wahr, dass mein Mann nicht mehr neben mir lag. Als ich den Kopf hob, sah ich entgeistert, wie mein Mann mit einem Jasminzweig vor mir kniete.

„Willst du mich heiraten?"

Von da an haben wir hier jeden Tag geheiratet, bis zu dem Tag, an dem er starb. Wir kamen hierher, allein, und nach jedem Sonnenuntergang pflückte er einen Jasminzweig und machte mir einen Antrag. Und so konnten wir unsere wertvollen Momente im Leben immer und immer wieder erleben.

Glaubst du jetzt immer noch, dass ich meinen Mann töten könnte? Dass ich ihn hintergehen könnte? Für den Fall, dass du noch Zweifel hast, nimm diesen Brief, den er an seine Tochter geschrieben hat. Bitte lies ihn. Sollen die anderen doch denken, was sie wollen. Reden wir lieber über uns.

Du glaubst doch nicht, dass wir uns zufällig begegnet sind, oder? Es gibt keine Zufälle, mein Sohn. Weißt du noch, wie wir uns in der Baracke zum ersten Mal gesehen haben? Ich sage dir, nur wer undankbar ist, glaubt an Zufälle. Wege kreuzen und trennen sich, je nachdem, welchen Missionen man folgt. Ich wusste gleich, dass da mehr war. Als ich dich sah, erkannte ich sofort den Blick deines Vaters. Seit mein Mann ums Leben kam, habe ich mich nie wieder auf jemanden eingelassen. Meine Welt war verschlossen, und mein Blick war es auch. Einmal im Monat ging ich noch zur Baracke, um meine Tochter zu sehen und mir in Erinnerung zu rufen, was sie einst für unsere Familie bedeutet hat, welchen Traum sie geweckt hatte..., aber sie hat mich jedes Mal beschimpft und wieder rausgeworfen. Früher hat sie noch mehr herumgeschrien; jetzt jagt sie mich nur noch weg, schafft mich aus dem Weg, als wollte sie die Spuren einer Riesenschlange beseitigen: mit dem Besen. Aber ich verurteile sie nicht, ich gebe ihr die Zeit, die sie braucht, um zu verstehen, dass das Leben mehr ist als seine Schale. Eine Schale ohne Erdnuss ist wie ein Auge ohne Sehkraft. Oder Essen ohne Salz. Verstehst du? Welchen Reiz hätte das Leben, wenn man es mit nur einem Auge betrachtet? Nichts gegen einäugige Kreaturen, nur ein Versuch, einen Vergleich mit allem Halbfertigen zu ziehen. Lua braucht Zeit, und diese Zeit will ich ihr geben. Alles hat seine Zeit, selbst Gott brauchte Zeit, um die Welt zu erschaffen. Steht nicht in den Schriften, dass sein Werk erst nach sieben Tagen vollbracht war? Doch jetzt bist du aufgetaucht, wie der Regen im August, und alles hat sich überschlagen. Kaum hast du angefangen, mir deine Geschichte zu erzählen, war ich mir sicher, dass du mein Sohn bist. Ich kenne niemanden, der sich so gegen den Glauben sträubt wie dein Vater, und genau deswegen hat er ständig darüber philosophiert, dass du im Konflikt entstanden bist. Als du geboren wurdest, gab dir mein Vater deinen Namen in der Hoffnung, dass die ersehnte Liebe zwischen deinem Vater und mir entflammen würde, doch weder dein Vater noch ich waren in der Lage, diesen Rückstand aufzuholen. Dein Vater glaubte nicht daran, dass Gott ausreichend Macht hatte, mich dazu zu bringen, ihn so zu lieben, wie er es wollte. Und mein Vater glaubte nicht, dass Gott ein so edles Gefühl, das er zwischen mir und meinem Cousin zu wissen glaubte, einfach verlöschen ließ. Und was glaubte ich, wie stand ich dazu? Ich kann es dir nicht sagen, mein Sohn, schon allein, weil Frauen in so Dingen nicht gefragt werden. Wie ich dazu stand, habe ich erst herausgefunden, als ich meinen verstorbenen Mann kennenlernte und mich in ihn verliebte. Er hat mir die Augen geöffnet und den Traum vom Glück geschenkt, den ich an der Seite meines Cousins nie gehabt hätte. Illusion? Vielleicht. Mein Vater und mein Cousin glaubten das jedenfalls, als ich meiner Familie mitteilte, dass ich die Insel verlassen würde.

Und als wir hier ankamen, sahen wir, dass nicht alles Gold ist, was glänzt. Das Glück war nicht so groß, wie mein verstorbener Mann mir versprochen hatte, aber wir dürfen nicht vergessen, dass manche Steine erst poliert werden müssen, damit sie glänzen. Heute verstehe ich, was damit gemeint ist. Ich verstehe, welche Rolle mein Mann in meinem Leben gespielt hat. Die Vergangenheit ist nicht mehr wichtig. Wichtig ist, dass du hier bist, dass du auf der Suche nach mir das Meer überquert und Grenzen überschritten hast und dass wir uns gefunden haben. Meine Tochter verehrt dich, was ein Vorteil für die Wiedervereinigung unserer Familie sein könnte. Und der Brief ihres Vaters könnte dabei helfen. Bitte sorg dafür, dass sie ihn liest, denn du bist unser Held. Du bist gekommen, unseren Trümmerhaufen wieder in Ordnung zu bringen. Glaubst du auch, dass die Dinge sich jetzt wieder fügen? Oder meinst du immer noch, dass alles nur Zufall ist?

SECHS

Es ist immer besser sich abzusprechen als zu improvisieren

Das Leben pendelt zwischen zwei Polen. Es ist geprägt von Gegensätzen wie hoch–tief, links–rechts und vorne–hinten. Auch unsere Haltungen sind gegensätzlich. Doch diese Dualität ist immer ausgewogen. Niemand ist absolut ehrlich, und niemand ist absolut unehrlich. Das Leben als Ganzes ist der Gradmesser für unsere Tugend. Wir bewegen uns im Leben immer zwischen Gut und Böse, wobei die totale Tugendhaftigkeit erst im Tod erreicht werden kann. Wir pendeln in dieser ambivalenten Mitte. Seit Tagen denke ich über diese Dinge nach. Es ist deutlich erkennbar, dass es meinem Motivator, wie ich Fé nenne, nicht gut geht. Und ich glaube nicht, dass es etwas mit mir zu tun hat. Ich weiß, dass ich nicht immer freundlich zu ihm bin, vor allem letztens, als er nach Pipa gefragt hat, aber diese Sache ist längst vergessen, und zwischen uns ist wieder alles normal. Also frage ich ihn, was los ist.

„Es ist nichts, Lua. Das Leben hat nun mal seine Schwankungen: Höhen und Tiefen, Gutes und Schlechtes, Glück und Leid!"

Seine Worte überzeugen mich nicht. Meinem Motivator geht es schlecht, und ich bin nicht in der Lage ihn aufzuheitern. Ich kann mir vorstellen, dass er seine Familie und Freunde vermisst... immerhin lebt er in einem Land, das er kaum kennt, und mit Menschen, die ihm fremd sind. Ich versuche ihm deutlich zu machen, dass er für unsere *Baracke* ein enormer Gewinn ist. Wenn ich ihm seinen Nutzen vor Augen führe, wird er hoffentlich wieder normal. Zusammen leisten wir hervorragende Arbeit, die den Erfolg des Hauses ausmacht. Er zieht sich neuerdings gern in den Garten zurück, kümmert sich um den Jasmin und die *Malagueta*-Pflanzen und die Ernte, während meine Arbeit darin besteht, die Okra- und Auberginensoßen, die *Hibiskusblüten*-Sauce und die Säfte zuzubereiten. Wir arbeiten nebeneinander, ohne jede Interaktion. Meine *Baracke* hatte noch nie so viel Zulauf. Doch in letzter Zeit waren die Geschäfte wegen Fés Stimmungsschwankungen schlechter als sonst. Die Leute spüren seine geistige Abwesenheit und stellen ihre Vermutungen an. Ich versuche ihn zu rechtfertigen, aber angesichts unserer abgekühlten Beziehung schenkt man mir keinen Glauben. Wenn Menschen sich etwas in den Kopf gesetzt haben, sind sie nicht mehr davon abzubringen. Sie glauben, dass Fé von Pipa verhext wurde, was ihn zu einem Kriminellen macht, weil Pipa als Verbündete der *Irãs* gilt. Sie warnen mich, dass man ihn eines Tages tot auffinden wird, so wie meinen Vater. Fé sagt, dass er Zeit braucht, um die jüngsten Ereignisse verarbeiten zu können. Ich weiß nicht, was er meint; am Anfang hatte ich dafür Verständnis und ließ ihn in Ruhe. Die Tage vergingen, aber die Stimmung des Jungen wurde nicht besser. Mein Gott! Langsam mache ich mir wirklich Sorgen, so sehr, dass ich mir vornehme, dieser drastischen Veränderung im Verhalten meines Motivators auf den Grund zu gehen. Ich muss wissen, was in seinem Kopf vorgeht, und spioniere ihm nach.

Fé hat jedoch seine immergleichen Routinen. Nachmittags verlässt er die *Baracke* und geht direkt zum Fluss. Dort verweilt er und sinniert über die Endlichkeit der Welt, das Verschwimmen der Grenze zwischen Himmel und Wasser, die Stabilität und in sich ruhende Beständigkeit des Universums und den Sinn des Lebens. Manchmal kommt Pipa dazu und ich beobachte, wie sie dort zu zweit verweilen, bis mir die Zeit zu lange wird und ich mich wieder zurückziehe. Die beiden widmen sich mit einer mir unbegreiflichen Hingabe den Lebensgebilden, dem Meer und dem Universum. Ich habe nie auf den Sonnenuntergang in Ingoré geachtet. Für mich sind die Sonnenuntergänge überall auf der Welt gleich. Ich sehe keinen Unterschied und auch keinen besonderen Reiz in dem vorhersehbaren und immer gleichen Licht, das sich täglich im Westen abzeichnet, wenn der Tag zur Nacht wird. Im Übrigen wird mein Leben dadurch weder besser noch schlechter. Ich bleibe trotzdem die alte Person und mein Leben ist genauso traurig und öde wie immer. Mag

sein, dass Fé von Pipa oder von den *Irãs* verzaubert ist, aber ihre gemeinsame und harmonische Hingabe hat nichts mit Zauberei zu tun. Dieser Frieden in ihren Seelen scheint mir nicht aufgezwungen. Zwischen den beiden ist absolute Harmonie und Ausgeglichenheit.
Da ist Anteilnahme.
Ich spüre eine gewisse Eifersucht in mir aufsteigen. Ich möchte glauben, dass der Ausländer nur mir gehört, einzig und allein, dass er sich an meiner Seite wohlfühlt, in unserer *Baracke*. Wie konnte er plötzlich seine ganze Leidenschaft für unsere *Baracke* verlieren? Als wäre das nicht genug, scheint Fé die *Baracke* gegen die Faszination für einen schäbigen Sonnenuntergang und eine bedeutungslose Person einzutauschen. Ich weiß, dass die beiden keine körperliche Liebe füreinander empfinden. Das ist nicht der Grund, warum sie sich treffen. Doch warum ist ihnen dann die Nähe des anderen so wichtig? Was uns Menschen am meisten beunruhigt, ist die Angst zu verlieren, was wir begehren und noch nicht haben. Noch beängstigender ist es, zu verlieren, was wir begehren und nie haben können. Ich fühle mich zerrissen und mich packt die Angst. Ich sehe in Fé nicht nur eine Arbeitskraft. Ich sehe ihn auch als Motivator. Mein Leben war weniger öde, nachdem ich ihn eingestellt habe. Er ist charmant und sensibel. Er bringt Ruhe und Frieden. Er ist ein Mensch, der durch seine Persönlichkeit und bescheidene Art auffällt, jemand, der sich mehr Freunde als Feinde macht. Er ist zuverlässig und äußerst klug. Wer hätte nicht gern einen Menschen wie ihn an seiner Seite? Unter normalen Umständen würde ich einen Ausländer, der kaum meine Sprache spricht und dessen Fähigkeiten nicht zu dem passen, was man von einer Servicekraft erwartet, nicht als Mitarbeiter akzeptieren. Aber Fé ist etwas Besonderes; aufgrund seiner Lebenserfahrung, die wahrscheinlich von vielen dramatischen Erlebnissen gekennzeichnet ist, hat er immense Vorzüge.

Er ist zu Beginn der Regenzeit in einem Jahr aufgetaucht, das man als umsatzschwach bezeichnen könnte. Die Kunden kamen und gingen im gewohnten Trott. Nichts passierte. Das moderne Leben geht an die Substanz, und inmitten so vieler verdrossener Menschen gab es nicht einen einzigen, der auch nur einen Hauch von Freude zeigte. Das Leben der Menschen schien jeden Sinn verloren zu haben. Ich war keine Ausnahme.

Fé trat leise, aber keineswegs unbemerkt ein. Man sah sofort, dass er anders war, jemand mit markantem Hautton und auffallender Kleidung. Er setzte sich an einen Tisch neben eine Jasminpflanze, die an einem Holzstock befestigt war. Es ist die einzige Pflanze im Innenbereich meiner *Baracke*. Dieses Gewächs bedeutet viel für das Haus, trotz seines verwitterten Zustands.

Der Jasmin wurde von den Standbesitzern bewusst und zu einem bestimmten Zweck gepflanzt. Die Einwohner von Ingoré wissen wenig oder gar nichts über diese Pflanze, obwohl sie in ihrem Land und am Ufer des Flusses, der ihren Namen trägt, in Hülle und Fülle zu finden ist. Ich hingegen schätze sie sehr, da die Pflanze für meine Eltern eine besondere Bedeutung hatte.

Fé blieb stundenlang dort sitzen. Er hat nichts konsumiert und mit niemandem gesprochen. Er war einfach nur da, bis er genug hatte und ging. Am nächsten Tag kam er wieder und die Situation wiederholte sich. Niemand wusste etwas über ihn. Niemand wusste, warum er nach Ingoré gekommen war und warum er meinen Stand besuchte. Am Ende des dritten Tages, kurz bevor er ging, fragte er nach Wasser und wässerte die Pflanze. Dieses Spiel wiederholte sich mehrere Male. Niemand versuchte, ihn aufzuhalten oder den Grund seines Handelns herauszufinden. Die Tage vergingen und der Jasmin entwickelte sich prächtig, ohne dass es jemand bemerkte. Fé wunderte sich über unsere Gleichgültigkeit und die geistige Abwesenheit, erkundigte sich nach dem Besitzer der *Baracke* und erfuhr, dass ich es war. Er pflückte einen besonders hübschen Jasminzweig und reichte ihn mir mit den Worten:

„Ich bin schon in vielen Ländern gewesen, aber ich habe noch nie eine so geringe Wertschätzung für diese Pflanze erlebt wie hier."

„Was meinst du? Wird sie nicht gut gepflegt?“, fragte ich ihn freundlich. „Kennst du diese Pflanze?“
„Ja, natürlich, sonst wäre sie ja nicht hier, glaubst du nicht?“
„Das glaube ich nicht!“
„Wie kannst du nur so frech sein?“
„Reg dich nicht auf, ich meine es nur gut, hübsches Mädchen. Diese Blume hat es nicht verdient, dass man ihr so wenig Beachtung schenkt...“
„Das verstehe ich nicht!“
„Wusstest du, dass diese Pflanze in der Aromatherapie zur Behandlung von Depressionen und Angstzuständen eingesetzt wird? Wusstest du, dass sie Menstruationsbeschwerden lindert? Wusstest du außerdem, dass ihre Blütenblätter als Rohstoff für die Herstellung von Seifen und Antifaltencremes dienen und außerdem zur Behandlung von Hautproblemen, wie Pickeln, Akne, Hautwunden und Dehnungsstreifen verwendet werden?“
„Das wusste ich nicht, aber das hebt sie nicht von den vielen anderen Pflanzen dieser Welt ab.“
„Da hast du recht. Aber vielleicht glaubst du das auch nur, weil du nicht weißt, dass die Pflanze aufgrund ihres sinnlichen und erotischen Duftes mit dem wahrhaft Weiblichen assoziiert wird. Vielleicht weißt du auch nicht, dass sie andernorts für eine stabile und glückliche Ehe steht.“
Die Assoziation des Jasmins mit Ehe und Stabilität ließ mich aufhorchen. Damals fühlte ich bereits eine vage Schuld für etwas, das ich mir nicht erklären konnte. Ob das der Grund dafür war, dass mein Vater diese Kletterpflanze so sehr schätzte? Ich nahm mich zusammen und bat ihn, das genauer zu erklären.
„Tatsächlich weiß ich nur wenig über den Jasmin!“
„Diese wunderschöne, wohlriechende und zarte Pflanze, die sich damit begnügt, sich an einem fremden Körper emporzuwinden, ist nicht nur in der Welt der Parfümerie weit verbreitet, sondern sie gilt auch als heilig. Weißt du, warum?“
„Sag’s mir...“

„Ihre Seele ist menschlich, genauso wie deine!"
Ich war überrascht und konnte die Bedeutung seiner Worte nicht gleich erfassen, aber dann verstand ich die Anspielung und wurde rot.
Die Seele einer Pflanze soll mit meiner identisch sein?
„Was meinst du damit?"
„Jasmin war die schönste Gärtnerin der Welt, eine Bewunderin der Pflanzen und Blumen. Sie widmete sich ein Leben lang der Pflege von Pflanzen und Gärten und verteilte ihre Blumen liebevoll an die Menschen. Zum Dank sagten ihr die Menschen, dass sie die schönste aller Blumen sei. Dies brachte sie auf den Gedanken, als Blume die Welt noch mehr zu verzaubern, denn als Mensch würde sie eines Tages alt sein. Also bat sie Gott, sie zu verwandeln und aus ihr ein Geschöpf zur Überwindung von Liebesproblemen zu machen. Gott erhörte ihren Wunsch und machte sie zur schönsten und herrlichsten Blume der Welt."
Ich erkannte, dass der Ausländer keinen Unfug redete und sich schon gar nicht über mich lustig machte. Mein Lokal war gut besucht, was seltsam war, und alle konnten das Gespräch mithören, weil dort nichts weiter vor sich ging. Es war noch ruhiger als sonst. Als Fé bemerkte, dass man ihn beobachtete, wandte er sich zu den Leuten und begann zu reden.
„Ich habe viele Stunden hier verbracht, mehrere Tage lang, und beobachtet, wie matt und erschöpft die Menschen hier ankommen. Sie sehen exakt so aus wie diese Pflanze hier und alle anderen Pflanzen im Garten. Würde man sie pflegen, könnten sie Schönheit und Freude ausstrahlen, was allen zugutekäme. Alle könnten fröhlicher und geselliger sein. Stattdessen gehen die Menschen noch trauriger und bedrückter als sie kommen, ein bisschen so, als hätte der *Futi*, den sie hier gegessen, oder die Luft, die sie hier geatmet haben, ihnen geschadet. Ihr seid der Beweis dafür, dass Menschen in der Gruppe manchmal einsamer sind, als wenn sie allein sind. Wie könnt ihr euch, mit all den motivierenden Dingen um euch herum, diesem langsamen Tod hingeben? Wie könnt ihr ein so absurdes Leben führen, das ohnehin schon zeitlich begrenzt

ist? Ist das Leben an sich nicht schon zu kurz, um es zu verschwenden? Langeweile verträgt sich nicht mit der Schönheit des Lebens und schon gar nicht mit den Reizen unserer Natur. Fangt an zu leben und euch wenigstens um die Pflanzen zu kümmern. Fangt an zu leben und dankt dem Universum, wenn ihr nicht vor Langeweile sterben wollt!"
Fé wirkte wie ein Weiser, einige hielten ihn für einen Engel, der ihnen plötzlich erschienen war. Ich sah ihn als ein Licht... Die ganze Tabanca sprach von dem Ausländer, der als Retter nach Ingoré gekommen war. Seine ungewöhnliche Sicht auf das Leben konnte für alle von Nutzen sein. Bevor er ging, bat ich ihn, für mich zu arbeiten und sich um meinen Garten zu kümmern. Das war alles, was ich ihm im Gegenzug für seine schönen Worte zu bieten hatte. Er versprach, sich um die Pflanzen meines Vaters zu kümmern und sich alle Mühe zu geben, mit den Blumen für mehr Freude und Zufriedenheit im Dorf zu sorgen. Ich konnte mein Glück kaum fassen. Es grenzte an ein Wunder! Endlich gab es jemanden, der mir half, mein Leben in die Hand zu nehmen.
Aus diesem Grund will ich mich nicht damit abfinden, dass er mich gegen ein banales Sonnenuntergangsvergnügen eintauscht, noch dazu mit einer Person, die mich einfach im Stich gelassen hat. Ich nahm mich der Sache an und folgte ihm zum Fluss. Eine Zeit lang beobachtete ich meinen naturliebenden Motivator und, nachdem ich sicher sein konnte, dass Pipa nicht mehr kommen würde, ging ich zu ihm hin.
Es dämmerte bereits.
„Was ist so besonders an einem Sonnenuntergang?"
„Pipa würde sagen: das, was nur ich sehen kann!"
„Was soll das heißen?", frage ich gelassen.
„Das heißt, dass ich einen Sonnenuntergang nur für mich erlebe. Selbst wenn ich es dir erklären könnte, würdest du es nicht auf dieselbe Weise erleben und nachempfinden."
„Ich könnte aber, so wie du, Gefallen daran finden."
„Was du nicht selbst erlebt hast, kann dir auch nicht gefallen. Mach deine eigene Erfahrung und frag dich dann, was besonders ist."

„Hast du diese Frage für dich schon beantwortet?"
„Noch nicht."
„Und Pipa?"
„Das weiß ich nicht."
„Was bedeutet sie für dich?"
„Wer?"
„Pipa."
„Erleuchtung. Mit ihr habe ich das Gefühl, dass ich endlich zu mir selbst gefunden habe. Ich habe meine Identität gefunden. In ihr ist alles vereint, wonach ich jahrelang gesucht habe, während ich andere Länder und Kulturen durchstreift habe", sagte er sichtlich gerührt.
Ich nahm ihn in den Arm, um ihn zu trösten.
„Du weißt, dass sie eine Mörderin ist, oder? Eine gemeine Zauberin."
„Auf die eine oder andere Art sind wir das alle. Das hatte ich dir schon gesagt. Willst du weiter darauf herumreiten?"
„Hast du schon mal jemandem das Leben genommen?"
„Pipas verstorbener Mann sagte immer, dass der Tod nicht in unserer Hand liegt. Ich werde ihn nie kennenlernen."
„Aber es gibt Menschen, die anderen etwas nehmen können, obwohl sie es nicht in der Hand haben."
Und mit diesen Worten musste plötzlich auch ich weinen. Vielleicht, weil von meinem Vater die Rede war. In so einem Moment vermag uns nicht einmal der hellste Stern zu trösten. Versinkt der Mensch in Melancholie, muss er nun einmal weinen. Wenn ich nur verstehen könnte, warum sich meine Mutter so zurückgezogen hat. Aber noch war alles möglich, das Gespräch war noch nicht zu Ende, also fragte ich noch einmal: „Was weißt du über Pipa?"
„Das will ich ja gerade von dir wissen, Lua."
„Sie ist meine Mutter. Wusstest du das nicht?"
„Doch, ich wusste es, aber ich wollte es von dir hören."
„Was hat sie dir über mich erzählt?"
„Nichts. Wir haben nie über dich gesprochen."

„Ernsthaft?"
„Ja. Und ich verstehe nicht, wie du einen so liebenswerten Menschen wie Pipa hassen kannst."
Im gleichen Moment schoss eine Sternschnuppe über den Himmel und landete im Fluss. In den Wellen verblieb ein helles Schimmern; es breitete sich aus und brachte eine menschlich aussehende und doch seltsam wirkende Gestalt hervor. Die Arme waren übermäßig lang, der Kopf war wie plattgedrückt und die Beine waren nicht zu sehen. Die Gestalt näherte sich dem Ufer und bewegte sich in einer parallel verlaufenden Linie auf uns zu. Je näher sie kam, desto stärker wurde ihr Leuchten und desto deutlicher konnte man erkennen, dass es sich nicht um einen Menschen handelte. Ingoré ist dafür bekannt, dass sich die Wesen verwandeln – mal verwandeln sich die Menschen in Eulen, Wölfe, Katzen oder sogar *Riesenschlangen*, mal verwandeln sich die *Irãs* in Menschen, Schafe, Bienen oder Schlangen. Allerdings hatte ich nie die Gelegenheit, einem solchen Phänomen beizuwohnen, so dass ich am ganzen Körper zitterte. Die Gestalt ging am Ufer entlang auf die kleine Hütte zu, in der Pipa wohnte. Fé erhob sich langsam und nahm mich in die Arme, obwohl er genauso zitterte wie ich; eigentlich war es bei ihm sogar noch schlimmer. Die Kreatur fing an, Funken zu sprühen und wie in einem Kohlenfeuer zu glühen. Sie ging gebückt, wie vor Kummer gekrümmt, und man konnte ihr göttliches Gesicht sehen. Ihr Gesicht leuchtete in der Dunkelheit und ihr Körper erhob sich in der Luft, als würde er schweben, so transparent, dass man durch ihn hindurchsehen konnte. Mit leuchtenden Pupillen glitt die Kreatur an uns vorbei, ohne uns zu sehen, bis zu Pipas Hütte, wo sie in der Dunkelheit erlosch wie eine Kerze im Wind.
„Hast du das gesehen? Glaubst du immer noch, dass sie ganz normal ist?"
„Natürlich ist sie normal, Lua. Hat sie je etwas Verrücktes getan? Du weißt nicht einmal, ob diese Kreatur etwas mit ihr zu tun hat. Hast du

schon einmal daran gedacht, dass es dein Vater sein könnte, der sie besuchen kommt?“
„Mein Vater? Mein Vater muss sie abgrundtief hassen.“
„Das ist deine Sicht der Dinge. Was weißt du eigentlich über deine Mutter?“

DAS LEBEN IST EIN PROZESS, KEIN PRODUKT

Das Leben hat mir alles genommen, Fé.
Was glaubst du, warum ich mich dem Leben verweigere? Was ist das Leben überhaupt wert, wenn wir keinen Boden unter den Füßen haben. Was bringt das Leben, wenn wir traumatisiert, enttäuscht und frustriert sind? Was bringt es, das Glück zu suchen, wenn wir kein Leben haben, auf das wir stolz sein können? Für mich ist das Leben alles, was uns ausmacht. Es ist Kontinuität, die Summe der Elemente, die sich vom Tag unserer Geburt bis zu unserem Tod ergeben. Niemand hat das Recht, uns zu belügen und zu täuschen, niemand kann uns glauben machen, dass unser Leben real ist, wenn es im Grunde nur aus Lügen und Heimlichkeiten besteht, die mit unserer Welt nichts zu tun haben.
Was kann ich dafür, dass meine Eltern so viel durchmachen mussten? Warum haben sie mich gezeugt, wenn sie nicht in der Lage waren, sich um mich zu kümmern?
Ich habe meinen Vater geliebt. Ich sah in ihm alles, was eine Frau in einem Mann sieht, trotz allem, was man über ihn wusste. Mein Vater hatte einen kleinen Penis. Ja, einen Penis, den keine Frau sich von vornherein wünscht.
Spielt die Größe eine Rolle?
Meine Nachbarn wussten, dass sein Penis nicht besonders groß war, und sie sagten, meine Mutter würde ihn deshalb betrügen. Ich habe keine Ahnung, ob sie ihn wirklich betrog, mich hat das nie interessiert. Es ist an meiner Mutter, dafür die Verantwortung zu übernehmen. Man sagt doch, dass jeder für sich selbst verantwortlich ist, nicht wahr? Wenn meine Mutter das getan hat, wird sie ihre Gründe gehabt haben.

Mein guter Vater aber ließ sich durch haltlose Behauptungen nicht unterkriegen. Er hatte Charakter und ich bewunderte ihn sehr. Als ich älter wurde und anfing Bedürfnisse zu haben, verliebte ich mich in ihn. Warum sollte ich dir das nicht erzählen? Ich denke, dass es dir nichts ausmacht, das zu hören, und mir tut es gut, mich von dieser Last zu befreien. Ich gab vor, mich in meinem Zimmer zu fürchten und bat meine Mutter, mich zu ihm ins Bett legen zu dürfen. Anfangs dachte er, dass ich eine schwierige Zeit durchmachte, weil ich häufig Albträume hatte, denn immer, wenn ich mich zu ihm legte, umarmte, liebkoste und küsste ich ihn. Er ließ es geschehen, weil er meine Handlungen für unschuldig hielt. Ich habe keine Ahnung, ob meine Mutter das wusste oder ob sie etwas ahnte. Sicher ist, dass ich es irgendwann schaffte, dass mein Vater nachgab und mit mir schlief. Die Lust, die ich mit meinem eigenen Vater spürte, war unbeschreiblich. Mein Interesse an meinem Vater war durch das Gerede überhaupt erst geweckt worden. Ich wette, dass ich nie mit meinem Vater geschlafen hätte, wenn ich nicht erfahren hätte, dass er einen kleinen Penis hat. Er hat mir gezeigt, dass die Größe keine Rolle spielt. Ich war noch Jungfrau und hatte Angst vor den Schmerzen der ersten Penetration. Wenn mein Vater einen kleineren Penis hätte, würde ich vielleicht weniger Schmerzen haben, dachte ich. Schließlich verliebte ich mich ernsthaft, und mein Vater war für einen beträchtlichen Zeitraum mein Liebhaber. Ich war nur ein unschuldiges Mädchen, das glücklich sein wollte. Ich scheine für das Glück nicht gemacht zu sein, glücklich ist, wer dazu geboren ist. Ich hatte außer meinen Eltern keine Familie. Sie waren nicht von hier, sie kamen aus Cabo Verde, so wie du. Sie kamen völlig mittellos, aber mein Vater war tüchtig und schaffte es, etwas Geld zu sparen und unseren kleinen Stand zu eröffnen. Er sagte, die Baracke stehe für alles, wozu er in diesem Leben berufen sei. Die Baracke ermöglichte es ihm, den Beruf seiner Eltern auszuüben, für den er von Geburt an bestimmt war. Er nannte sie Jasmin zu Ehren der Menschen, die sich zu seiner Hochzeit versammelt hatten, auf dieser Insel, wo er seine glücklichste Zeit verbracht hat. Und er pflanzte Jasminbäume als Hommage an seine Familie, seine Liebe zu meiner Mutter und zum Leben. Mein Vater war ein sehr hingebungsvoller Mann und kümmerte sich bis zu seinem Tod um uns und um das Lokal.
Wer hat ihn getötet?

Ich weiß es nicht.

Die einen sagen, es sei der Irã hier in der Gegend gewesen, der sich wegen einem Vertrag hintergangen fühlte. Die anderen sagen, dass es meine Mutter war. Ich glaube an keine der Versionen. Sie liebte ihn, und er liebte sie. Sie liebten sich sehr. Meine Eltern waren ohne Familie und hatten nur wenige Freunde. Dadurch, dass sie sich nie integrierten, waren sie dem Dorf ein Dorn im Auge. Meinen Vater hat das nie gestört. Zu meiner Mutter sagte er, dass sie sich nie herabsetzen lassen sollten, von wem auch immer. Mein Vater hatte ein eigenes Verständnis davon, was es bedeutete nützlich zu sein, wie er überhaupt von vielen Dingen ein anderes Verständnis hatte. Er erzählte mir, dass sein Vater ihn für nutzlos hielt, weil er nicht auf ihn gehört und beschlossen hätte, meine Mutter zu heiraten. Dann sagte er: Nutzlos für wen? Immer wenn er dieses Thema anschnitt, erzählte er die Legende vom Affen und dem Fisch.

Kennst du sie?

Ich erzähle sie dir.

Ein Affe kommt zum Fluss, ihm ist heiß und er hat Durst, er beugt sich über das Wasser, um zu trinken und sich abzukühlen, und sieht einen Fisch.

„Armes Tier! Es wird ertrinken“, denkt er.

Der Affe beginnt in aller Ruhe zu trinken, aber sein Gewissen plagt ihn. Er muss das Tier retten. Also greift er schnell und präzise nach dem Fisch und holt ihn heraus. Da liegt der Fisch draußen, zappelt und zuckt, wälzt sich hin und her, und jetzt? Der Affe sieht ihn naserümpfend an, lächelt und sagt:

„Was für eine Erleichterung, was!? Ist doch gut, wenn man gerettet wird! Du brauchst mir nicht zu danken.“

Er trinkt zu Ende, kühlt sich ab, dreht sich um, um zu gehen und sieht den bewegungslosen Fisch, steif und ohne Regung. Er tippt das Tier an, tippt es wieder an, untersucht es genauer und denkt, mit nagendem Gewissen:

„Armes kleines Ding! Es ist tot. Hätte ich es früher aus dem Wasser geholt, wäre es noch am Leben.“

War der Affe nun nützlich oder nutzlos?

Nützlichkeit ist ein Begriff, der mit äußeren, scheinbaren Werten zu tun hat. Die Art und Weise, wie wir Nützlichkeit verstehen, ist für meinen Vater dasselbe wie zu sagen, dass die Dinge aus sich heraus nicht wertvoll sind. Ich weiß nicht, ob ich es besser erklären kann, aber vielleicht kannst du mir ja folgen. Was ist für dich im Leben besonders nützlich? Du bewunderst zum Beispiel den Jasmin, weil er für dich schön und wohlriechend ist und weil man ihn für viele Dinge verwenden kann, die dem Leben einen Sinn geben. Der Jasmin ist also nützlich für dich, richtig? Nicht für meinen Vater. Nützlich ist in diesem Sinn das, was man mit einer Sache machen kann. Nicht der Geruch des Jasmins ist nützlich, sondern die Wirkung dieses Geruchs. Nicht seine Blütenblätter sind nützlich, sondern die Parfüme, die man daraus herstellen kann. Die Nützlichkeit steckt also nicht im Jasmin selbst, sondern außerhalb des Jasmins in den Bedürfnissen, die damit erfüllt werden. Würde der Jasmin plötzlich aufhören zu duften und aus seinen Blüten kein gutes Parfüm mehr hergestellt werden können, hätte der Jasmin für das Leben der Menschen keine Bedeutung mehr, dann wäre er nutzlos, nicht verwertbar und nichts wert.

Demnach wirst du meinem Vater also zustimmen müssen, wenn er sagt, dass die Menschen etwas oder jemanden nur dann als nützlich empfinden, wenn ihr Gebrauch den eigenen Interessen dient. Ich bin nur in dem Maße nützlich, wie ich tätig oder dienlich bin. Wenn ich den Tag in meiner Baracke nur damit zubringen würde, den Leuten zuzuschauen, wie sie reinkommen und essen und wieder gehen, wäre ich für sie nutzlos. Wenn ich ruhig und still an meinem Platz sitze, bin ich niemandem etwas wert, und alle werden mich für nutzlos halten. Mein Vater glaubte, dass Menschen oder Dinge ihren Wert in sich tragen und nicht danach beurteilt oder darauf reduziert werden können, inwieweit sie fremden Interessen dienen. Es kann zum Beispiel sein, dass Menschen dich nicht nützlich finden, wenn du ihnen nie ein Lächeln oder einen Jasminzweig geschenkt hast, während andere dich für nützlich halten. Hast du etwa zwei Seiten in dir, die dich für die einen nützlich machen und für die anderen nicht? Das macht keinen Sinn.

Mein Vater war ein kluger und sonderbarer Mann, der nie auffallen wollte. Die Leute aus der Nachbarschaft sagten, er hätte nicht nur einen kleinen Schwanz, sondern auch Sex mit toten Hühnern. Ein Nachbar beteuerte gesehen zu haben, wie er in ein Huhn eingedrungen ist, das er gerade geschlachtet hatte. Er war für niemand ein Heiliger, aber er hat sich auch nie um die Verurteilungen und Moralvorstellungen der anderen geschert.

Warum verurteilten ihn die Leute, wenn er Sex mit einem toten Huhn hatte? Was war daran falsch? Das Huhn war mausetot und trotzdem nützlich, doppelt nützlich. Es verhalf meinem Vater zu einem Orgasmus und es wurde gegessen. In den Augen meines Vaters war der menschliche Kopf, der wie ein frei schwingendes Pendel sein sollte, eher wie ein leerer Krug. Damit wollte er sagen, dass man in ein leeres Gefäß alles hineingeben kann. Es wird sicher und zuverlässig alles so bleiben wie es ist. Wäre der Krug voll, würde er überlaufen, aber da er leer ist, hat alles darin Platz, selbst der kleinste Gedanke. Denn urteilen ohne zu denken ist dasselbe wie aufnehmen ohne zu filtern. Das ist im Alltag nicht so trivial, aber die Wahrheit ist, dass wir mit unserem Urteil glauben, im Recht zu sein. Das Urteil war in den Augen dieses Mannes nicht mehr und nicht weniger als die Bestätigung unserer Vorurteile. Erst das Vorurteil, dann seine Bestätigung, im Positiven wie im Negativen. Die Gesellschaft schreibt uns zum Beispiel vor, dass Sex heimlich stattfinden muss und mit einem Menschen, der möglichst die gleiche Hautfarbe, das gleiche soziale Niveau, die gleiche Kultur und die gleiche Religion hat wie wir. Mein Vater sagte, dass ihm nie jemand erklärt hätte, warum das so sein musste. Er wusste, dass die Natur der Dinge ihren Einfluss hatte, doch darüber hinaus war ihm kein gegenteiliges Verbot bekannt; auch keine Strafe, wenn man gegen diese natürliche Tendenz verstieß. Ich will damit nicht sagen, dass er nicht genauso seine Aversionen, seine Widerwärtigkeiten rechtfertigte, indem er tatsächlich Sex mit toten Hühnern hatte. Dabei weiß ich nicht einmal, ob mein alter Vater jemals die Dinge getan hat, die man ihm vorwarf. Meine einzige Gewissheit über meinen Vater war meine Liebe zu ihm und unseren sexuellen Abenteuern.

Natürlich war es falsch. Er wusste das auch, aber ihn traf keine Schuld, weil er im Grunde dazu gezwungen wurde. Jetzt rechtfertige ich mich auch. Tun wir das nicht alle unser Leben lang? Der Mörder sagt, dass der Mord nicht von ihm verursacht wurde, sondern dass er gezwungen war, harte Maßnahmen zu ergreifen. Der Dieb rechtfertigt sich mit der Unachtsamkeit der Bestohlenen und Bekämpfung seiner eigenen Bedürftigkeit, frei nach dem Motto: Gelegenheit macht Diebe. Der Verräter folgt demselben Muster, sagt dass er manipuliert wurde und beteuert seine Unschuld. Die Schuld steht den anderen immer am besten zu Gesicht. Dabei besteht unser ganzes Leben aus Schuld und Ekel. Die

Regeln, die wir uns selbst auferlegen, dienen nur dazu, uns schrittweise zu töten. Wir töten uns selbst, sperren uns ein und bringen uns um unser eigenes Leben. Wir sind auf allen Ebenen gefangen und blind. Niemand lebt, sondern alle sterben nur. Wir sind bereits tot, bevor wir geboren werden, als wäre die Bedeutungslosigkeit unserer Geburt nicht schon genug.
Mein Vater fragte die Leute immer nach ihrer Rolle im Leben, warum sie geboren wurden und welchen Platz sie in der Welt haben. Natürlich hielten sie ihn für verrückt. Solche Fragen würden ihre Antwort im Grab unserer Endlichkeit finden. Wer sich über solche Fragen Gedanken mache, hätte nichts anderes zu tun. Aber mein Vater sagte immer, dass diejenigen, die diese Fragen nicht beantworten können, ihr Leben nicht verdienen.

Glücklich?
Ich glaube nicht, dass mein Vater glücklich war. Eigentlich weiß ich nicht, was Glück ist, also sehe ich mich auch nicht in der Lage zu beurteilen, wie glücklich jemand ist. Aber eines ist sicher: Mein Vater, ein Mann, den ich auf drei Arten liebte, hat es verstanden, seine Energien zu nutzen.
Ich kann nicht mehr sagen, worauf ich mit diesem Gespräch hinauswill. Es geht darum, deine Frage zu beantworten, auch wenn es nicht danach aussieht. Ich bin nicht hier, um mein Herz auszuschütten. Ich halte dich nicht grundlos von deinen kontemplativen Übungen ab. Ich will dir nur Antworten geben und dich dann wieder in Ruhe lassen. So ist das mit mir, ich drehe und winde mich und druckse herum. Die Sache ist die, dass ich nicht weiß, was ich dir sagen soll. Gleichzeitig habe ich das Gefühl, eine Antwort schuldig zu sein. Du hast das Recht, es zu erfahren, du verdienst etwas Klarheit, nach allem, was du für mich und für die Menschen im Dorf getan hast. Du bist ein wundervoller Mensch; so jemand wie dich habe ich noch nie getroffen, außer meinen Vater. Deshalb habe ich vor Rührung geweint, als du zugesagt hast, für mich zu arbeiten. Vielleicht erinnerst du dich nicht mehr, es ist schon eine Weile her.
Durch dich habe ich wieder ein wenig Hoffnung. Du hast mich zu einer normalen jungen Frau gemacht, die wieder leuchtende Augen und Gefühle für einen Mann haben kann. Unzählige Male habe ich versucht deine Aufmerksamkeit zu gewinnen. Du bist so voller Hingabe in allem, was tu tust, und als Chefin konnte

ich dich ja schlecht darum bitten, weniger konzentriert bei der Arbeit zu sein, zumal ich auch Angst hatte, von dir zurückgewiesen zu werden. Ich wollte nicht, dass du mich zurückweist.

Ich weiß wenig über dich, abgesehen von deiner Lebensfreude, deiner guten Laune, deiner Leidenschaft und allem, was ich jetzt entdecke. Meine Angst war nicht unbegründet, vom ersten Moment an gab es eine sehr starke Verbindung zwischen uns. Du hast eine große Sensibilität für alles Schöne im Leben. Da du mich immer übersehen hast, bin ich in deinen Augen wohl auch nicht schön. Mein Vater würde mir jetzt widersprechen; er würde sagen, dass die Schönheit der Dinge nicht vom Auge des Betrachters abhängt. Er war wie gesagt kein Heiliger. Er war keineswegs perfekt, denn in dieser Sache waren wir verschiedener Meinung, auch wenn ich tief im Inneren wusste, dass er am Ende Recht behalten würde. Schönheit ist den Dingen inhärent, sie ist subjektiv, aber meines Erachtens nur relativ betrachtet, weil ihr die objektive Betrachtung, der Vergleich und die Kontextualisierung fehlt. Es ist eine Frage des Blickwinkels. Auch da hatte mein alter Vater seine eigene Meinung. Für ihn hatte jeder seinen eigenen, nicht austauschbaren Blickwinkel. Ich weiß nicht, wie du das siehst, aber das ist der Punkt. Du hast dich immer für das Leben und die Natur begeistert, und ich habe die ganze Zeit danebengestanden. Hattest du denn nie Augen für mich?

Sieh mich an!

Findest du mich nicht schön?

Ich will dich nicht in Verlegenheit bringen, ich will es nur verstehen, denn du sollst wissen, dass ich dich aufrichtig liebe, mehr als jemals zuvor. Als du dich plötzlich zurückgezogen hast, habe ich wieder Angst bekommen, auch wenn du dir dessen vielleicht nicht bewusst bist. In Wahrheit hatte ich immer Angst. Ich verdrängte sie in der Einbildung, dass ich dich lieber an meiner Seite hatte und dich heimlich anhimmelte, anstatt von dir zurückgewiesen zu werden, was fatal wäre. Wirklich tragisch wäre allerdings, wenn du mich gegen Pipa eintauschen würdest. Gegen meine Mutter! Ich kann mir ein Leben ohne dich nicht vorstellen. Du bist mein sehnlicher Wunsch, meine Hoffnung auf Glück, die nun in Erfüllung geht. Wunsch und Hoffnung: zwei Begriffe, die mein Vater verabscheute. Er hat mir beinahe alle meine Lebensperspektiven zunichte gemacht.

Als meine Eltern von den Inseln hierherkamen, waren sie voller Hoffnung, dass sie hier für immer glücklich sein würden. Es war das Land ihrer Träume, hier wollten sie Frieden, Erfüllung und Glück finden. Als sie noch nicht wussten, was sie mit ihrem Leben anfangen wollten, erfuhren sie von Ingoré und seinen wunderschönen Sonnenuntergängen, einem Paradies auf Erden. Doch all ihre Wünsche und Hoffnungen, der Frieden, der Neuanfang, die Erfüllung eines lang ersehnten Traums entpuppten sich als große Enttäuschung. Das fing mit der tristen Lebensweise der dort lebenden Menschen an.

Die Bewohner dieses Dorfes können nicht anders als immer nur zu jammern. Sie jammern über den Regen und sie jammern über die Sonne. Das ständige Jammern der Menschen hier ist geradezu beängstigend, und das hat meine Eltern wirklich beunruhigt. Abgesehen von diesem auffallend undankbaren Auftreten wurden meine Eltern auch abgelehnt und sehr schlecht behandelt. Mein Vater arbeitete immer als Holzfäller, doch viele seiner Abnehmer zahlten den Preis, den sie wollten, und nicht den, den er festsetzte. Sie sagten ihm ins Gesicht, dass ihm das Holz nicht gehöre. Du verstehst, was das heißt, nicht wahr? Was war mit all den Wünschen und Hoffnungen, die sie hierher gelockt hatten? Womöglich brauchten sie ihre Zeit! Also hofften sie darauf, dass sie eines Tages akzeptiert würden, dass sie irgendwann über ihre eigenen Mittel verfügen und sich Respekt verschaffen würden und dadurch ihren Stolz und ihr Glück zurückgewinnen würden.

Wir alle machen dieselbe Erfahrung und haben dieselbe Hoffnung. Mein Vater nannte es den äußeren Kreislauf des Lebens. Die Suche nach dem Glück ist wie die Jagd nach dem eigenen Schatten. Aber wenn jeder an sich selbst festhalten würde, anstatt dem Schatten nachzujagen, wäre das Glück in uns selbst und nicht nach außen gerichtet. Mein Vater argumentierte, dass in diesem äußeren Kreislauf des Lebens die Liebe als Wunsch gedeutet wird. Wir lieben, was wir uns wünschen, wir lieben, wen wir uns wünschen. Und wen oder was wünschen wir uns? Das, was wir nicht haben. Und so weiter. Nun, an dem Tag, an dem wir das haben, was wir begehren, unser Wunsch also in Erfüllung geht, fangen wir von Neuem an. Wir begehren jetzt etwas anderes, jemanden anderen, eine andere Situation, weil der vorherige, bereits erfüllte Wunsch eintönig und obsolet geworden ist. Für meinen alten Vater war die Liebe in diesem äußeren Kreislauf

wie ein Pendel, das zwischen Begehren und Eintönigkeit hin und her schwingt, von rechts nach links und zurück.
Es war zwecklos ihm zu sagen, dass ein Vater nie genug von seinem eigenen Sohn hat, oder dass die wahre Liebe zwischen zwei Menschen ein Leben lang hält. Die Eintönigkeit, die man verspürt, wenn ein Wunsch erfüllt ist, besteht nämlich nicht darin, dass man die Person oder das erreichte Objekt nicht mehr haben will, sondern darin, dass man sich von anderen, neuen und andersartigen Dingen Glück verspricht. Unsere Hoffnung ist auf andere Menschen, andere Ziele, andere Situationen gerichtet, als ob wir niemals hoffen dürften, mit etwas glücklich zu werden, was wir schon haben.
Bevor ein junger Mann seine Partnerin kennenlernt, erhofft er sich von der Situation ein gewisses Glück. Nachdem er sie kennengelernt hat, hofft er, sie zu heiraten und Kinder zu haben, um glücklich zu sein. Nach der Heirat und den Kindern verlagert sich die Hoffnung nach dem Glück wieder auf ganz andere Dinge. Ich habe zum Beispiel die ganze Zeit darauf gewartet, dass du mir ein wenig Beachtung schenkst, meine Schönheit wahrnimmst und ein Gefühl der Liebe für mich zeigst. Ich bin nicht in Not, darum geht es nicht. Es geht darum, dass du ein ganz besonderer und äußerst attraktiver Mann bist. Jede Frau würde sich in deiner Nähe verlieben. Glaubst du nicht, dass Pipa verliebt ist? Vielleicht nicht. Sie ist in diesen Dingen etwas konservativ. Wie auch immer!
Du willst also wissen, was ich über sie weiß? Nun ja, sie ist meine Mutter. Es ist schon seltsam, wie sehr du mich anziehst... Warum ich dir nie etwas gesagt habe? Du wirst es herausfinden. Mein Vater würde sagen: Das verstehst du nicht! Aber zuerst will ich dir noch eine andere Geschichte erzählen.

Mein alter Vater meinte, dass niemand wirklich versteht, was in einem Menschen vorgeht, so sehr man auch versucht, es zu erklären. Jeder ist ein Universum von Lebenswegen und Gegebenheiten, die sich untereinander und von dem Universum, das wir teilen, völlig unterscheiden. Es ist wie bei einem horizontalen Grundbesitz, bei dem die Eigentümer einen Teil gemeinsam nutzen, während die individuellen Teile voneinander getrennt sind. Der Zugang zu diesen Bereichen bleibt den anderen verwehrt. Wir bilden eine eigene Welt in uns, da hatte mein alter Herr nicht ganz unrecht.

Er wurde morgens tot aufgefunden, einen Tag nachdem das Geheimnis aufgedeckt wurde, das unser Leben zerstört hat. Die Schreie meiner Mutter waren bis in den letzten Winkel des Dorfs zu hören. Als die Nachbarn zu Hilfe eilten und ins Haus kamen, sahen sie meine Mutter nackt auf meinem Vater sitzen. So erzählt man sich zumindest. Die Frau war wie besessen vor Wut und Verzweiflung. Niemand kann sich bis heute erklären, was eigentlich passiert ist. Die vorherrschende Meinung ist, dass er während des Geschlechtsakts ums Leben kam. Hinterher kamen Indizien zum Vorschein, die sie als Mörderin auswiesen. Es ist, als ob du mit deiner besonderen Leidenschaft zum Jasmin jemanden siehst, wie er nach einem Streit über seine Nützlichkeit sich verzweifelt am Jasmin-Stock zu schaffen macht. Das Verhalten dieser Person käme dir doch auch höchst fragwürdig vor. Dieser Eindruck würde sich noch verstärken, wenn dieselbe Person ohne etwas zu sagen und völlig vergnügt und entspannt den Ort wieder verlassen würde. Wie kann sich eine Person über den Tod eines geliebten Menschen freuen? Darauf kann uns nur die Person selbst eine Antwort geben. Nur meine Mutter weiß, was für eine Freude es war, meinen Vater tot und starr zu sehen. Das ist der Grund, warum ich mich von ihr abgewendet habe. Ich verstand nicht, was ihre Beweggründe waren. Sie ging einfach weg, als hätte sie in diesem Moment ein Paralleluniversum für sich entdeckt. Ich konnte es mir nicht erklären, und es hat mir den Boden unter den Füßen weggezogen. Vielleicht gab es eine Erklärung, vielleicht konnte ich ihr verzeihen, vielleicht hatte sie recht. Aber unser Gehirn, das eine Art Universum innerhalb unseres unendlichen Universums ist, noch dazu in unserem Körper, findet immer eine eigene Erklärung, weil wir in Wahrheit ahnungslos sind. Sobald wir etwas sehen, das uns nicht gefällt, bilden wir uns eine eigene Meinung, von der wir nur selten abzubringen sind. Zuerst bilden wir uns ein Urteil, tief unten in diesem Universum, unserem Gehirn, und erst danach versuchen wir, unser Urteil zu begründen. Glaubst du, dass die Tatsache, dass ich meine Mutter nackt auf dem toten Körper meines Vaters gefunden habe, als eine Situation gewertet werden kann, die erst erklärt werden muss, bevor ich ein Urteil fälle? Und glaubst du, dass man meiner Mutter Verständnis entgegengebracht hätte, wenn sie einfach nur ein letztes Mal mit ihrem Mann schlafen wollte, um sich von ihm zu verabschieden, weil er ja bald in seinem Grab liegen und verrotten würde. Immer-

hin starb mein Vater aufgerichtet, er war steif wie ein Brett und sein harter, praller Schwanz ein Prachtexemplar. Sein Penis war so angeschwollen, dass diejenigen, die ihn immer für klein gehalten hatten, ohne ihn je gesehen zu haben, es nicht glauben konnten. Die Schwellung entstand angeblich von dem Versuch meiner Mutter, ihn mit Gewalt zum Stehen zu bringen, als hätte meine Mutter nie den Schwanz meines Vaters in sich gespürt. Keiner wunderte sich darüber, denn es hieß ja, dass die beiden schon lange nicht mehr miteinander schliefen.

Ein paar Tage vor seinem Tod benahm sich mein Vater irgendwie seltsam. Er nahm mich mit an den Fluss. Er dachte, meine Mutter hätte an diesem Tag zu tun, und fühlte sich einsam. Als wir hier ankamen, wollte er, dass ich mich zu ihm setze. Wir schwiegen eine ganze Weile. Der Rio Jasmim war ruhig. Man spürte eine sanfte Brise wie die Flügel eines Vogels im Wind.

„Kind, hast du jemals darüber nachgedacht, wie unser Leben wohl aussehen würde, wenn wir Wasser wären?"

„Nein, Vater. Aber es wäre gewiss nicht besser!"

„Das weißt du nicht, Kind."

„Aber willst du Wasser sein?"

„Ich weiß nicht."

„Warum sprichst du dann darüber?"

„Ich weiß auch nicht. Je mehr ich versuche, es zu verdrängen, desto mehr denke ich darüber nach."

„Aber so wichtig ist das nicht, Vater, dass du immer wieder darüber nachdenken musst."

„Es gibt Dinge, die du nicht weißt, Kind."

„Was ist los, Vater?"

Mein Vater stand auf, streckte sich und gab mir seine Hand. Ich ließ mich hochziehen und umarmte ihn tröstend. Es ging ihm sichtlich nicht gut.

„Komm, wir bauen uns eine Hütte aus Ästen."

Als ich klein war, habe ich mit meinem Vater am liebsten in den Asthütten gespielt, die wir gemeinsam bauten. Es war unser Leben, hier am Fluss, in diesem kleinen Garten ganz in der Nähe von dort, wo meine Mutter heute lebt. Mein

Vater zeigte auf einige trockene Äste von toten Cashew-Bäumen. Ich reichte sie ihm und er steckte sie in den Boden, bis unsere Hütte stand.
Keiner von uns sagte etwas. Keiner stellte die Nützlichkeit unseres Tuns in Frage. Keinem von uns kam in den Sinn, dass draußen eine andere Welt existierte. Wir taten unsere Arbeit, als würden wir uns ein eigenes Dorf schaffen, als würden wir ein neues Leben beginnen oder uns neu erfinden. Als wir fertig waren, wollte mein Vater, das ich mich neben ihn legte. Es war schon Nacht, aber der Mond spendete uns genügend Licht.
„Glaubst du, dass Wasser sich fortpflanzt?“
„Ich verstehe nicht, Vater. Wovon sprichst du?“
„Der gesamte Kreislauf des Wassers kommt mir absolut natürlich vor. Die Reproduktion des Wassers hängt nicht von seinen einzelnen Tropfen ab. Ist es die Natur, die für die Reproduktion sorgt?“
„Nur Lebewesen pflanzen sich fort, das weißt du!“
„Und wenn es nicht so wäre, Kind?“
„Wie meinst du das?“
„Was unterscheidet uns vom Wasser?“
„Wir sind Lebewesen, wir fühlen, wir denken, haben ein Bewusstsein und wir haben die Fähigkeit, uns selbstständig zu bewegen.“
„Wie kannst du dir so sicher sein, Kind?“
„Ist das nicht offensichtlich, Vater?“
Mein Vater schwieg. Es herrschte eine so tiefe Stille, dass wir beide ohne es zu merken einschliefen. Irgendwann weckte uns das Flattern einer Fledermaus. In der Ferne hörten wir das Gurren der Turteltauben, das meinem Vater besonders gefiel, und wir bemerkten, dass es bereits Morgen war. Es war Regenzeit, und entsprechend klang auch das Gurren der Turteltauben:

> *Pé k na dem, pé na dem, pé k na dem*
> *Mein Fuß tut weh, mein Fuß tut weh, mein Fuß tut weh...*

In Ingoré sind Turteltauben mit Zikaden vergleichbar. Während der Regenzeit, wenn alle damit beschäftigt sind, ihre Felder für die Ernte in der Trockenzeit vorzubereiten, klagen sie über Schmerzen an den Füßen, hinken und singen jeden Morgen dasselbe Lied. In der Trockenzeit wechseln sie die Platte und singen ein anderes Lied:

> *Kukuperanghenha, kukuperanghenha*
> *Kuku, lass mich ran...*

Die Schmerzen an den Füßen während der geschäftigen Regenzeit sind also kein Grund, um sich zur Erntezeit und zum Fest nicht ranzuhalten. Sagt man auf Kreol nicht, dass bereitgestelltes Essen keinen Besitzer hat? Warum sollte das nicht auch für die geernteten Früchte gelten? Den Tauben tun die Füße weh, nicht der Bauch und schon gar nicht die Stimme. Also ändern sie ihr Lied im Rhythmus der Jahreszeiten und passen sich den törichten Überzeugungen der anderen Wesen an. Sie sind schlau! Mein Vater fand Tauben besonders reizend, auch wenn er nicht an diese Legende glaubte. Er liebte ihren Gesang und ihr musikalisches Talent, womit sie jeden Morgen das Dorf aufheiterten.

Er lud mich ein, noch einmal an den Fluss zu kommen, damit ich mir den Gesang des Rio Jasmin anhörte, der sanftesten aller Harmonien in der Natur, die nur er vernahm. Für meinen Vater war der Fluss lebendig und hatte, wie unsere Tabanca, seine eigenen Gaben und sein eigenes Bewusstsein. Wir setzten uns ans Ufer, ohne uns um den Wind zu kümmern, der an unseren Haaren und Poren zerrte.

„Der Fluss ist wie wir. Er hat eine Richtung, die mit unserer Bestimmung vergleichbar ist. Seine Stabilität entspricht unserer Struktur. Das komplexe Gefüge, das ihn zusammenhält, entspricht unserer Gesellschaft. Beachte, dass der Fluss niemals stehen bleibt. Das Wasser ist ständig in Bewegung. Was vorbeifließt, kommt nicht mehr zurück, und das war schon immer so, seit Millionen von Jahren. Aber der Fluss ist von Dauer, auch wenn sein Wasser für seinen eigenen Nachschub nicht garantieren kann. Die Gesamtheit des Wassers kommt von der Individualität der Tropfen, die ihn bilden. Jeder Tropfen steht für ein Leben, das sich nicht unbedingt für all die anderen Leben interessiert, die das gleiche Ziel anstreben. Jeder Tropfen kümmert sich um sich selbst, als wäre er allein in der Lage, für das gesamte Wasser zu sorgen, denn seine Rolle besteht nicht nur darin, in Stromrichtung zu fließen, sondern auch die chemischen Elemente zu bewahren, die für den flüssigen Zustand des Wassers sorgen. Dabei werden die

Tropfen mitgerissen und gehen von einem Zustand in den anderen über, ohne etwas zu bemerken, ohne dass der Fluss selbst ihre Abwesenheit bemerkt, und ohne die notwendige Stabilität des Ganzen zu gefährden. Von den Regenfällen, Kaskaden und Seen fließen sie in die Ozeane, wo sie in der Sonne verdunsten und in andere Zustandsformen übergehen. Dieser ganze Kreislauf, der das Leben der einzelnen Tropfen bestimmt, passiert unbemerkt, genauso wie die Zellen in unserem Körper unbemerkt verschiedene Phasen durchlaufen, während jede einzelne von ihnen einfach nur die Aufgabe erfüllt, sich zu vermehren und zu sterben. Was glaubst du, wie sich eine Zelle in unserem Körper fühlt, wenn sie entdeckt, dass sie unfruchtbar ist?"

„Sag schon, Vater."

„Sie wird traurig sterben, denke ich! Sie stirbt, ohne sich in dem Körper fortzupflanzen, in dem sie immer mit anderen um den Erhalt ihres Lebenswerks konkurrierte."

„Aber im Leben geht es nicht nur um Fortpflanzung."

„Was den Körper angeht, ist die Fortpflanzung für die Aufrechterhaltung der menschlichen Existenz von grundlegender Bedeutung."

„Glaubst du deshalb, dass es von Vorteil sein könnte, Wasser zu sein?"

„Ja, Kind, aber das ist nicht alles."

„Was hast du, Vater?"

„Ein Gedanke lässt mich nicht mehr los. Je mehr ich versuche, ihn zu verdrängen, umso weniger gelingt es mir. So sehr ich mir auch einrede, dass das Leben tatsächlich nur ein Augenblick von begrenztem Wert ist, umso mehr denke ich, dass ich auch anders denken könnte. Je mehr ich mich bemühe, mit mir selbst klarzukommen, umso mehr stelle ich fest, dass ich mich selbst nicht kenne."

„Was ist los, Vater?"

„Du weißt, wie sehr ich dich liebe, oder?"

„Ja!"

In diesem Moment begann das Leben für meinen Vater seinen eigenen Wert zu verlieren. Er sah aus wie eine Ruine von Zellen, die zwischen Leben und Tod schwebte. Der Mond und die Sterne waren von unendlicher Traurigkeit durchdrungen. Die Welt schien den bevorstehenden Tod meines alten Vaters zu erahnen. Alles, was er sagte, schien ein abscheuliches Lebewohl zu verkünden. Er verfiel in ein tiefes, stumpfsinniges Schweigen, als hätte sich in seiner Leere die ganze Öde von Ingoré eingenistet.

„Deine Mutter kennt als einzige das Geheimnis, das mir jetzt nicht mehr aus dem Kopf gehen will. Wir sind nicht nur hierhergezogen, weil wir jung waren und ein neues Leben beginnen wollten, sondern auch, weil wir dem Druck und den Zwängen unserer Gesellschaft entkommen wollten. Du weißt wenig über unser früheres Leben, aber du kannst mir glauben, dass es nicht immer so friedlich verlief wie dieser Fluss vor uns. Wenn wir nicht weggezogen wären, hätten unsere Familien uns auseinandergetrieben. Denn im Gegensatz zu deiner Mutter konnte ich keine Kinder zeugen."

Mein alter Vater stockte, und dann brach es wie ein Vulkan aus ihm heraus. Er musste so vehement weinen, als wollte er seinem Leid ein für alle Mal ein Ende setzen. Als er wieder sprechen konnte, erklärte er mir, dass er nie aufgehört hatte, nach einer Lösung zu suchen, um Vater zu sein, gerade weil er wusste, dass ihm das Leben übel mitspielte, gerade weil er sich nutzlos fühlte, wie sein Vater es einst formulierte. Er wollte mich unbedingt haben, er wollte mich so sehr, dass er ein Geschäft einging, um mich zu bekommen. Mein Vater konnte die Schuldgefühle nicht ertragen. Denn meine Mutter hatte aus Liebe zu meinem Vater ihren Sohn verlassen. Hätte er den Sohn wenigstens adoptiert und ihn großgezogen, wären die Schuldgefühle vielleicht nicht so groß gewesen, und vielleicht hätte er um meinetwillen dann auch nie dieses Geschäft eingehen müssen. Mein Vater starb mit dieser tiefsitzenden Schuld in der Seele, und meine Mutter wollte nie wahrhaben, dass sie auf gewisse Weise mitschuldig war.

Heute werde ich nicht weinen, lieber Fé. Ich habe wegen dieser Sache schon genug geweint. Das Bild, das ich von mir hatte, hat sich in nichts aufgelöst, als ich erfuhr, dass er nicht mein Vater ist und dass ich einen Bruder habe, den meine Eltern aus purem Egoismus rücksichtslos im Stich gelassen haben – meine eigenen Eltern, die ich so sehr bewunderte und die ich immer geliebt habe. Ich wurde überwältigt von einem abscheulichen Gefühl der Leere. Wie würde mein Leben aussehen, wenn ich meinen Bruder kennen und an seiner Seite leben würde? Welche Rolle würde er in meinem Leben spielen? Wo mag er sein, die arme Seele, mein eigen Fleisch und Blut? Wenn ich nur etwas über ihn wüsste, glaub mir, ich würde ihn suchen, um diese Leere in mir auszufüllen.

Meine Mutter holte uns damals am Fluss ab, und auf dem Weg nach Hause fragte ich sie, ob die Geschichte wahr sei. Sie bestätigte alles und weinte bittere Tränen. So ist das Leben, voller Tücken und Fallen. Das Universum hat sein eigenes Bewusstsein, alles tendiert dazu, vernichtet zu werden. Am Ende ergibt das Chaos einen Sinn, und die Leere füllt sich von selbst.

Meinem Vater ging es in den folgenden Tagen immer schlechter. Am Tag vor seinem Tod, als die Baracke voller Kunden war, bat er die Leute ihm zuzuhören.

„Ich bitte euch um einen großen Gefallen", begann er zu sagen.

Alle horchten auf. Er war kein mitteilsamer Mensch und nur selten zum Reden aufgelegt. Noch dazu mit diesen Menschen, die ihn anfangs schlecht behandelten, verspotteten und ausnutzten und ihn viele Male auslachten, nur weil er Ausländer und nicht besonders vornehm war. Die Situation hatte also eine gewisse Brisanz. Es war keineswegs so, dass es ihnen nicht verdächtig vorkam, im Gegenteil, vielleicht hörten ihm genau deswegen alle so aufmerksam zu. Es kursierten Gerüchte, dass meine Mutter ihn verlassen wollte, und dass er an einer chronischen Krankheit litt, die ihn impotent machte, und dass der Irã am Rio Jasmin sich rächte, und so weiter und so fort. Man sprach über nichts anderes!

„Es geht um mein Geheimnis, das ich nicht mit ins Jenseits nehmen will. Ich möchte unbefleckt gehen, ohne Schuld und ohne Last die Vergangenheit hinter mich lassen. Mein Körper wird mir nicht zur Last fallen, ihn werde ich auf die andere Seite nicht mitnehmen. Doch je weniger meine Seele wiegt, desto eher werde ich meinen Bestimmungsort erreichen. Ich muss mich trotz allem bei euch bedanken, weil ihr mich aufgenommen habt und ich auf meine Weise glücklich sein konnte. Verzeiht all den Ärger, den ich euch gemacht habe; ich habe in kein Schema gepasst, und ihr habt mich ertragen. Deswegen habe ich beschlossen, mein Geheimnis zu lüften."

Man konnte sehen, wie die Menschen unruhig wurden; mein Vater sprach betont langsam, dehnte seine Sätze, ließ viel sich Zeit, ohne auf den Punkt zu kommen.

„Was ist los, lieber Jacinto? Sprich mit uns!", sagte jemand, „Du hast uns von Anfang an gezeigt, dass du ein guter Mensch bist, so dass wir gerne bereit sind, dir alle Hilfe zu geben, die du brauchst."
Mein Vater machte eine kleine Pause und sagte dann:
„Meine Tochter ist alles, was ich mir im Leben gewünscht habe. Ich habe sie mir vom ersten Moment an gewünscht, als ich sah, dass ihre Mutter mit einem anderen Kind schwanger war. Damals war sie die schönste Frau, die meine Augen je sahen. Ich erkannte in diesem Mutterleib, in dieser Frucht, diesem aufkeimenden Geschöpf einen lebenslangen Traum: den Traum, Vater zu sein. Diesen Traum wollte mir die Natur verwehren, und das Schicksal wollte mir den Segen der Fortpflanzung nicht gönnen. Seht her, ich bin bereit, in den symbiotischen Zustand zurückzukehren, ohne Nachkommenschaft."
„Willst du damit sagen, Jacinto, dass Lua nicht von deinem Blut ist?"
„Ich will das tiefste Geheimnis dieser armen Seele lüften. Und ich bezeuge, liebe Landsleute, dass das Leben im Grunde einen Sinn hat. Wer weiß, ob sich unsere Bestimmung am Ende nicht doch noch offenbaren wird?"
„Warum erzählst du uns das, Jacinto?"
„Weil ich keine Last mit mir herumtragen möchte, das sagte ich bereits. Denn diese Last ist immens und übersteigt meine Kräfte."
„Wenn Lua nicht dein Kind ist, Jacinto, wessen Kind ist sie dann?"
„Genau das will ich herausfinden. Meine Frau wird sich immer an unsere Abmachung halten. Ich selbst habe sie gebeten, mich von diesem genetischen Defekt zu befreien und schwanger zu werden, egal von wem. Sie war ja schon Mutter und ließ ihr Kind um meinetwillen im Stich. Wie fehlgeleitet wir waren, wussten wir damals nicht einzuschätzen. Damals erschien mir mein Egoismus richtig, aber heute weiß ich, dass es mein größter Fehler war. Meiner und ihrer, trotz der unbestreitbaren Liebe zwischen uns. Warum unsere Liebe noch weiter begraben?"
So stieß mein Vater alle in tiefe Ratlosigkeit.

SIEBEN

Willst du ernten, musst du säen

Es war Nacht. Der Fluss schimmerte und reflektierte die Farben des umliegenden Wäldchens. Vom Himmel fiel fahles Licht, das im Zusammenspiel mit dem salzigen Wasser im Wellentanz glitzerte. Lua war zu mir gekommen und erzählte mir ihre Geschichte. Ihre eigene Geschichte zerriss ihr das Herz. Ich war mir nicht sicher, wie ich sie trösten sollte, zumal ich genug mit mir selbst zu tun hatte. Ich war mir bewusst, dass ich den Stier bei den Hörnern packen musste. Zu Recht sagt ein kreolisches Sprichwort: Die Welt ist ein Taubenschwanz. So ist das Leben. Ihr Aufbegehren gegen ihre Mutter war mir unbegreiflich. Etwas lag im Argen und ich wurde das Gefühl nicht los, dass ich die Aufgabe hatte, es wieder in Ordnung zu bringen. Mir war, als wäre plötzlich alles, was über Ingoré gesagt wurde, alle Mächte, problemlösenden Wunder und Zauberkräfte zu einem Teil von mir geworden. Ich war Problem und Lösung zugleich. Ich hörte Lua bis zum Schluss zu, ohne einen Ton zu sagen. Dann schloss ich sie in meine Arme. So hielten wir uns lange zärtlich umarmt und spürten zwischen uns eine Kraft des inneren Friedens. Die Nacht legte sich wie ein dunkler Schleier über das Reisfeld des Rio Jasmim, während Eulen und Wölfe diffus zu heulen begannen. Plötzlich schlug das Wetter um. Ein Sturm zog auf, rückte schlagartig näher und kündigte unmissverständlich Regen an. Das fehlende Mondlicht trübte mit einem Mal die friedliche Stille des Rio Jasmim. Wir spürten eine vage Gefahr, zogen uns aber nicht zurück. Auf den dickstämmigen *Kapokbäumen*, Palmen und Cashew-Bäumen, spielten die *Kuckucke* und *Eulen* verrückt und kündigten die drohende Zerstörung an, die der Regen verursachen würde. Wann immer der Wind wie ein Wahnsinniger tobte, verwüstete der Regen das Land, vernichtete Leben und Träume. Der Wind ist das Zeichen für das Wirken einer magischen

Macht. Am Ufer neben uns flackerte ein Licht auf, das uns vorkam wie ein Zyklop auf der Fährte eines womöglich heranschleichenden *Irãs*, wie um den Sturm abzulenken. Wir standen unwillkürlich auf und folgten dem Licht der Taschenlampe. Es war Pipa, die nahe ihrer Hütte einsam ihre Runde drehte.

„Diese Sternschnuppe, die dich besucht hat, war das mein Vater?", fragte Lua.

„Dein Vater ist seit langem tot, Lua... Warum akzeptierst du das nicht?"

„Warum sollte ich das nicht akzeptieren? Ich will es dir nur leichter machen!"

„In Bezug auf was?!"

„Auf den *Irã*, der vorhin in deiner Hütte verschwunden ist... oder willst du das abstreiten? Oder dich wie üblich in Schweigen hüllen? Schweigen ist dein gutes Recht. Aber wenn du schweigst, dann nur weil du zustimmst. Deine Art, auf alles und jeden zu scheißen ist wirklich bewundernswert. Ich weiß, dass ich für dich tot bin. Aber sei dir bewusst, dass für die Toten auch die Lebenden nicht mehr existieren. Glaub nur nicht, dass mich deine befremdliche Abwesenheit stört. Was nicht zu mir gehört, raubt mir auch nicht den Schlaf, so höllisch die Nächte auch scheinen mögen!"

Das Wetter wurde immer feindseliger. Der tosende Fluss und der düstere, furchterregende Himmel verbreiteten Angst und Schrecken. Die *Eulen* heulten in ohrenbetäubender Aufregung. Pipa starrte lange auf den graubraunen, düsteren Horizont, bevor sie sich mit wehenden Haaren auf den Weg durch den Wald machte. Wir folgten ihr. Ab und zu hob sie einen Stein auf und warf ihn gegen die Bäume, als gelte es, die *Eulen* zu verscheuchen oder das Gestrüpp zu lichten.

Bei jedem Wurf schickten wir Gebete zum Himmel. Es war einfach gruselig, was sich da abspielte, Luas Aufbegehren genauso wie Pipas verstörende Seelenruhe.

„Wovor hast du Angst, Kind?"

„Du wagst es, mich das zu fragen? Die ganze Tabanca hält mich für eine Zauberin und ist drauf und dran, auf mich Jagd zu machen..."
„Das ist wunderbar, Kind. Das bedeutet, dass du etwas Besonderes bist und dass sie so sein wollen wie du. Zauberei ist in dieser Tabanca nur ein Vorwand. Tatsächlich geht es um Neid und um Gier... Zauberer ist nur, wer sich von den anderen abhebt. Dein Vater war einer!"
„Soweit ich weiß wurde mein Vater nicht beschuldigt, ein Zauberer zu sein! Man warf ihm nur vor, dass er mit einem *Irã* im Bunde war. Das ist etwas anderes!"
„Es läuft alles auf das Gleiche hinaus, Kind! Dein Vater war für sie ein Fremder... sie wollten sein Tun verstehen, sie wollten hinter das Geheimnis seines Erfolgs und seiner Weisheit kommen. Sie hätten ihn lieber als armen Schlucker gesehen, jemand der wie alle anderen den ganzen Tag herumsitzt und mit Kartenspielen und Warga-Trinken verbringt, sich ab und zu am Sack kratzt und schamlos den vorbeikommenden Frauen hinterherschaut..."
„Aber er war auch nicht gerade ein Heiliger!"
„Das bestreite ich nicht, und es geht mir auch nicht darum, über ihn zu urteilen... ich sage nur, dass die Anschuldigungen, denen er ausgesetzt war, damit zu tun hatten. Wir wissen beide, dass besonders zwei Arten von Menschen sich schnell unbeliebt machen: arme, wehrlose Kreaturen und erfolgreiche Ausländer... Warum glaubst du, dass vor allem die Alten ins Visier genommen werden?"
„Weil sie länger leben, mehr Erfahrung haben und sich unter ihresgleichen mehr Ansehen verschaffen konnten."
„Bist du aber naiv, Kind! Glaubst du wirklich, dass ich immer Recht habe und mehr weiß als andere, nur weil sie jünger sind als ich?"
„Hast du nicht immer gesagt, dass die Alten zwar an Gott nicht heranreichen, aber schon länger mit Ihm leben?"
„Dein Vater sagte das. Und ich stimme ihm zu, aber in diesem Fall ist es anders. Die Alten wissen eben nicht immer alles besser."

Die Nacht drang immer tiefer in die Wolken, die Finsternis brach unweigerlich herein, ungeachtet aller Versuche, sich an den *Irãs* oder dem Blattwerk festzuklammern. Man merkte der Tabanca an, dass sie den schaurig-dunklen Abgrund hasste, aber ihr blieb nichts anderes übrig, als sich ihren Ängsten zu ergeben und sich zum Schutz vor den Zauberern unter die Decke zu verkriechen. *Eulen* und *Werwölfe* übernahmen die Herrschaft und verlangten mit ihrem hungrigen Schauergesang gehorsame Unterwerfung und menschliche Köpfe.
Es fing an zu regnen und Pipa bot uns an, in ihrer Hütte zu warten, bis der Regen vorbei war. Wir folgten ihr ins Haus und betraten einen nüchternen Raum.
„Ich hätte nie gedacht, hier jemals Besuch zu empfangen. Ihr seid die ersten. Ich bin so glücklich darüber!"
„Du und keine Zauberin, von wegen! Du schottest dich ab, lässt mich im Stich ... nimmst mir meine Familie weg ..."
„Deine Familie ist heute hier versammelt, zum Glück! Wir beide sind deine Familie, Kind. Ist das nicht schön? Fé und ich! Das Leben hat uns zusammengebracht ... das Schicksal hat uns vereint und ich bin überglücklich, Kind! Ich erlebe das Wunder von Ingoré, als Mutter und als Mensch. Ich fühle mich wie im Himmel! Mein Sohn hat uns gefunden!"
„Was heißt hier, dein Sohn? Soviel ich weiß, hatte mein Vater kein anderes Kind, oder ist das wieder eine dieser Lügen, die du plötzlich aufdeckst?"
„Mein Sohn ist gekommen, er hat uns gefunden, stell dir vor, er hat uns gefunden! Fé ist dein Bruder, den wir auf der Insel zurückgelassen haben. Er ist dein Bruder!"
Man konnte deutlich sehen, wie glücklich meine Mutter war. Sie war völlig begeistert. Fraglich war allerdings, ob es auch für Lua der richtige Zeitpunkt war, das alles zu erfahren.
„Pipa, hör auf, dich über mich lustig zu machen!"
„Lua, wir sind wirklich Geschwister!", mischte ich mich ein, um meine Mutter zu unterstützen. „Wir sind Geschwister! Ich habe es vor ein paar

Tagen erst erfahren. Habe ich dir nicht gesagt, dass ich hierherkam, um nach meiner Mutter zu suchen? Nun, Pipa ist meine Mutter, ich kann mir kein größeres Glück vorstellen!"

„Aber... aber... das kann doch nicht sein!"

Lua stand auf und verließ die Hütte, so sehr hatte sie diese dramatische Wendung erschüttert. Sie stellte sich dem Sturm und dem Zorn der Zauberer, die in Gestalt von Wölfen und *Eulen* keine Ruhe geben wollten. Ich versuchte Lua einzuholen, aber sie war zu schnell und ich verlor sie aus den Augen.

Der Tag brach zaghaft an. Für die Menschen in der Tabanca war das Leben im ständigen Fluss, wie der ununterbrochene Lauf des Rio Jasmim. Doch für mich war das Leben exakt wie Ebbe und Flut. Es gab Höhen und Tiefen, die mich wie die wechselnden Mondphasen im Gleichgewicht hielten. Die Entdeckung, dass Lua meine Schwester war, beflügelte und verwirrte mich zugleich. Und nichts konnte mich daran hindern, wie üblich mein Nachtgebet zu sprechen.

Herr, ich liebe meine Mutter. Ich liebe sie bedingungslos, bewundere ihren Mut und ihre Geschichte. Ich wünsche mir, dass es ihr gut geht, wo auch immer sie ist. Wenn sie noch lebt, erfülle meinen Wunsch ihr zu begegnen, Herr, nur um ihr zu sagen, dass ich sie liebe und dass ich ihr alles verzeihe.

Als die Sonne endlich aufging, stand ich auf, um zu meiner Arbeit in der *Baracke* zurückzukehren. Ich hatte mich eine Woche lang vom Leben abgekapselt, von den Menschen, von der Vergangenheit und der Zukunft... von der Welt. Die Zeit verging im Flug.

Ein weiterer Markttag ging zu Ende. Die Tabanca war wieder einmal glühend heiß, es herrschte ein geschäftiges Treiben und die Menschen kamen und gingen, in Richtung Sedengal und Carabane. Einige bevorzugten die seitliche Richtung und gingen durch den Wald, um das Chaos der Hauptstraßen zu umgehen. Der Platz war ein einziger Müllhaufen. Überall verteilt lagen durchsichtige Plastiktüten, die als Verpackung für Wasser, Eis und andere Flüssigkeiten dienen, zerbrochenes Glas und von Autos plattgedrückte Plastikflaschen. Massen von Menschen kippten ihre Abfälle weg: Schalen von allen möglichen Früchten, wie Bananen, Orangen, Ananas, Mangos, *Erdnüssen*, *Kabafrüchten* und *Pflaumen*, verdorbenen Fisch, Essensreste, et cetera. Mehrere Tage lang würde der ganze Dreck dort liegenbleiben. Der Wind würde ihn wegtragen, denn niemand würde sich die Mühe machen, den ganzen Platz zu fegen, der nicht einmal besonders groß war. Positiv oder lobenswert war höchstens, dass alle Frauen und Händler am nächsten Tag den Müll von ihrem eigenen Platz wegschieben würden. Das war das Bild der traditionellen Märkte in Ingoré, geschäftig und ertragsreich, aber auch völlig verdreckt.

Ich lief Richtung Westen die Hauptstraße entlang nach Hause. An der Tankstelle des *Senhor Comité*, dem Ortsvorsteher der Tabanca, kam ich wieder einmal an einem Handgemenge vorbei. Mehrere Leute hatten Streit, aber ich hatte keine Lust stehenzubleiben und nachzufragen, was los war. Ich hörte nur wie ein Mann namens Zé-Cabandor, den ich aus unserer *Baracke* kannte, zu einer Frau sagte, dass man zwei alte Fetzen nicht zusammennähen könne. Ich kannte diesen Spruch von früher, natürlich in einem anderen Zusammenhang. Einmal erzählte mir meine Ex-Chefin von ihrem Vater, der arm und verwitwet war. Der alte Mann hatte sich in eine Frau verliebt, die ebenfalls verwitwet und arm war, die sich jedoch nie auf ihn eingelassen hat. Meine Ex-Chefin fand die Romanze zwischen den beiden Witwern amüsant. Sie erzählte, dass ihr Vater der Frau jeden Morgen einen Antrag machte und ihr versprach, sie glücklich zu machen. Aber sie antwortete immer, dass man zwei alte Fetzen nicht zusammennähen könne, und spielte damit auf die Schwierigkeiten an, die sich aus dem Bund zwischen zwei armen alten Menschen ergeben würden. Das war irgendwie lustig. Ich wusste nicht, in welchem Zusammenhang Zé-Cabandor das Sprichwort gebrauchte, doch es zeigte, wie reich an Lebensweisheiten das Volk von Ingoré war.

Die Neulinge waren am Vorabend zum Initiationsritual nach Ingoré gekommen. Die sogenannten *Fanados* würden drei Monate lang in den eigens errichteten Baracken am Waldrand wohnen. Am Ende des Tages würden sie ihr erstes Bad im Fluss nehmen. Begleitet werden sie von Kankurangs aller Art: *Fambondi*, *Sakala* und *Nghiringhara*, allesamt vollständig verkleidet und maskiert mit Baumrinden, Pflanzenfasern und Blättern. *Eingeweihte* aller Generationen werden sich den Neulingen anschließen, die Familien werden traditionelle Speisen und Getränke zubereiten, *Djidius* werden Trommeln spielen und die Frauen werden volkstümliche Lieder singen...

> *Olé o meu filho, ei-lo na barraca, onde está o meu filho macho, ei-lo na mata.*
> *Olé, mein Sohn, da ist er in der Baracke; wo ist mein erwachsener Sohn, da ist er im Wald.*

Es war ein großer Festtag, den niemand verpassen würde.
Es regnete wieder in Strömen, aber das Fest ging trotzdem weiter. Die Kinder sangen das traditionelle Lied vom Regen, dass er ihnen Glück und Segen bringen möge, und rannten zum Fluss. Ihre Mütter haben es ihnen eigentlich verboten, im Fluss zu schwimmen, wo sie von rachsüchtigen *Irãs* geholt werden könnten. Aber an großen Festtagen, wenn niemand auf sie aufpasste, badeten die Kinder ausgiebig im warmen, ruhig fließenden Wasser.
Nach einem weiteren Arbeitstag drehte ich noch eine Runde. Ich sah Lua am Fluss sitzen. Sie sah den fröhlich badenden Kindern zu und dachte über ihr Leben nach. Sie war über die überraschende Wende immer noch verärgert, aber tief in ihrem Innern war sie glücklich.
Der Tag ging zu Ende und es fing bereits an zu dämmern. Der Rio Jasmim floss wie üblich gleichmäßig dahin, jeder Wassertropfen seinem natürlichen Lauf folgend. Stillschweigend setzte ich mich neben Lua und horchte auf den Klang des Rio Jasmim, auf seine Musikalität, jener Harmonie, die nur Senhor Jacinto, ihr Vater, zu beachten verstand. Die Stimme Gottes, die über den Frieden wachte. Während ich lauschte, dachte ich an die Momente, die ich dort mit Pipa verbracht hatte. Ich

dachte über den weiten Weg nach, den ich auf der Suche nach meiner Identität und nach meiner Mutter zurückgelegt hatte. Schlummerte die Antwort die ganze Zeit in Ingoré? Meine Bestimmung war von den Farben und dem Zauber Ingorés gezeichnet, dort sollte ich mich selbst finden, dort würde meine Suche ein Ende finden. Ich hatte gefunden, was ich suchte. Und es war an der Zeit, dem Universum zu danken.
Die untergehende Sonne glich einem Feuerball. Die Welt, unsere Erde, strahlte vor Schönheit. Mit ihrer sanften, von Blau bedeckten und in bernsteinfarbenen, goldenen und bräunlich-grauen Tönen getauchte Wölbung, glich sie einer Seele, die mit sich selbst im Reinen ist. Es war ein phantastisches Schauspiel. Gibt es etwas Herrlicheres als unsere Welt, die uns so viel Grund zur Freude und Dankbarkeit gibt? Eine Welt, die so ist wie sie ist, wie Ingoré, wo jeder eine Funktion hat, ohne dem anderen seine Funktion zu missgönnen. Die Gezeiten kommen und gehen, die Blätter fallen in der Trockenzeit und keimen in der Regenzeit wieder auf. Die Tage sind mal heiß, mal kalt, mal warm und angenehm. Wenn Pipa uns jetzt sehen würde, wäre sie stolz auf uns. Sie würde annehmen, dass wir endlich zusammengefunden haben. Die Suche nach uns selbst war einem sinnvollen und logischen Algorithmus gefolgt. Pipa würde die Bilanz ihres Lebens sehen, den Sinn ihrer Existenz, den Zweck ihrer Geburt. Wenn ihr Mann ihr in diesem Moment zuhören könnte, würde sie ihm sagen, dass sie genau weiß, was ihre Mission in der Welt ist. Sie würde ihm sagen, dass ihr Platz an der Seite ihrer Kinder ist, die symbiotisch miteinander verbunden sind. Ihr Leben hatte endlich einen Sinn bekommen.
Keiner regte sich, keiner wollte die lebendige und natürliche Harmonie stören, die in einer Frequenz zwischen Frieden und Geborgenheit vibrierte. Die Frequenz der Liebe, des Ganzen. An der Seite von Lua, meiner Schwester, fühlte ich Frieden. Mehr denn je hatte das Leben nun seinen eigenen Wert. Dieser Augenblick hatte seinen eigenen Wert, er war das, was ich immer gesucht hatte. Alles, was ich aus den Augen verloren hatte, all die Spukgestalten und Schreckgespenster, die ich seit

meiner Abreise mit mir herumgetragen hatte, erwachten zu neuem Leben. Ich kam nach Ingoré, um mich zu finden, um bessere Lebensbedingungen zu finden, wie man so schön sagt, als Migrant. Und wie alle Migranten suchte ich nach einem Ort, an dem ich überleben und träumen konnte. Ich fand die *Baracke*, in die ich meine ganze Energie steckte. Aber als ich Pipa traf und ihren Geschichten zuhörte, taten sich neue Wege für mich auf. Ich fand mich in der Herrlichkeit des Lebens und der Natur, die wir miteinander teilten. Vorher wusste ich nur wenig über sie. Ich kannte sie ja nicht.

Meine Geburt verlief unter widrigen Umständen, die so nicht geplant waren. Ich fand heraus, dass meine Mutter mich für einen Mann eingetauscht hatte. Sie liebte diesen Mann so sehr, dass sie es fertigbrachte, ihren eigenen Sohn im Stich zu lassen und, ihrem Schicksal als Nomadin folgend, auf Wanderschaft zu gehen. Wenn mein Vater wütend war, sagte er immer, dass ich die Idee vergessen soll, meine Mutter jemals wiederzufinden. Sie sei eine Schande für die Gesellschaft und hätte es nicht verdient, überhaupt am Leben zu sein. Was würde mein Vater sagen, wenn er wüsste, dass ich meine Mission erfüllt habe?

„Bring sie zurück, mein Junge!", waren seine Worte, als ich wegging.

Nun, ich bin meiner Idee gefolgt, anstatt sie zu vergessen. Ich konnte sie nicht vergessen, was menschlich war. Genau so funktionieren doch alle menschlichen Wesen; sie verfolgen ihre Interessen. Je mehr man versucht, sich etwas aus dem Kopf zu schlagen, desto mehr setzt es sich in unseren Gedanken fest. Man wird ständig daran erinnert, wie eine Schallplatte, die hängengeblieben ist, oder wie ein ständiger Piepston. Pipa hat recht, wenn sie sagt, dass eine Geschichte niemals vollständig erzählt werden kann. Jede Erzählung ist Teil eines Ganzen, das tausendmal größer ist. Die aus der Erinnerung beschriebene Wirklichkeit ist so trügerisch wie die Erinnerung selbst. Es war mir egal, ob andere an eine scheinbare Wirklichkeit glaubten oder nicht, für mich war in jedem Fall klar, dass keine Wirklichkeit außerhalb der Zeit liegen kann. Keine Erinnerung war zeitlos, und keine Erinnerung war real. Wer in seinen

Erinnerungen lebte, sah die Wirklichkeit als Kontinuität, also in der Zeit, und betrachtete die Entstehung, die Dauer und das Verschwinden der Dinge als ein reales Phänomen. Wer aber verstand, dass die chronologische Zeit nicht existiert, würde auch verstehen, dass die Wirklichkeit ebenfalls illusorisch ist. Die Vorstellung einer beständigen Welt, beständiger Jahre und einem beständigen Wechsel von Tag und Nacht ist nichts als die Reproduktion unserer Erinnerung, nichts als ein Fragment des großen Ganzen. Die Vergänglichkeit der Zeit führt zur Vorstellung von Ewigkeit. Doch sowohl die Vergänglichkeit als auch die Ewigkeit entziehen sich dem Hier und Jetzt, entziehen sich den Sinnen, und sind in Form der Erinnerung auf eine imaginäre Wirklichkeit beschränkt.

In meinen Gesprächen mit Pipa wurde mir klar, dass die Vorstellung des Gestern ebenso falsch ist wie die Vorstellung von der Ewigkeit. Ebendiese zeitliche Falle der Vergänglichkeit und der Ewigkeit, in der wir gefangen sind, steht unserem Glück im Weg. Erst wenn wir verstehen, dass die Zeit illusorisch ist, kann auch das Glück nicht mehr von Dingen außerhalb des Hier und Jetzt, außerhalb von uns oder außerhalb unseres Universums abhängen, und auch das Leid nicht mehr von Dingen, die in der Vergangenheit oder in der Zukunft liegen.

Ich war viele Jahre lang auf der Suche nach mir selbst. Ich nannte sie Suche nach innerem Frieden, aber in Wahrheit betraf diese Suche auch meine biologische Verbindung zu einem anderen Menschen. Ich wusste, dass man sein Glück nie aus der Hand geben oder außerhalb der Jetztzeit und des inneren Universums suchen sollte. Trotzdem verstand ich, dass dieses innere Universum, das wir in uns tragen, untrennbar mit einem Netzwerk vieler anderer existierenden Universen verbunden ist. Es war wie das Wasser, das die Stabilität des Flusses und seinen Lauf zu den Ozeanen ausmacht. Ein Wassertropfen allein bildet noch keinen Fluss, und kein Mensch ist allein in der Lage, sich selbst zu ergründen. Unser Gedächtnis reproduziert, was immer es will, da es die Tiefe der ursprünglichen Leere nicht kennt. Erst im Netzwerk der Universen, das uns miteinander verbindet, ist es uns möglich zu deuten und zu verstehen. Wir finden und wir erkennen uns im Netzwerk des Universums. Glück war für mich also von der Qualität dieser Verbindung zwischen den menschlichen Universen abhängig. Mit dieser Erkenntnis fühlte ich mich erfüllt.

„Ich glaube, ich weiß, warum das Universum uns nicht verbindet“, sagte ich zu Lua, um das Schweigen zu brechen.

„Wie könnte das Universum uns verbinden?“, fragte sie mich.

„Eben! Deswegen ist Vergebung auch eine Illusion, genau wie das Glück, weil beides nicht da ist und uns trotzdem gefangen hält in etwas, was nicht ist. Meine Ex-Chefin sagte immer, dass unser Gedächtnis wie die Zeit ist, Vergangenheit und Zukunft; es verweigert uns, was wir sind, und verspricht uns, was nicht hält. Wir sind dieser Sonnenuntergang, dieser Fluss mitsamt seiner sanften Brise, dieser angenehm warmen und lauen Luft. Das ist der ganze Stoff, aus dem die Realität ist, ergänzte ich, wodurch sie erneut in Schweigen versank.

„Ich habe einen Brief für dich, Lua“, versuchte ich das Gespräch wieder aufzunehmen. Ich streckte meine Hand aus, reichte ihr den Brief und holte sie in die Realität zurück.

Er war etwas zerfleddert – man sah ihm sein Alter an – und mit zittriger Hand geschrieben. Die melancholisch und irrational anmutende Schrift deutete auf den traurigen Inhalt hin. Im Grunde genommen war ein Brief nichts weiter als ein Geschreibsel, das mitunter ewig darauf wartet, einmal gelesen zu werden. Er war an meine Schwester gerichtet. Mit der Aushändigung des Briefs von Senhor Jacinto versuchte Pipa das Vertrauen ihrer Tochter zurückzugewinnen. Man muss betonen, dass es riskant war! Der Brief hätte auch ein Leben lang unbeachtet bleiben und folgenlos verpuffen können. Lua hatte mich als Bruder zwar akzeptiert, zeigte aber immer noch kein Verständnis für Pipa. Nun, ich war aufgetaucht, gleichsam als Brücke zwischen den beiden, die allmählich die Hoffnung auf die Wiederkehr einer liebevollen Beziehung zwischen Mutter und Tochter aufkeimen ließ. Und weil nichts zufällig passiert und Zufälle nicht linear sind, musste auch ich mich beim Lesen in vielen Dingen korrigieren. Der Brief hat mir geholfen, meiner Identität auf die Spur zu kommen. Und wie!

Sie nahm den Brief, holte tief Luft und stieß sie mit einem hörbaren Seufzer wieder aus. Dann fragte sie:

„Von wem hast du ihn?"

„Von unserer Mutter."

Sie war immer noch gefasst. Zum ersten Mal seit Jahren konnte sie ihre Arbeit, ihre Einsamkeit, ihre Routine vergessen und diese undurchlässige Hülle verlassen, um sich ihren persönlichen Dämonen zu stellen. Sie konnte sich entspannt und unbeschwert um ihre täglichen Aufgaben und Dinge kümmern. Es war ein ganz besonderer Moment, der zeigte, dass neue Gegebenheiten und Erfahrungen das Leben eines jeden Menschen prägen. Ich musste erst ein merkwürdiges Verhalten zeigen, damit Lua mir folgte und sich schließlich fallen ließ, wozu sie vorher nie die Gelegenheit hatte. Es brauchte erst das bedrohliche Gefühl, einen Freund zu verlieren, der für sie alles bedeutete, um sich gegen Gott und die Welt zu stellen. Es war nötig, dass Pipa mir ihre Zuneigung und Aufmerksamkeit schenkte, um Lua aufzurütteln und ihr Leben neu zu sortieren. Waren das alles nur Zufälle? Konnte man bei so vielen aufeinanderfolgenden Zeichen noch von Zufällen sprechen? Kann man bei so vielen synchronen Überschneidungen von Ereignissen, die wie absichtlich auf ein und dasselbe Ziel zusteuern, noch von Zufall ausgehen?

„Warum hat sie dir den Brief gegeben?", fragte sie.

„Vertrauen. Sie weiß, dass du mir vertrauen kannst und dass ich vertrauenswürdig bin. Dieser Brief darf nicht in falsche Hände geraten."

Das mit den Wahrheiten ist ein zweischneidiges Schwert. Die Realität kann auch vollkommen verdreht und das Ende der Anfang sein.

„Sie weiß also, dass du der einzige Mensch bist, von dem ich etwas annehmen würde, das von ihr kommt."

„Ja, genau darum geht es. Ich hänge nicht ohne Grund in dieser Sache mit drin. Ich bin mehr als ein Bruder, ich bin ein Freund. Jedenfalls denke ich, dass du ihre Wahrheit kennen solltest. Dann kannst du besser darüber entscheiden."

„Die Wahrheit? Du weißt, dass sie immer relativ ist, oder?"

„Pipa weiß das auch, Lua. Aber jeder ist anders. Jeder schält Erdnüsse auf seine eigene Weise. Sie ist nicht überheblich, sie will dir nichts aufzwingen. Ich glaube, sie will nur, dass du den Brief liest."

„Sie schert sich einen Dreck um mich! Sie hat mich im Stich gelassen und macht sich auch noch über mich lustig!"

Ablehnung! Wenn ein Mensch sich in diesem Zustand verschließt, wird er diesen Zustand so leicht nicht mehr verlassen wollen. Selbstgefälligkeit! Jede Revolution ist gefährlich, wenn sie selbstgefällig wird. Wenn Lua die Wahrheit wissen wollte, würde der Brief ihr helfen. Er wäre der Schlüssel, um mit sich selbst ins Reine zu kommen, um ihre dumpfen Spukgestalten zu bekämpfen und zu vertreiben, aber sie hat sich längst mit ihnen abgefunden. Wäre es nicht einfacher, alles so zu lassen, wie es ist und die Vergangenheit hinter sich zu lassen, anstatt die unbekannte Bestie zu wecken und die Fehler wieder gutzumachen?

„Es ist immer leicht, die Wahrheit nach ihrem äußeren Schein zu messen, Lua, aber die Tiefe des Ozeans misst man nicht mit den Augen ab. Nur du glaubst das. Du hast nicht wirklich begriffen, was dein Vater dich gelehrt hat, oder? Obwohl du genau weißt, dass nicht Äußerlichkeiten, nicht Worte, nicht Menschen oder das, was die Welt über dich sagt, deine Identität ausmachen, gibst du immer noch deiner Mutter die Schuld für etwas, das du nicht begreifst. Du bist für dich selbst verantwortlich, Lua, dein Bewusstsein entscheidet über deine Gefühle: Hass oder Liebe; es liegt an dir. Warum sprichst du nicht mit ihr, damit die Dinge in Ordnung kommen?"

„Wer von uns hat sich denn abgeschottet, sie oder ich?"

„Du machst es dir bequem und merkst es nicht einmal. Mach dich davon frei! Mag sein, dass du etwas mehr von deiner Mutter erwartest, aber an deinem Schmerz wird das nichts ändern. Mag sein, dass du an deiner Empörung über ihre Abwesenheit festhalten willst, aber du bist am

Leben, das ist es, was zählt, und du wirst immer du selbst sein, auch wenn du weiterhin kein Mitgefühl für sie hast. Das mag widersprüchlich erscheinen, ich weiß, aber sie ist nicht wie du, und wird es auch niemals sein. Auch sie hat ihren Schmerz. Sie wird nach ihrem äußeren Schein beurteilt, wie eine Erdnuss in ihrer Schale. Vergiss das nicht. Wenn du sie aufbrichst, ist sie weniger widerstandsfähig und außerdem genießbar! Vergiss also nicht, dass nicht alles so ist, wie es scheint. Alles, was du deiner Mutter unterstellst, hat vielleicht nur mit dir selbst zu tun, mit deinem Schmerz, deinen Erwartungen oder deinen Wahrheiten. Du musst sie anhören."

„Vielleicht hast du recht, aber vorher muss ich verstehen, was mit meiner Familie ist! Warum sich alles so plötzlich verändert hat. Warum so vieles unklar ist. Warum ich plötzlich allein bin, ohne Anrecht auf Unterstützung, ohne Anrecht auf Wahrheit, ohne Anrecht auf Trost. Ich bin voller Zweifel und Ungewissheiten, die ich durch harte Arbeit zu überdecken versuche. Nicht, dass ich dich als Bruder nicht schätze. Du kannst dir vorstellen, dass ich darüber sehr froh bin. Aber ich will wieder normal leben können, ich will einfach mein Leben zurück. Ich habe das Recht zu erfahren, was mit meiner Familie passiert ist."

„Wem sagst du das!"

„Ich weiß, dass man dir auf noch traurigere Weise deine Familie genommen hat, aber über mir liegt ein dunkler Schatten, der mir keine Ruhe lässt. Verstehst du jetzt, warum ich so viel arbeite?"

„Das habe ich schon immer verstanden. Aber tu dir das bitte nicht an! Du sagst ja selbst, dass du ein normales, glückliches Leben verdienst. Dafür musst du etwas tun, dafür musst du kämpfen."

„Und wie? Sag mir, wie!"

„Lies den Brief, Lua! Vielleicht bringt er etwas Licht ins Dunkel."

„Warum schreibt sie einen Brief, statt sich mir persönlich zu stellen? Sie kann ja schon froh sein, dass du uns ab und zu zusammenbringst..."

„Das kann ich dir nicht sagen. Aber ich kann dir versichern, dass der Brief nicht von ihr ist."

„Von wem dann?“
„Ich stand auf und lief zum Fluss, um sie beim Lesen nicht zu stören. Ich kletterte auf das Geländer der Brücke über dem Rio Jasmim und sprang zu den Kindern ins Wasser. Ich ließ mich treiben, tauchte im Wasser, mischte mich unter die Kinder. Ich spürte jeden Tropfen dieser Stabilität, ich spürte die Gegenwart, die Realität und die Vernetzung von glücklichen Universen. Ich wollte auch Wasser sein, wollte diesen flüssigen Zustand, der ohne Vergangenheit und Zukunft seinen Lauf nimmt, wollte unbedeutend sein und mich verdichten und auflösen. Würde ein Wassertropfen wissen wollen, woher er kommt und wohin er fließt? Würde er jemals wissen wollen, was ihn im Ozean, in den Wolken oder im Gewitter, das ihn wieder an die Erdoberfläche holt, erwartet? Solche Dinge wollte ich erfahren und die Menschen mit ihren Illusionen, ihren Geistern und existentiellen Monstern zurücklassen. Ich wollte im Jetzt sein, wie das Wasser, so präsent wie das Universum und so real wie das Leben. Ich wollte den Glauben haben und göttlich sein. Ich wiederholte mein Gebet, bevor ich tief in den Rio Jasmim eintauchte, jetzt mit dem Gefühl, meine Mission erfüllt zu haben.
Herr, ich liebe meine Mutter. Ich liebe sie bedingungslos, bewundere ihren Mut und ihre Geschichte. Ich wünsche mir, dass es ihr gut geht, wo auch immer sie ist. Wenn sie noch lebt, erfülle meinen Wunsch ihr zu begegnen, Herr, nur um ihr zu sagen, dass ich sie liebe und dass ich ihr alles verzeihe.

*LUBU, TUDU NEGA K BU NEGAL, KABU DAL PADJA DI BOBRA**

Meine liebe Tochter!

Ich hoffe, du bist stark genug, um mit meinen Schuldgefühlen umzugehen. Vor allem hoffe ich, dass du an die grenzenlose Liebe glaubst, die ich für dich empfinde. Weißt du noch, was ich dir früher über meine Liebe zu dir gesagt habe? Dass sie nicht platonisch ist? Ich liebe dich also mehr als platonisch. Das bedeutet, dass ich dich für immer und ewig lieben werde. Das wollte ich dir immer vermitteln, und meine Liebe zu dir wird immer so sein. Auf meiner Insel in Cabo Verde gab es einen alten Mann, der sagte, dass lieben dasselbe ist wie begehren, dass Liebe und Begehren also die gleiche Bedeutung haben. Daraufhin fragten sie ihn, was dann die Bedeutung von Begehren sei.

„Begehren ist Verlangen", sagte er. „Wir lieben alles, was wir begehren, und wir begehren alles, was wir nicht haben."

Diese Auffassung von Liebe findet vielleicht keinen breiten Konsens, aber sie dient mir als Erklärung für meine innere Unruhe. Wenn lieben dasselbe ist wie begehren, und begehren bedeutet, etwas zu wollen, was wir nicht haben, dann liebe ich dich gerade deshalb, weil ich dich nie hatte. Ich liebe dich, weil ich dich unendlich begehre und weil ich nie die Hoffnung verloren habe. Die Hoffnung, dich zu bekommen war immer nur virtuell, sie war nichts als bloße Hoffnung und hat sich nie konkretisiert. Dabei wollte ich dich so sehr, wollte meine Hoffnung so sehr in die Praxis umsetzen, dass ich meinen Anstand verloren habe. Glaub mir also, mein Kind, dass ich als einziger für unser Unglück verantwortlich bin.

Ich habe deine Mutter überredet, mit mir nach Ingoré zu fliehen. Ein Freund von mir, der während des Kolonialkriegs hier war, meinte, dass man hier das perfekte Alter erreichen kann. Er beschrieb Ingoré als einen Jungbrunnen, als Ort des Glücks, und das nicht nur wegen seiner schönen Landschaft, sondern auch

* Wörtlich übersetzt: „Egal, wie sehr du den Wolf hasst, gib ihm nicht das Kürbisblatt", sinnbildlich für: Egal, wie sehr du jemanden hasst, nichts rechtfertigt es, ihn ungerecht zu behandeln.

wegen der Menschen. Es sei ein Traum, in Ingoré zu leben. Warum nicht das Risiko eingehen, da meine Eltern sich schon nicht mit meiner Unfruchtbarkeit abfinden wollten?

„Dort wirst du für immer jung bleiben und Zeit haben, alle deine Probleme zu lösen", versicherte mir dieser Freund.

Jungbleiben war für die Menschen damals eine Obsession, als ob das Altwerden oder Sterben eine Art Fluch wäre, der auf den Lebewesen lastete.

„Das ist unmöglich!", widersprach ich ihm, denn ich war nicht so dumm und naiv, ihm ohne weiteres zu glauben.

„Du glaubst, es ist unmöglich?"

„Ja! Das Leben ist ein stetiger Prozess. Wer auf die Welt kommt und hier aufwächst, wird auch wieder alt und stirbt."

„Da irrst du dich, mein Freund!"

„Du bist doch nicht ganz richtig im Kopf."

„Dann sag mir eins. Was sagt die Bibel über das Altern?"

„Was sagt denn die Bibel?"

„Steht da nicht, dass die Sünde uns altern lässt?"

„Das habe ich nie gehört!"

„Doch, das hast du!"

„Nein, habe ich nicht! Und ich finde es profan, dass die Religion für diese Theorie herhalten muss. Aber meine Geduld ist noch nicht erschöpft. Spuck es aus!"

„Garantiert hast du davon schon gehört. Es ist die Geschichte von Adam und Eva. Wurden sie nicht erst nach dem Sündenfall sterblich?"

„Das heißt noch lange nicht, dass die Sünde uns altern lässt."

„Doch, das heißt es! Von dem Moment an, in dem wir sündigen, fangen wir an, alt zu werden und zu sterben..."

„Wir würden also nicht altern, wenn wir ohne Sünde wären?"

„Vielleicht! Von jeher sehnen wir uns nach ewiger Jugend, denn wenn Gott uns am Anfang mit genau dieser Intention geschaffen hat, müsste es auch eine Lösung geben, den Fluch wieder rückgängig zu machen. Es ist nur eine Frage der Zeit, bis wir es herausfinden."

„Wie kommst du darauf, dass wir uns von jeher nach ewiger Jugend sehnen? So viel ich weiß, ziehen die Gläubigen es vor, früh zu sterben, um in der Herrlichkeit Gottes die ewige Jugend zu erlangen."

„Du gibst also zu, dass es die ewige Jugend gibt?"

„Ja, aber im Jenseits, nicht hier!"

„Nun, ich widerspreche dir nicht. Aber wir probieren immer, es auch für uns selbst zu schaffen."

„Du bist doch nicht ganz richtig im Kopf!"

„Sieh mal, Jacinto. Kennst du irgendeinen Gott aus der Antike, der alt geworden ist? Die Götter hatten immer alle möglichen menschlichen Schwächen, Wut, Liebe, Humor, Leidenschaft, Freude, Traurigkeit... aber sie waren niemals alt. Weißt du warum?"

„Nein. Vielleicht, weil es Götter sind!"

„Nein. Weil wir ihre Schöpfer sind, wir haben sie geschaffen. Das zeigt, dass wir schon immer an der ewigen Jugend interessiert waren. Wir haben sie immer angestrebt und immer für möglich gehalten, denn wir wurden geschaffen, um ewig zu leben. Wären da nicht unsere dämlichen Vorfahren oder ein durchtriebener Satan gewesen, wären wir noch immer für ewig jung. Adam wurde jung geschaffen, Eva wurde aus seiner Rippe ebenfalls jung geschaffen. Aber all dies ging wegen einer Dummheit, wegen einer törichten Handlung und aus Ignoranz verloren. Jetzt jagen wir diesem Recht auf Jugend hinterher, irren umher auf der Suche nach etwas, das uns Gott zu Unrecht genommen hat. Wir sind naiv genug zu glauben, dass wir eines Tages unsere ewige Jugend wiedererlangen."

Dann erzählte er mir die Geschichte von der Priesterin in der Höhle.

„Eine Priesterin bat Gott vor langer Zeit, ihr die höchste aller Gnaden zu gewähren.

Als Gott sie fragte, was sie denn wollte, sagte sie, dass sie für immer leben wollte. Jedes Sandkorn in ihrer Hand sollte für eine Unendlichkeit an Jahren stehen. Daraufhin wurde ihr die Gnade gewährt, die wie immer einen Haken hatte. Sie hatte nämlich vergessen, auch um ewige Jugend zu bitten. So musste Sibylle, wie sie hieß, auf immer und ewig in dieser Höhle leben. Sie wurde mit der Zeit immer gebrechlicher und alterte so sehr, dass sie jedem, der vorbeikam, immer nur sagte, dass sie sterben wollte. Und warum wollte sie sterben?"

„Ich wette, weil es ein Fluch war und nicht, wie du sagst, die höchste aller Gnaden", setzte ich ihm entgegen, nur um nicht klein beizugeben."

„Nenn es, wie du willst, aber diese Geschichte zeigt, dass die Ewigkeit möglich ist. Sie war Anlass für Expeditionen, die unsere europäischen Vorfahren auf der Suche nach dem Jungbrunnen unternahmen, der Quelle der ewigen Jugend. Diese Geschichte vom Drang nach ewiger Jugend hat viele Denker, Schriftsteller und Filmemacher inspiriert."

„Und wohin führten diese Expeditionen?"

„Unsere Vorfahren suchten die ewige Jugend sogar in fiktiven Porträts, zum Beispiel im Porträt von Dorian Gray, das statt seiner altert und die Spuren seiner Sünden davonträgt, einschließlich des Alterns, während der Porträtierte äußerlich jung und makellos bleibt. Oder der seltsame Fall von Benjamin Button, der alt geboren wird und dessen Körper bis zu seinem Tod immer jünger wird. Oder auch der Fall von Peter Pan, dem Jungen, der das Altern kategorisch ablehnt. Selbst die Idee der Wiedergeburt – die Vorstellung, dass wir nach diesem Leben nochmal die Möglichkeit haben, zurückzukommen und unsere Fehler zu korrigieren – ist nichts anderes als die Suche nach der ewigen Jugend. Wenn wir immer wieder in ein neues Leben hineingeboren werden können, leben wir ewig."

„Was ist denn das Besondere an Ingoré, das ewige Jugend ermöglicht?", entgegnete ich, als ich von diesen haarsträubenden Theorien genug hatte.

„Du wirst nicht verurteilt. Du bist, wie du bist, und niemand kümmert sich darum, was du tust oder nicht tust. Ihre Götter urteilen nicht, drängen niemandem etwas auf. Sie sind einfach für alles zu haben, was du von ihnen verlangst. Du musst nur herausfinden, wie man mit diesen Göttern spricht. Du kannst sie um alles bitten. Sie machen alles, was du willst. Wirklich, was immer du willst!"

„Und wenn ich sie um ewige Jugend bitte?"

„Warum nicht?"

Im Grunde genommen sagte mir mein Freund, dass ich in Ingoré ich selbst sein könnte. Ich könnte sein, wer immer ich sein wollte! Ich könnte mir einen Irã als Freund aussuchen und ihn um alles bitten, was ich will. Aber würde das nicht

mein Ego durcheinanderbringen? Meine dummen Träume und meine naiven Phantasien?
Ich hatte keine einfache Kindheit, wie du weißt. Mein Vater und meine Mutter kamen aus einer eigentümlichen Welt, die ganz anders war als hier. Sie waren exzentrisch und stolz auf den Reichtum, den sie von meinen Großeltern geerbt hatten. Sie gehörten zur kolonialen Elite. Mein Vater schlug mich ohne Grund, obwohl er sich rühmte, zivilisiert und pazifistisch zu sein. In seinen erzieherischen Maßnahmen war kein Bedauern zu spüren. Ich war für ihn eine Art Brotteig: je mehr ich geschlagen wurde, desto besser das Wachstum. Und ich brauchte nicht einmal etwas anzustellen. Er schlug mich, als würde er dabei eine gewisse Befriedigung empfinden. Erschwerend kam hinzu, dass meine Eltern auf mich enormen Druck ausübten, was ihrer Meinung nach mein Beruf sein sollte: der Einzelhandel. Ich musste um jeden Preis in die Fußstapfen meiner Vorfahren treten, so dass jedes Anzeichen von Versagen schwere körperliche Züchtigungen zur Folge hatte.
„Du bist ein Nichtsnutz", sagte mein Vater auf der einen Seite.
„Was willst du vom Leben, Junge?", bestärkte ihn meine Mutter von der anderen Seite. Sie war ein wenig milder, aber längst nicht liberal.
Ganz ohne Zweifel war die Frage meiner Mutter alles andere als liberal. Es ging darum, das zu tun, was von mir verlangt wurde: zu lernen, wie man verhandelt, und einen Blick für gesellschaftliche Veränderungen und Markttrends zu haben. Wenn ich meinen Vater mit Neuigkeiten über den Markt versorgte oder über wichtige Ereignisse auf unserer Insel berichtete, waren das die einzigen Momente, in denen mein Vater stolz auf mich war. Dann sagte er immer, dass sich gute Geschäftsleute in erster Linie dadurch auszeichnen, dass sie immer gut informiert sind. Erst dann zählte ihre Fähigkeit zu argumentieren und zu überzeugen. Er hielt sich selbst für einen guten Geschäftsmann und prahlte mit dem Vermögen, das er erwirtschaftet, vielleicht aber auch von seinen portugiesischen Eltern geerbt hatte. Diese Manie der Älteren immer zu glauben, sie kämen im Vergleich zu den Jüngeren aus einer perfekten Welt, ist pure Illusion. Natürlich verändern sich die Zeiten, ändern sich Trends und Gewohnheiten. Man muss nur aufmerksam hinschauen, um zu erkennen, dass diese Behaup-

tungen falsch sind. Die Eltern sagen, dass ihre Welt besser war, dass sie besser erzogen und glücklicher waren. Das Gleiche hören die Eltern von den Großeltern und diese wiederum das Gleiche von den Urgroßeltern. Es ist ein Irrtum zu glauben, dass die Dinge umso schlechter sind, je mehr sie sich vom Rest unterscheiden. Das ist so, als würde man denken, dass diejenigen, die vom vorgegebenen Weg abweichen, weniger gläubig sind; dabei gibt es vielleicht Atheisten, die gläubiger sind als Missionare oder Geistliche. Und kurioserweise sind gerade diejenigen am glücklichsten, denen es gelingt, Veränderungen hinzunehmen und sich an die Gegenwart zu halten. Es gibt nichts Schöneres als in der Gegenwart zu leben, anstatt der Vergangenheit hinterherzutrauern und im „Früher war alles besser!" festzustecken.

Wenn mich meine Eltern nicht so sehr unter Druck gesetzt hätten, wäre ich ein anderer. Ich wäre dir ein guter Vater und meiner schönen Pipa ein guter Mann gewesen. Nein! Das macht überhaupt keinen Sinn, lass es mich anders ausdrücken. Jeder Schritt rückwärts ist einer dieser unendlich vielen falschen Schritte. Die Wenns in unserem Leben gleichen weder die verlorengegangenen Dinge aus, noch heilen sie seelische Wunden, geschweige denn, dass sie verlorenes Vertrauen wiederherstellen. Ein kreolisches Sprichwort sagt, dass "Wenn ich nur wüsste" keine Früchte trägt. Jeder Schritt rückwärts ist wie das präzise Abfeuern eines magischen Gewehrs: Jeder Schuss ein Treffer. Je mehr man sein Leben rückwärts rechtfertigt, desto mehr Fehler passieren. Ich werde mich also nicht damit rechtfertigen, was meine Eltern mir angetan haben. Ich kann nicht erwarten, dass du mir vergibst, wenn ich nicht zuerst meinen Eltern vergebe, die sicher nicht die Absicht hatten, mich zu verletzen. Genau genommen muss ich zuallererst mir selbst vergeben. Ich muss mich um mich selbst kümmern, um meine Erdnuss, und nicht darum, was andere sehen, denn das wird immer nur die Schale sein.

Das Umfeld, in dem wir als Menschen geformt werden, hat großen Einfluss auf unsere Persönlichkeit. Die kulturellen, sozialen und umweltbedingten Umstände prägen uns maßgeblich, und das hat ein nicht unerhebliches Gewicht. Lass mich ausnahmsweise nochmal auf die Vergangenheit zurückkommen und dir sagen, dass ich deine Mutter nie überredet hätte, mit mir nach Ingoré zu gehen, wenn ich das Zeug gehabt hätte, zu bestimmten Dingen Nein zu sagen. Der Druck meiner Eltern, der soziale Druck, die unbändige Leidenschaft für deine Mutter... all diese, zugegeben einseitigen Faktoren haben mich dazu gebracht, meinen guten Namen über die Gerechtigkeit zu stellen. Sie haben mich dazu gebracht, eine Mutter von ihrem Sohn zu trennen. Sie brachten mich dazu, einen fremden Mann in mein Bett zu holen. Noch heute frage ich mich: Wie konnte ich das nur tun? Und die einzige Antwort auf diese Frage lautet: Ich habe mich um die Schale der Erdnuss und nicht um mich selbst als begehrenswertes Wesen gekümmert. Glaubst du, ich hätte meine Lektion gelernt? Keineswegs!

Deine Mutter liebt mich, wie kein anderer Mensch mich bisher geliebt hat, liebt und jemals lieben wird. Nicht einmal meine Eltern schafften es, mir das Gefühl zu geben, so sehr geliebt und verstanden zu werden. Sie ist ein unerschöpflicher Quell bedingungsloser Liebe, das kann ich dir sagen! Sie ist eine Seele ohnegleichen. Eine Frau, die alles für die Liebe gegeben hat und sich niemals aufdrängt. Gleich nachdem wir in Ingoré angekommen waren, wollte ich Kinder haben. Ich wollte so sehr Kinder haben, dass mir jeder Preis recht war. Aber die Dinge verzögerten sich, zumal es mit unserer Integration haperte. Wir arbeiteten beide für Hunderte von Menschen und hatten gleichzeitig mit Ausländerhass und mit unserer eigenen Enttäuschung zu kämpfen, weil sich das Dorf anders präsentierte, als wir es uns vorgestellt hatten. Dennoch blieb ich hartnäckig und suchte nach Lösungen. Ich konsultierte Spezialisten, ließ mich beraten, suchte Irãs und Wahrsager auf und schmiedete Pläne. Meine schöne Pipa hingegen tat nichts, sie sah mir nur zu, verfolgte den ganzen Unfug.

Tatsächlich Unfug?

„Willst du mir wirklich kein Kind schenken?“, warf ich ihr irgendwann vor.

„Wie kommst du darauf?“

„Ich weiß nicht! Das Thema scheint dich nicht besonders zu interessieren.“

„Was soll ich tun, Jacinto?“

„Was weiß ich! Gib mir einen Tipp. Unterstütze mich. Tu irgendwas.“

„Aber ich unterstütze dich doch, ich stehe zu dir, um jeden Preis, egal was es kostet, mit oder ohne Kinder. Ich fürchte nur, dass deine Bemühungen dich am Ende nur frustrieren.“

„So weit wird es nicht kommen, aber vergiss nicht, dass wir auch deswegen hierhergekommen sind, weil wir Kinder wollten!"

„Ich weiß, aber vergiss nicht, dass wir auch mit der Absicht geflohen sind, ein glücklicheres Leben zu haben. Und was ist daraus geworden?"

„Ja! Wir haben versagt! Aber du willst mir immer noch ein Kind schenken, oder nicht?"

„Natürlich will ich das, Jacinto! Sei nicht dumm!"

„Dann such dir bitte einen Mann und tue es. Ich werde das Kind annehmen. Ich werde es wie mein eigenes großziehen, solange du mir versprichst, das Geheimnis für dich zu behalten."

„Du bist ja verrückt, Mann! Das tu ich auf keinen Fall. Nie im Leben!"

„Das zeigt dann ja wohl, dass du mir nicht wirklich ein Kind schenken willst. Es ist alles schön zwischen uns, solange ich dieses Thema nicht anspreche... so werden wir nie ein Kind zusammen haben. Du hast ja schon eins, und deshalb bin ich dir egal!"

„Was ist in dich gefahren, Jacinto? Was ist nur los mit dir?"

„Gar nichts ist los, Pipa!"

Wir haben dieses Gespräch immer und immer wieder geführt, und sie sagte jedes Mal, dass sie mich nie im Leben betrügen würde, dass sie das nie im Leben tun würde, und wenn ich mich auf den Kopf stelle. Irgendwann überlegte ich mir, es ohne ihre Zustimmung zu versuchen, und traf eine Abmachung mit unserem Nachbarn Ambaliu. Und weißt du, wie ich ihn überredet habe? Ich habe ihn gefragt:

„Was kann ich tun, um meinen Penis zu vergrößern?"

Ambaliu musste hemmungslos lachen. Er hörte nicht mehr auf zu lachen, bis er nicht mehr konnte. Dann verschwand er. Noch nie im Leben hatte mich jemand so ausgelacht. Die Tage vergingen, und jedes Mal, wenn er mich sah, lachte er sich kaputt. Du kannst dir jetzt sicher vorstellen, woher die ganze Aufregung um meinen kleinen Penis kam. Glaubst du, das hat mich jemals berührt?

„Warum willst du deinen Penis vergrößern?", fragte Ambaliu mich irgendwann.

„Weil meine Frau ihn größer mag. Aber leider habe ich einen kleinen Piepmatz, der sie nicht befriedigt..."

„Weißt du, warum ich darüber so lachen muss?"
„Sag du es mir."
„Es erinnert mich an einen Witz, den mir mein Freund Mario einmal erzählt hat, über einen Weißen, der einen Schwarzen fragt, was er tun kann, damit sein Penis so ist wie bei einem Schwarzen. Ich hätte nie gedacht, dass es wirklich Leute gibt, die in dieser Notlage stecken."
„Es gibt immer jemanden mit Problemen, die man sich nicht vorstellen kann. So ist das Leben! Aber das ist jetzt nicht so wichtig; sag mir lieber, was der Schwarze ihm gesagt hat."
„Er empfahl ihm, seinen Pimmel täglich zehnmal auf das Waschbecken zu hauen."
„Und hat das funktioniert?"
„Und ob!" Noch mehr Gelächter. Ambaliu kringelte sich vor Lachen, wie eine läufige Hündin, die seit Jahren keinen Rüden mehr gesehen hat. Aber dann fuhr er fort: „Eines Tages trafen sie sich wieder. Sie begrüßten sich, und dann fragte der Schwarze, ob es denn funktioniert habe."
„Und?"
Der Weiße antwortete, dass es scheinbar funktioniere, weil er schon ganz schwarz sei. Jetzt müsse er nur noch wachsen."
Ich muss zugeben, dass ich darüber selbst sehr gelacht habe, ich konnte nicht anders, und von da an wurden wir Freunde und kamen uns näher. Und eines Tages machte Ambaliu den Vorschlag: „Jacinto, ich habe gehört, dass es hilft, den Pimmel mit Eselsdung einzuschmieren, wenn du ihn wirklich groß haben willst."
„Und das funktioniert?"
„Ich weiß nicht, ich habe es nie ausprobiert. Meiner ist gut in Schuss. Aber du hast es doch nötig, also probiere es aus."
„Moment mal, deiner ist also gut in Schuss?"
„Na klar! Willst du ihn testen?"
„Du bist blöd! Darum geht es nicht! Ich hatte nur gerade eine Idee."
„Und welche?"

„Kannst du dir vorstellen, mir einen Dienst zu erweisen und für mich einzuspringen? Bei meiner Frau natürlich!"
„Machst du Witze?"
Schließlich schaffte ich es, Ambaliu zu überreden, sich in unser Bett zu legen und auf meine Frau zu warten.
Du wirst mich fragen, wie das möglich war. Jedes Paar weiß, wie man im Bett möglichst nicht auffällt, Kind. Ich habe mit Pipa einen kleinen Streit angefangen und sie den ganzen Tag nicht mehr angeschaut. Dann habe ich so getan, als wollte ich früh ins Bett gehen und alle Kerzen ausgemacht. Später, als sie ins Bad ging, hat sich dann mein Nachbar ins Zimmer geschlichen. Ich wusste, dass sie die Kerzen auf keinen Fall anmachen würde. Sie würde sich auf ihren Orientierungssinn verlassen und sich problemlos im Dunkeln zurechtfinden.
Tja, von da an haben sich die Dinge verselbstständigt. Meine Frau wurde schwanger, wobei die Geschichte zwei Versionen hat: Ambalius Version, dass zwischen den beiden etwas war, und die Version meiner schönen Pipa, die Stein und Bein schwört, dass da nichts war.
„So ein Unsinn, Jacinto! Ich habe ihm zu keiner Zeit auch nur die Gelegenheit gegeben."
„Und warum bist du im Bett geblieben? Warum hast du die ganze Nacht mit ihm verbracht?"
„Wer hat ihn denn eingeladen, in unserem Bett zu schlafen, etwa ich?"
„Nein, aber du hättest das Bett verlassen können."
„Und warum sollte ich? Denkst du, ich habe keinen Stolz?"
„Und das Kind? Von wem ist es, wenn es nicht von ihm ist?"
„Das Kind ist von dir, Jacinto! Ob du willst oder nicht!"
Ich wusste, dass in Ingoré solche Wunder möglich sind, alle wussten das. In diesem Dorf ist alles möglich. Für alles gibt es früher oder später eine Lösung. Aber für mich war es ein unfassbares Rätsel, wie ich nach fast zehn Jahren Ehe meine Frau schwängern konnte. Sie ließ jedoch nie von ihrer Behauptung ab, wogegen ich diese Möglichkeit nie akzeptieren konnte, schon gar nicht mit den Argumenten, die sie vorbrachte. Ich brauchte schon etwas mehr, um ihr zu glauben.

Du wurdest zu einem wunderschönen und bezaubernden jungen Mädchen, und ich konnte dich nie als Tochter akzeptieren. Immer wenn ich Ambaliu begegnete – natürlich sprach ich nicht mehr mit ihm – dachte ich nur an meine eigene Blödheit und daran, wie ich offenbar von meiner eigenen Frau betrogen wurde. Ich sprach insgeheim mit dem halben Dorf, um herauszufinden, ob irgendjemand von einer Affäre meiner Frau mit einem anderen Mann als Ambaliu gehört hatte. Ich schimpfte in der Öffentlichkeit, schrie im Privaten meine Frau an... Ich war so verzweifelt, dass ich dich schließlich als meine Geliebte ins Bett holte. Ich nahm in Kauf, meine Frau mit der eigenen Tochter zu betrügen, da sie schon nicht bereit war zuzugeben, dass sie mich betrogen hatte. Bis wir eines Morgens von Ambalius Tod erfuhren. Mir fiel nichts Besseres ein als sie zu fragen:

„Und jetzt, Pipa? Ambaliu ist tot!"

„Und jetzt, was?"

„Wie soll ich je die Wahrheit erfahren?"

„Glaubst du, dass sein Tod daran etwas ändert? Kennst du überhaupt ein Kind von Ambaliu, um so sicher zu sein, dass er der Vater meiner Tochter ist?"

„Siehst du? Du nennst sie deine Tochter... warum kannst du nicht einfach zugeben, dass sie nicht von mir ist?"

„Jacinto, Lua ist das Beste, was dir im Leben je passiert ist. Hast du jemals darüber nachgedacht? Du hast dir so sehr ein Kind gewünscht. Und als wir es endlich geschafft haben, ein Kind zu bekommen, lehnst du es einfach ab und führst dich auf wie ein Idiot! Zu deiner Information: Als Ambaliu in unserem Bett geschlafen hat, war ich kurz davor, dir zu sagen, dass ich mich anders fühle. Aber du wolltest mir nie glauben, du hast es nicht einmal versucht. Du wolltest dir deinen Mist nicht eingestehen und bist nur noch tiefer in dein albernes Loch hineingeraten. Glaubst du, es kümmert mich, was du tust? Glaubst du, weil du mit meiner eigenen Tochter schläfst, weil du mich im ganzen Dorf schlecht machst, dass ich dann zusammenbreche oder aufhöre, für meine Tochter zu sorgen? Tu, was du willst, denk, was du willst, glaub, was du willst, aber sie ist meine Tochter und sie hat es nicht verdient, dass ich ihr antue, was

ich meinem anderen Kind angetan habe. Ich werde Lua nicht im Stich lassen, ich werde sie für immer lieben. "

Tatsächlich war Ambaliu verheiratet und ohne Kinder. Seine Frau hatte Kinder aus ihrer vorangegangenen Ehe. Warum hatte ich darüber nie nachgedacht? Nach der Trauerzeit sprach ich mit Ambalius Frau und erfuhr:

„Mein Mann war nichts als ein impotenter eitler Knilch!"

„Und warum bist du bei ihm geblieben?"

„Na, hör mal! Was glaubst du denn? Hättest du für mein Essen gesorgt?"

So habe ich herausgefunden, dass meine schöne Pipa mich nicht mit Ambaliu hintergangen hatte. Trotzdem überlegte ich: Was, wenn es ein anderer war und nicht Ambaliu? Was, wenn sie mich schon vorher betrogen hat, noch bevor ich Ambaliu in unser Bett holte?

Nun, all diese Bedenken nützten mir nichts. Sie vergifteten nur meine Beziehung zu meiner Frau und machten, dass ich nur noch verblendeter wurde. Trotzdem hat meine Frau nie die Fassung verloren und ist in ihrer Argumentation nie ins Wanken geraten. Sie war ganz im Gegenteil immer kohärent und entschlossen.

„Du liebst mich nicht mehr, meine schöne Pipa, oder?", fragte ich sie Tage später.

Ich hatte sie aufgefordert, mit mir an den Fluss zu gehen, wo wir immer versuchten, unsere Meinungsverschiedenheiten als Paar zu lösen. Am Rio Jasmim sind wir wie seine Wasserteilchen. Wir sind von einer Unbedeutsamkeit, die uns dazu bringt, dass wir uns von uns selbst lösen. Am Fluss gibt es keine Erdnuss-Schalen, es gibt nur uns, so wie wir sind. So haben es die Vorfahren dieses Dorfs gesehen, so wollten sie es der Welt weitergeben, als sie erzählten, dass hier – das heißt hier am Rio Jasmim – jedes Wesen göttlich ist. So einfach ist das. Jeder Mensch kann sein, was immer er will, denn er ist so unbedeutend und das Leben ein Wunder. Du wirst sehen, mein Kind, dass du dir deiner eigenen Unbedeutsamkeit nur bewusst sein musst, um ewiges Leben zu erreichen. Du wirst jung bleiben und dich im Geiste für immer und ewig unvergänglich machen, auch wenn dein Körper stirbt und deine Seele dem Körper entweicht. Ingoré ist weit mehr als es scheint. Wir wissen beide, was über Ingoré gesagt wird, und alles ist wahr. Aber da ist noch mehr. Da ist eine göttliche Macht, die am Ende der menschlichen Existenz die Seelen belebt und verwandelt. Die allgegenwärtige Magie, der frühmorgendliche und allabendliche Glanz sind mehr als das bloße Schillern und seine Spielarten. Ingoré ist wahrhaftig ein Dorf der Erneuerung.

An jenem Tag, als ich versuchte, mich im Fluss zu ertränken, und von meiner schönen Pipa gerettet wurde, habe ich verstanden, dass alles in uns durch die Liebe wieder zueinander kommt.

„Meine Bestimmung ist, dich bedingungslos zu lieben", sagte sie zu mir. Pipa hat mir die Liebe gezeigt, einfach weil sie mich so sehr liebt, wie ich es nicht verdient habe.

Aus diesem Grund, mein Kind, weil ich diese Frau nicht verdiene, nehme ich heute Abschied vom Leben, von ihr, von dir, hier und jetzt. Vielleicht wird ein anderer als du diesen Brief finden, aber du wirst auch von alleine den Grund meines Abschieds erfahren. Ich verlasse euch, weil ich eure Liebe nicht verdient habe. Ich liebe dich auf nicht platonische Weise, aber sie liebt uns beide bedingungslos, das sollst du wissen. Wenn du diesen Brief entdeckst, wirst du verstehen, warum ich ihn ausgerechnet hier, in unserer Asthütte, hinterlegt habe. Du weißt am besten, wie wir hier das erste und viele weitere Male zusammen waren. Und weil es hier begann, dass wir unserer schönen Pipa so übel mitgespielt haben, hat die Erlösung auch hier ihre Berechtigung. Mein Geständnis betrifft auch dich, denn du erfährst, dass ich mich mit dir eingelassen habe, weil ich dich als Tochter immer abgelehnt habe. Du erfährst, dass diese Liebe, die ich dir geschworen habe, nichts als ein trügerischer und böser Schwindel war. Doch in diesem Moment, mein Kind, geht es nicht so sehr um dich. Dich habe ich immer geliebt, auf andere Weise, klar, aber ich habe dich dennoch geliebt. An Liebe hat es nie gemangelt, so betrügerisch sie auch war. Ich bin überzeugt, dass du verstehen wirst, dass wir beide eine enorme Schuld gegenüber der Person zu verantworten haben, die wir so sehr verletzt haben. Wirst du mich hassen, wenn du erfährst, dass ich dich als Tochter immer abgelehnt habe, während wir gemeinsam einen schweren und unverzeihlichen Fehler begangen haben, der unbedingt korrigiert werden muss? Wenn du

unfähig bist, mir zu vergeben, wie kannst du dann von deiner Mutter erwarten, dass sie dir verzeiht? Denkst du etwa, sie weiß nichts von unserer Beziehung?
Du verstehst also, warum es im Moment nicht so sehr um dich geht, denn wir haben beide eine Menge wiedergutzumachen. Du wirst deinen Teil tun, aber was mich betrifft, so will ich vor allem den Schaden reparieren, den ich meiner Frau zugefügt habe, und mein Leben für ihren Frieden eintauschen.
Tu also, was du tun musst, mein Kind, trotz unserer Fehler, meiner falschen Liebe zu dir, trotz meines Verrats und meiner Nutzlosigkeit; verschwende keine Zeit damit, mich zu hassen, ohne erst deine Mutter um Vergebung zu bitten. Ich werde meinen Teil tun.
Alle Menschen haben Angst zu sterben, und das Alter erinnert uns daran, dass der Tag nicht mehr weit ist. Ich bin schon ziemlich alt und habe lange genug gelebt, immer auch gepaart mit Dummheit. Ich kann mich also beruhigt auf den Weg machen. Du wirst mich nicht einmal vermissen. Die Friedhöfe sind voll von unersetzlichen Menschen. Doch alle sterben; niemand bleibt für immer, niemand wird das Alter und den Tod besiegen, die Gott uns auferlegt hat. Doch es ist immer noch besser, zuerst zu leiden und am Ende in Frieden zu sterben, als für immer glücklich und dumm zu leben.
Leiden gehört zum Leben dazu. Wir können nicht frei wählen, ob wir leiden wollen oder nicht, als würde es im Leben zwei vorgegebene Wege geben. Normalerweise sind wir im Leben damit beschäftigt, ein bisschen Glück zu suchen, als wäre das Glück eine Art Bienenstock, an dem wir uns Tag für Tag bedienen können, auch wenn wir dabei von Bienen zerstochen werden. Wir sind jedoch so sehr mit der Suche nach Glück und unserer Identität beschäftigt, dass wir darüber ganz vergessen, dass sich hinter dem Honig Pollen und schöne Blumen verbergen, die uns ein Lächeln ins Gesicht zaubern und pure Freude schenken. Wir treten auf der Stelle, sind abgekehrt von der Existenz und unterscheiden nicht zwischen dem Dunklen und dem Strahlenden. Unsere nichtigsten Träume erscheinen uns bei der Suche nach unserer Identität nützlich, als ob sie die ganze uns umgebende Realität ausmachen würden. Und wir denken nicht daran, dass Frieden, so trivial er auch erscheinen mag, die Grundlage für alles ist. Frieden ist wie die himmlische Tafel, deren Kehrseite Gottes Namen trägt.

Ein Leben ohne Leiden ist trotzdem möglich, vor allem, wenn man lernt, Energien zu bündeln, seine Gefühle besser zu verstehen und seinen eigenen Geist zu erforschen, der wie ein Universum in uns wirkt. Was zählt, ist, zu vergeben und um Vergebung zu bitten. Wir sind zu einem großen Teil verantwortlich für alles, was wir sind, für die Art und Weise, wie wir leben, für die Umstände, die unser Leben begleiten und die uns oft unbegreiflich, absurd und ungerecht vorkommen. Doch wenn wir uns selbst nicht erkennen oder verstehen, wie sollen wir dann Gott verstehen? Wie Leid vermeiden? Wenn wir uns selbst nicht vergeben oder anderen nicht vergeben können, wie sollen wir dann glücklich sein?
Woher kommt eigentlich das Leid? Neigt das Leben, gewollt oder ungewollt, womöglich dazu, in unserem Kopf eine Unordnung zu schaffen, die unser eigenes Leid hervorbringt? Kann es sein, dass uns das Universum überhaupt nicht zur Verfügung steht? Weißt du, deine Mutter hat mich gelehrt, dass das Universum eine Möglichkeit darstellt, genau wie das Glück und die Liebe. Und was tun wir, wenn wir das nicht haben? Wir suchen danach! Suche also die Liebe und die Vergebung der einzigen Person, die dich in diesem Leben wirklich liebt, und du wirst glücklich sein. Suche die Liebe deiner Mutter. In ihrer Liebe wirst du dich finden, so wie ich mich gefunden habe.

In Liebe
Dein Vater Jacinto!

EPILOG

Wer verschmäht, der will kaufen

Ein Getöse umgibt den Fluss, als würde die Welt untergehen. Ich bin so im Brief meines Vaters versunken, dass ich das Geschrei um mich herum nicht einmal bemerke. Die Tränen laufen mir übers Gesicht, als würde mich jeder Buchstabe in die Tiefen meiner traurigen Seele ziehen. Ich fühle mich wie ein barmherziger Samariter, der um die Rettung einer verstörten Liebe kämpft. Mag sein, dass mein Vater mich nie als Tochter anerkannt hat, aber er hat mit diesem Brief seine Schuld eingestanden und mich gelehrt, dass die Liebe keine feste Form hat, sondern jede beliebige Form annehmen kann. Um Vater zu sein, bedarf es keiner Titel, es genügt, entschlossen und überzeugt zu sein. Mein Vater war bestimmt kein Heiliger, trotzdem habe ich ihn akzeptiert, mit all seinen Fehlern. Und er hatte viele Fehler. Vor allem schätzte ich seine ihm eigentümliche Art des zwischenmenschlichen Umgangs und seine Gabe, die Seele derer zu berühren, die ihm zuhörten. Ich weine mir die Augen aus. Jedes Wort, jeder Satz, jeder Absatz... alles in diesem Brief passt zusammen. Er beseitigt all meine Zweifel, meine Ängste und meinen Irrsinn. Und jetzt, ja, jetzt hat das Leben für mich einen Sinn und einen eigenen Wert. Mein Vater hat recht: Ich muss mich bei meiner Mutter entschuldigen und sie fest in die Arme schließen.

Ich stehe auf und nehme erst jetzt die ganze Aufregung am Rio Jasmim wahr, die heranpreschenden Menschen und das laute Geschrei, als wäre durch das Niesen eines *Irãs* ein Tsunami ausgebrochen. Ich war so sehr mit dem Brief beschäftigt, dass ich nicht einmal den Kopf hob, als die Menschen plötzlich wie wild aus der Tabanca strömten. Irgendetwas geht hier vor. Außerdem warte ich immer noch auf Fé..., der mich mit dem Brief allein zurückließ und ins Wasser sprang, um sich unter die fröhlich badenden Kinder zu mischen. Am Ufer wimmelt es von Menschen, aber ich sehe keine Kinder, und auch Fé ist nirgends zu sehen. So schwer dürfte es nicht sein, ihn, so weiß wie ein Laken, inmitten der schwimmenden Massen von Menschen zu entdecken; wäre er noch im Wasser, würde das sofort ins Auge springen. Ich suche nun inständiger, sehe mir eindringlich jeden Schatten und jedes Gesicht an.

Ich sehe Pipa kommen. Wie ein Vogelstrauß kommt sie herangebraust.

„Mutter!"

„Kind! Ach!...

„Was ist passiert, Mutter?"

„Komm mit, mein Kind!"

In diesem Augenblick ist meine Feindseligkeit ihr gegenüber verflogen, und alles ist wie in alten Zeiten, als sich meine Mutter noch um mich kümmerte, mit all der Zuneigung und bedingungslosen Liebe, die nur sie zu geben weiß, wie mein Vater es ausdrückte.

„Wohin gehen wir, Mutter? Was ist passiert? Wo ist mein Bruder?"

„Sie werden ihn finden, Kind. Gott möge ihm helfen..."

„Wo denn finden, Mutter? Habe ich etwas nicht mitbekommen?"

„War er nicht bei dir, bevor er sich in den Fluss gestürzt hat?"

„Doch. Wir saßen hier zusammen... Er hat mir Vaters Brief gegeben, hat mich hier in Ruhe lesen lassen und ist ins Wasser gegangen..."

„Und seitdem hast du ihn nicht mehr gesehen?"

„Ich habe den Brief zu Ende gelesen und wollte ihn gerade rufen. Erst da habe ich die vielen Menschen bemerkt und verstanden, dass der ganze Aufruhr nicht nur mit dem *Fanado*-Fest zu tun hat, und auch nicht mit den vorbeilaufenden Kankurangs. Ich war so überwältigt von dem Brief, so traurig und niedergeschlagen. Was habe ich nicht mitbekommen, Mutter?"

„Sie können ihn nicht finden, Lua. Er ist weg, aber Gott wird uns beistehen! Seit er ins Wasser gegangen ist, hat ihn niemand mehr gesehen. Ich weiß nicht, was aus mir werden soll... Mein Gott, gerade jetzt..."

„Aber wieso, Mutter? Er war doch gerade noch hier... was du da sagst, macht überhaupt keinen Sinn!"

Meine Mutter drückt mich an ihre Brust und hört nicht auf zu weinen.
„Sie sagen, dass plötzlich eine Schlange im Fluss aufgetaucht ist. Es war ein ungeheurer Schock und die Kinder haben geschrien. Ein Kind wurde gebissen und hat nicht überlebt!"
„Aber Fé ist kein Kind, Mutter. Er kann es nicht gewesen sein!"
„Es war nicht er! Das ist ja das Problem! Die Kinder, die entkommen sind, sagen, dass Fé mit ihnen im Wasser war und geholfen hat, die anderen Kinder zu retten."
„Und keiner hat ihn gesehen? Ist es das, was du mir sagen willst, Mama? Das kann nicht sein! Mein Bruder kann doch nicht einfach verschwinden!"
Plötzlich sehe ich Banna, wie sie mit den Händen über dem Kopf kreischend auf mich zu rennt. Alle Frauen, die auf meinen Bruder je ein Auge geworfen hatten, heulen. Sie schreien alle wild durcheinander, jede für sich ihre dunklen Ahnungen voraussagend.
„Mein Gott! Wie erbärmlich diese *Irãs* doch sind! Sie haben sich Fé geholt. Sie haben ihn geholt..."
„Was sagst du da, Banna? Wohin haben sie ihn geholt?"
„Unser Freund ist weg, Lua. Ein für alle Mal in die Hände dieser nichtsnutzigen Schwachköpfe gefallen... Taugen nur dazu, unser Leben zu vernichten. Diese verfluchten Dämonen!"
„Mutter, sag, dass das nicht wahr ist, bitte! Wie kann mein Bruder einfach so verschwinden?"
„Elendes Pack! Herzlose Kreaturen! Was fällt euch ein, so einen lieben Menschen mitzunehmen? Das gab es noch nie, dass ihr euch an einen Ausländer wagt. Es ist gegen das Gesetz! Was wollt ihr mit dem Fleisch? Habt ihr nicht genug anderes Fleisch, dass ihr braten oder grillen könnt? Mörderische Bestien!" Banna hört nicht auf zu schimpfen.
Da sehe ich auch Batule auf mich zukommen, die mit den Zaubermächten verbündete Weissagerin, die seit dem Vorfall auf der Trauerfeier des Tabanca-Vorstehers nicht mehr mit mir gesprochen hat. Ich

kann den tiefen Kummer in ihren Augen sehen, und ich lasse mich von ihr in die Arme nehmen, während sie mir gleichzeitig ins Ohr flüstert.

„Fé hat sein Leben für unsere Kinder geopfert. Mein Sohn hat mir erzählt, dass er mit der Schlange gekämpft hat. Er war mit ihr verschlungen wie eine Jasminpflanze mit einer Palme. Er hat es geschafft, die Bestie zu bezwingen! Dieser geistesgestörte *Irã*, der uns das Leben schwer macht, der uns den Frieden raubt, der unser Glück verdirbt... hat dem armen Jungen das Leben gekostet. Fé hat dieses schamlose Scheusal zur Strecke gebracht und den Spuk beendet. Er verdient unsere allergrößte Hochachtung."

Meine Mutter begleitet mich nach Hause, zusammen mit den beiden Frauen, die nicht aufhören zu heulen. Wir können es immer noch nicht fassen, dass Fé so sang- und klanglos verschwunden ist, ohne ein Wort des Abschieds, ohne eine letzte Geste familiärer Verbundenheit. Er hat das Geheimnis enträtselt und unsere Familie zusammengebracht. Nun ist er von uns gegangen, wie nach einer erfüllten Mission. Er war wie ein Wundertäter erschienen, um meine Existenz zum Strahlen zu bringen, und verflog dann wie ein Traum, an den man sich kaum mehr erinnert. Natürlich wird die Sonne auch weiterhin über unserem Fluss untergehen und die Morgendämmerung uns auch weiterhin betören. Aber der Fluss, diese Schlange, die Chaos bringt und Hoffnungen zerstört, wird sich weniger animiert zeigen... Und man wird die *Irãs* noch weniger respektieren als die Zauberer, die immerhin weitsichtiger sind. Sie kündigen das Ende der *Irãs* an, weil niemand ihnen je wieder Glauben schenkt.

Anmerkung der Übersetzerin

Das Buch *Jasmim* wurde aus dem guineischen Portugiesisch übersetzt. Das Original ist bewusst mit Elementen der alltäglichen Realität versehen, mit sogenannten Realia, die auf die mündliche Tradition, auf den Animismus, den Glauben an Seelen- und Geisterwesen, aber auch auf sonstige kulturelle und kulinarische Besonderheiten anspielen. Mit dem Ziel, die guinea-bissauische Kultur und Sprache als Kolorit zu erhalten, habe ich in der Übersetzung darauf geachtet, möglichst viele dieser Realia als Zitatwort zu belassen. Die zitierten Realia sind im Buch kursiv dargestellt und in einem Glossar zusammengefasst, wie im Übrigen auch im portugiesischen Original. Im Unterschied zum portugiesischen Original taucht in der deutschen Übersetzung nur etwa die Hälfte der Realia als Zitatwort auf. Zur besseren Lesbarkeit wurde auf einige wenige Realia verzichtet, andere wurden ins Deutsche übersetzt und gleichfalls kursiv hervorgehoben. Sie sind im Glossar umgekehrt aufgeführt, gehen also dem interessierten Lesepublikum nicht verloren.

Rosa Rodrigues

/ GLOSSAR /

Abota: Traditioneller Sparclub zur gemeinsamen Bildung von Rücklagen, gemeinschaftliches Sparsystem
Badjuda(s): Mädchen, junge Frauen
Baracke, Hütte: Barraca
Badjiki: Hibiskusblüte, aus deren Blättern eine traditionelle Sauce zubereitet wird
Bagre: Wels
Bideiras: Marktfrauen, Marktverkäuferinnen
Cabacera: Frucht der Baobab-Pflanze, Affenbrotbaumfrucht
Café-Tubá: Gewürztee, gemischt mit ein wenig Kaffee
Cibi: Palmenstamm
Djambakus: Heiler; Wahrsager
Djambatutu: Vertreter der Familie der Kuckucke; südlich der Sahara vorkommender Spornkuckuck
Djambureré: Glühwürmchen
Djidiu: Musiker und Geschichtenerzähler
Donacassa: die erste Frau in einer polygamen Ehe
Eingeweihte: Lambés
Erdnuss: Mancara
Eule: Kikia
Fambondi: Kankurang
Fanado: Initiationsritus
Fole: Kabafrucht
Fungulido: Bleichgesichtig; jemand mit weißlicher, trockener oder schlaffer Haut
Futi: typisches Gericht auf der Basis von Reis, Palmöl und Okra-Sauce
Gast: Óspri
Geist: Irã
Genuss: Sabura
Heiler, Wahrsager: Djambakus
Hibiskusblüte: Badjiki
Homem Grande: älterer, weiser Mann, der aufgrund seiner Lebenserfahrung Respekt genießt (wörtlich: Großer Mann)
Hütte, Baracke: Barraca

Irã(s): landläufige Bezeichnung für spirituelle Instanzen oder „Geister“; übernatürliches Wesen
Irã-cego: Riesenschlange, Naturgeist
Kabafrucht: Fole
Kangurang: Traditionelle heilige Figur, die bei den Zeremonien des in Guinea-Bissau als Fanado bezeichneten Initiationsritus mitwirkt und vollständig verkleidet und maskiert ist mit Baumrinden, Pflanzenfasern und Blättern
Kapokbaum: Polom
Kenkelibá: Kräutertee
Kikia: nächtlicher Raubvogel aus der Familie der Eulen
Knankoi: Kuhreiher
Kräutertee: Kenkelibá
Kuckuck: Djambatutu
Kuhreiher: Knankoi
Kumbossa: Bezeichnung für weitere Ehefrauen desselben Mannes; Nebenfrau; Nebenbuhlerin
Kuntchur: Reisgericht mit Erdnüssen
Johannisbrotkernmehl: Netetu
Juckbohne: Nghanhima
Lambé: Person, die bereits an Einweihungszeremonien teilgenommen hat; derjenige, der neuen Eingeweihten Anweisungen gibt.
Lumo: regionaler, informeller Markt
Mädchen: Badjuda
Maissuppe: Moni
Malagueta: scharfes, rötliches Gewürz aus den Schoten bestimmter Paprikasorten; afrikanisches Chili
Mampatá: Pflaumenart
Mandiple: Mombinpflaume
Mancara: Erdnuss
Markt: Lumo
Marktfrauen: Bideiras
Mbau/Preto mbau: sehr schwarz, sehr dunkel; mit sehr schwarzer Hautfarbe
Messinho: Heilmittel, Medizin, Mittelchen, Präparat
Mittelchen: Messinho
Moni: Maissuppe
Mpelelé: Blassgesicht; sehr weiß; mit sehr weißer Hautfarbe; abwertende Bezeichnung für Weiße

Mufunessa(s): Unheil, Pech, Unglück
Mulher Grande: ältere, weise Frau, die aufgrund ihrer Lebenserfahrung Respekt genießt (wörtlich: Große Frau)
Muru: Muslimischer Naturheiler
Naturheiler: Muru
Netetu: Mehl aus Johannisbrotkernen
Nghamanó: Experte für Beschneidung
Nghanhima: Juckbohne; Pflanzenart, die Juckreiz oder Hautausschläge verursacht
Nghiri-nghara: eine Art unsichtbarer Kankurang
Óspri: Gast
Palmenstamm: Cibi
Pautero: Seher; jemand mit der Fähigkeit mit dem Übernatürlichen zu kommunizieren
Pflaume: Mampatá, Mandiple
Polom, Poilão: landestypischer und als heilig geltender Kapokbaum
Präparat: Messinho
Reisspezialität mit Erdnüssen: Kuntchur
Riesenschlange: Irã-cego
Rücklagen: Abota
Sabura: Anspielung auf etwas Angenehmes; Genuss; guter Geschmack
Sakala: mächtiger Kankurang
Seher: Pautero
Tabanca / Tabanka: Siedlung, guineisches Dorf
Timba: Erdferkel
Tori: typisches Gericht aus Maniokmehl
Unheil: Mufunessa
Wahrsager: Djambakus
Warga: schwarzer Tee, der in geselliger Runde mit Freunden getrunken wird
Weißgesicht: Mpelelé
Wels: Bagre

Inhalt

Reihen im Leipziger Literaturverlag

- neue lyrik
- neue prosa
- neue szene
- bibliothek OSTSÜDOST
- bibliothek WESTNORDWEST
- portugiesische bibliothek
- älteste dichtung und prosa
- bücher für klein und groß
- essay
- graphik + art
- fotografie
- dokumentation
- die stimme des autors – hörbuch
- poesiefilm

Unser gesamtes lieferbares Programm, Biobliographien, Leseproben, Rezensionen, Hörbeispiele, Kurzfilme und viele weitere Informationen finden Sie im Internet:

www. leipzigerliteraturverlag. de
www. sisifo. de
www. krautbuch. de
www. inskriptionen. de

portugiesische bibliothek **www.sisifo.de**

01 Yvette K. Centeno, Im Garten der Nußbäume, Roman*
02 Yvette K. Centeno, Anfang, Roman*
03 Fernando Pessoa, Über Juden- und Freimaurertum, Fragment*
04 Herberto Helder, Die Schritte ringsum, Erzählungen*
05 Manuel Alegre, Rafael, Roman*
06 Jorge de Sena, Die Großkapitäne, Erzählungen*
07 Hein Semke, Bestiarium-Calendarium, Künstlerbuch*
08 Yvette K. Centeno, erdnah, Gedichte*
09 Helder Macedo, Weiße Flecken von Afrika, Roman*
10 Maria Gabriela Llansol, Lissabonleipzig, Essay, Band 1: Die unerwartete Begegnung des Verschiedenartigen*
11 Maria Gabriela Llansol, Lissabonleipzig, Essay, Band 2: Die Musikprobe*
12 Maria Velho da Costa, Myra oder 2 Tage Glück. Roman*
13 César Leal, Der Triumph des Wassers. *Aus dem brasilianischen Portugiesisch von Curt Meyer-Clason*
14 Hein Semke, Die innere Stimme, Tagebücher
15 Ângela Maria Pereira Nunes, Cornelia Sieber und Yvonne Hendrich (Hg.), Von Weiß bis Schwarz. Erzählungen portugiesischer Autorinnen
16 Hélia Correia, Zwanzig Stufen und andere Erzählungen. *Aus dem Portugiesischen von Dania Schüürmann*
17 Hein Semke, Hannes der Rammer. Romanversuch
18 Yvette K. Centeno, Herbstspiegel*
19 Luís Filipe Castro Mendes, Fremde Nähe. *Aus dem Portugiesischen von Ilse Pollack*
20 Teresa Balté & Hein Semke, Das Aquarium aus Papier
21 Izabela Leal, Die Andere. *Aus dem brasilianischen Portugiesisch von Timur Stein*
22 Hélia Correia, Das dritte Elend. *Aus dem Portugiesischen von Michael Kegler*
23 Luíz Pacheco, Gemeinschaft. *Aus dem Portugiesischen von Nicole Cyron*
24 Hélia Correia, Tänzer im Taumel. *Aus dem Portugiesischen von Dania Schüürmann*
25 Cristina Carvalho, Der Kater aus Uppsala*
26 José Viale Moutinho, Die Flöte des Toten. *Aus dem Portugiesischen von Ilse Pollack*
27 Abdulai Sila, Die letzte Tragödie. *Aus dem Portugiesischen von Rosa Rodrigues*
28 Maria Gabriela Llansol, Ein Falke in der Faust. Tagebuch. *Aus dem Portugiesischen von Ilse Pollack und Markus Sahr*
29 Yvette K. Centeno, Im Fluß der Erinnerung*
30 Teresa Balté, Tragbare Horizonte. Gedichte*

*Mit * gekennzeichnete Titel wurden von Markus Sahr ins Deutsche übersetzt.*

Bibliographische Information: Die Deutsche Bibliothek
Die Deutsche Bibliothek verzeichnet dieses Buch in der deutschen Nationalbibliographie, detaillierte Angaben sind erhältlich auf http://dnb. ddb. de

ISBN 978-3-86660-300-4

Dieses Buch wurde gefördert durch / Funded by the DGLAB/Culture & Camões, IP – Portugal.

1. Auflage, printed in the European Union.
Umschlagbild: Chipi Onivaldo Seguy.
Gesetzt aus der Gentium.
Reihengestaltung: Viktor Kalinke.
KI-frei: Dieses Buch wurde ohne den Einsatz sog. künstlicher Intelligenz von menschlichen Personen verfaßt, lektoriert und gesetzt.